SALCIA LANDMANN

Die Juden als Rasse

SALCIA LANDMANN

Die Juden als Rasse

LIMES

3. Auflage 1991

Umschlagentwurf: Klaus Neumann
unter Verwendung einer Bildvorlage vom Archiv
für Kunst und Geschichte, Berlin
Druck und Bindung:
Mohndruck Graphische Betriebe GmbH, Gütersloh
Printed in Germany
ISBN 3-8090-2188-1

BENJAMIN DISRAELI, Earl of Beaconsfield,
Schriftsteller und englischer Staatsmann:
«Die Rassenfrage ist der Schlüssel zur Weltgeschichte.»

INHALT

VORWORT ZUR ERSTEN AUSGABE 1967 13

VORWORT ZUR NEUAUSGABE 19

I. DER JUDE ALS «PARASIT»
Der Judenhaß der alten Römer 23
Frühchristlicher Judenhaß 24
Daseinsberechtigung der Juden 25
Der teuflische Jude 26
Luthers Judenhaß 28
Die Aufklärung und die Juden 29
Täuflinge und «Assimilanten» 31
Die Juden als Rasse 32
Sachliche Rassenanalyse 33
Rasse als Vorwand 35
Rasseverleumdungen 36
Der Jude als Parasit 37
Johann Gottlieb Fichte 39
Von Hundt-Radowsky 40
Der Philosoph und Rassetheoretiker
Eugen Dühring 41
Der Orientalist Adolf Wahrmund 42
Paul Lagarde 43
Der Jude als «Parasit» im Dritten Reich 44
Wahnideen generell 45
Die Reaktion der Juden 46
Marxistischer Parasitismusbegriff 47
Der Parasitismusbegriff der Zionisten 48

Der zionistische «Produktivitätsmythos» 50
Antizionismus 54

II. DER ERKENNTNISWERT DER RASSENLEHRE
Herders Stilanalyse 57
Die falsch gestellten Weichen im 19. Jahrhundert 59
Die Problematik der wertfreien Erkenntnis 67
Direktiven und Grenzen der Rassenforschung 70
Konstitution und Rasse bei Ernst Kretschmer 72
Kretschmers Irrtümer 81
Methode und Begriffserklärung 85

III. DIE «ORIENTALISCHEN» HEBRÄER
Die beduinischen Patriarchen 89
Der beduinische Einbruch in Vorderasien und die Rasse der Beduinen 91
Die beduinische Religion 100
Die semitischen Sprachen der Beduinen 103
Die indogermanisch-semitische Sprachverwandtschaft und die Sprachen der Hebräer 106
Die «akustische» Stenogrammschrift der Orientalen 108
Der Orientale und die Bildkunst 114
Abrahams beduinischer Purismus 116
C. G. Jungs «Rettung» der Religion 118
Re-Primitivierung und Blutopfer 121
Der harte Beduinengott der Hebräer 125
Exil-Prototyp Ägypten 128
Die Re-Beduinisierung Moses 132
Die Re-Beduinisierung der Hebräer 136

IV. DIE VORDERASIATEN UND KANAANITER
Rasse und Religion der Vorderasiaten 141
Das Sündengefühl der Vorderasiaten 146
Der metaphysische Dualismus
und das Recht der Vorderasiaten 149
Die Rassenmischungen Kanaans 152
Hebräer und Kanaaniter 155
Das Problem der Beeinflussung
(Babel und Kumran) 159
Die Synthese in Kanaan 162
Propheten und Heilige 167
Die Mystik der kanaanitischen Juden 169
Der «Gottesmord» und die Pharisäer 175
Hebräer als objektive Selbstchronisten 180
Prophetie und Königsmacht 184
Rassenhinweise im hebräischen Schrifttum 186
Die rebellischen Judäer 192

V. DIE ARAMÄISCHE TALMUDWELT
Die beduinische Halacha 195
Die vorderasiatische Agada
und die Sprache des Talmuds 199
Die Talmudlehrer und der Tempelkult 202
Der Talmud als Exilzentrum 205
Der «Segen» der Wanderung und Vertreibung 208
Gelehrtenzüchtung durch Heiratspolitik 211

VI. DIE RE-ARABISIERTEN SÜDJUDEN ARABIENS UND SPANIENS
Der Auftakt in Alexandria 215
Die arabischen Juden 217
Mohammed und die Juden 220

Die rassebedingten Übereinstimmungen zwischen Arabern und Juden 223
Die Symbiose zwischen Arabern und Juden und die Anfänge der gemeinsamen Kultur 225

VII. DIE KARÄER UND CHASAREN
Reich und Rasse der Chasaren 229
Die Konversion der Chasaren zum Judentum 231
Anans «konservative Revolution» 233
Die antitalmudische Reformation der Chasaren 235
Chawi el Balchis Schwarzer Humor 240
Karäische Bräuche 244
Saadias «Gegenreformation» 245
Die Karäergeschichte in der Neuzeit 247
Literatur über Karäer 249
Die Karäer und der Islam 252

VIII. DIE ARABISIERTEN SPANIOLEN
Die Juden in Spanien 255
Die jüdisch-maurische Symbiose in Andalusien 257
Saadia als Philosoph 259
Chasdai ibn Schaprut und die Chasaren 262
Ibn Gewirol und das Jenseits der Intellektuellen 264
Jehuda Halevy; Mosche und Abraham ibn Esra 267
Maimunis Rationalität und der Zerfall der jüdisch-maurischen Symbiose 269
Levy ibn Gerschons Erfindungen 275
Das Bildungsprimat der Spaniolen 276
Die kosmopolitischen Rahdaniten 277
Die kulinarische Ost-West-Symbiose 279
Die Marranen als Conquistadoren 280
Der Schlußstein spaniolischer Philosophie: Spinoza 285

IX. DIE JÜDISCHE MYSTIK

Die unhäretischen Mystiker 289
Die Kabbala und die Theodizee 295
Die mathematische Kabbala 297
Der Auftakt der Demutsmystik 301

X. DIE ASCHKENASISCHEN JUDEN OSTEUROPAS

Herkunft und Rasse der Aschkenasen 303
Die chassidische Demutsmystik 308
Die chassidische Legende 310
Kritik am Demutsethos 313
Das ostjüdische Stigma in der Literatur 319
Sprachliche Merkmale der Aschkenasen und Sefarden 320
Die «aschkenasischen» Elemente im Rotwelsch 324
Der Witz als Ausdruck der Aschkenasen 328
Der Witz der nichtjüdischen Vorderasiaten 332

XI. PROBLEME DER GEGENWART UND ZUKUNFT

Die Rassen im Staate Israel 335
Diasporaprobleme der Gegenwart 337
Jüdisches Stigma bei Assimilanten: Freud, Ehrenburg, Kafka, Marx 338
Grenzen und Aporien der Assimilation 344
Alfred Dreyfus 349
Ausklänge der aschkenasischen Welt, Rundblick und Ausblick 351

GLOSSAR 359

VORWORT ZUR ERSTEN AUSGABE 1967

Man hat im Namen der Rasse gemordet. Zwar gibt es kaum eine Idee oder Vorstellung, in deren Namen man im Laufe der Geschichte nicht schon gemordet hätte. Der Rassenmord fiel aber in unsere Tage, und er vollzog sich intensiver, gefährlicher, rascher und radikaler als die meisten Mordepidemien der Vergangenheit. Zudem vollzog er sich im wesentlichen innerhalb der sogenannten «weißen Rassen», in erster Linie an Juden, in zweiter an Zigeunern, die aber nach ihrer jahrhundertelangen Vermischung mit Vorderasiaten und Europäern auch nur noch sehr bedingt als «Farbige» gelten können.

Die Folge von alldem ist, daß man heute nicht gern von Rassenunterschieden zwischen weißen Völkern und vor allem im Zusammenhang mit Juden spricht. Eine rassische Besonderheit der Juden möchte man am liebsten völlig leugnen.

Zwar wird durch solche Tabuierung kein gemordeter Jude wieder lebendig, es läuft im Augenblick auch kein Jude Gefahr, offiziell aus Rassegründen verfolgt zu werden, und wir können nicht voraussehen, unter welchen alten oder neuen Vorwänden man das nächste Mal wehrlose Minoritäten – Juden oder Nichtjuden – verfolgen wird.

Aber das schlechte Gewissen treibt seine Blüten. Sie sind nicht so giftig und tödlich wie die des Rassenwahns, jedoch nicht minder bizarr. Es ist, als fürchte man, sich mit den Rassemördern moralisch zu identifizieren, wenn

man Rassenunterschiede innerhalb der weißen Völker zugibt. Und zwar scheinen sich hierin «Arier» wie «Nichtarier» heute weitgehend einig.
Diese gleichen Antirassisten werden zwar kaum bestreiten, daß sie selber auf den ersten Blick einen Friesen oder Ostpreußen von einem Sizilianer unterscheiden können. Und letztlich wissen sie alle auch, daß jedem körperlichen Habitus – und folglich auch jeder Rasse – bestimmte seelische und geistige Züge entsprechen, daß also, um bei unserm Beispiel zu bleiben, der Nordlandfischer und der Sizilianer sich in der gleichen Lage verschieden verhalten werden.
Hier allerdings, im Punkte der seelisch-geistigen Haltung und Leistung, wird man heute auch auf Widerspruch stoßen. Und zwar nicht nur bei orthodoxen, linientreuen Marxisten, für die es ererbte geistige Unterschiede nicht geben kann, weil für sie alles Geistige nur Ausfluß bestimmter sozialer Situationen ist. Tatsächlich neigen heute auch radikale Gegner des Marxismus oft dazu, das seelisch-geistige Verhalten auf Umweltfaktoren zurückzuführen. Schuld daran sind abermals die drückenden Erinnerungen an die Nazizeit. Man fürchtet sich davor, die damals so verhängnisvollen Begriffe wie «angestammt», «arteigen», «artfremd» oder «rassegemäß» usw. in den Mund zu nehmen.
Man leugnet jedoch, wie gesagt, gegen eigenes besseres Wissen. Im Grunde ist sich jeder klar darüber, daß physische und geistige Eigenart untrennbar und unabänderlich miteinander verbunden sind. Kein Maler, kein Dichter, kein instinktsicherer Theaterregisseur wird sich je über solche grundlegenden und selbstverständlichen Tatsachen hinwegsetzen. Keine Inszenierung dürfte wagen, uns zum Beispiel einen fetten Don Quichotte oder Savo-

narola und umgekehrt einen hageren Sancho Pansa oder «Braven Soldaten Schwejk» vorzusetzen.
Volk und Künstler wußten und wissen seit jeher um solche Zusammenhänge. Nur die Wissenschaft kam nachgehinkt. Zwar geht die Konstitutionsforschung bis auf die genialen alten Griechen zurück. Doch hat sie ihre volle Ausbildung erst im 19. und vor allem 20. Jahrhundert erreicht, einerseits im Zusammenhang mit der Rassenlehre, deren neue Einsichten sich sehr rasch mit mörderischen Wahnvorstellungen verknüpften, anderseits in der individuellen medizinischen Konstitutionskunde, die dann zum Teil in eine sehr sachliche Erforschung der Rassen einmündete.
Die Rassenlehre entartete, wie gesagt, fast schon im Augenblick ihrer Entstehung. Aber kein Mißbrauch und keine Verzerrung entwertet und annulliert den Wahrheitskern einer Lehre. Denn mißbraucht wurden im Laufe der Weltgeschichte fast alle Ideen zu Mord und Massenmord, sogar die friedlichste von ihnen, die des Nazareners. Niemand wird deswegen das Christentum seiner Idee und Essenz nach für mordträchtig halten. Nicht einmal die russischen Marxisten haben dies je getan, obwohl doch gerade in Rußland der Zar zugleich kirchliches Oberhaupt war und die Kirche sich mit dem Staat und seinen retardierten Sozialverhältnissen fast völlig identifizierte.
Zugegeben, es gibt einen prinzipiellen Unterschied zwischen der Rassenlehre und jeder Idee oder Ideologie, die, wie das Christentum oder der Marxismus, nicht auf biologischen, sondern auf geistigen oder sozialen Faktoren fußt. Den Ketzer und Ungläubigen kann man bekehren, den im falschen Sozialmilieu Herangewachsenen umerziehen. Und wenn nicht ihn selber, so doch seine Kin-

der. Anders, wenn physische Tatsachen den letzten und einzigen Maßstab bilden. Hier gibt es gegen unerwünschte Formen, gegen «Fehlprodukte» nur ein Mittel: die physische Vernichtung, den Mord, sei es an einzelnen Individuen – wie in der Antike an schwachen oder mißgestalteten Kindern –, sei es an ganzen Gruppen und Völkern.

Mit andern Worten: Morden kann man zwar im Namen jeder beliebigen Wahrheit, Irrlehre oder auch Wahnvorstellung. Die Rassenlehre jedoch birgt durch ihre biologische Fundierung den Mordgedanken an ganzen Gruppen, den Genozid, schon a priori in sich und wird ihm, wo sie sich zum Massenwahn aufsteigert, kaum entrinnen. Das mag heute für manchen mit ein Grund sein, sich von jeder anthropologischen Rassenforschung fernzuhalten.

Kurz erwähnen müssen wir noch einen weiteren Einwand gegen rassische Betrachtung gerade des jüdischen Volkes, der aber nicht erst im Gefolge der Nazizeit aufkam, sondern schon früher, auch von jüdischer Seite, gern vorgebracht und anekdotisch ausgemalt wurde. Die Tatsache nämlich, daß es unter den Juden, vor allem unter denen Osteuropas, viele «unjüdisch» aussehende Individuen gibt. Solche untypischen Grenzfälle gibt es aber in jedem Volke, denn Völker sind lebendige Größen und nicht mathematische Einheiten. Dennoch finden sich in jeder rassisch nicht allzu radikal durcheinandergewürfelten Bevölkerungsgruppe immer auch Individuen in großer Anzahl, die man für die betreffende Gruppe als «typisch» empfindet. Ein Volk braucht hierfür nicht rasserein zu sein.

Hat man die Rasse oder Rassenkomposition eines Volkes eruiert, dann kann man durchaus auch die Frage stellen: Welche Bedeutung haben gerade diese rassischen Faktoren für die historische und kulturelle Entwicklung des betreffenden Volkes? Denn worin immer die Rassenfanatiker der Nazizeit und ihre Vorläufer im 19. Jahrhundert geirrt und gesündigt haben mögen – in der Annahme, daß die biologische Besonderheit des Menschen bis in seine letzte geistige Äußerung hinein spürbar bleibt, irrten sie nicht. Streicht man aus der Rassenlehre alle Vorurteile und vor allem die so verhängnisvoll gewordene manichäische Vorstellung, es gebe auf Erden nur eine einzige heilbringende Rasse: die nordische, ohne deren Einwirkung sich nicht einmal bei den Chinesen und Indern je eine Kultur hätte entwickeln können, und auf der andern Seite eine einzige rein teuflische Rassenmischung: die jüdische nämlich, die nur in die Welt gesetzt wurde, um die «arische Blutleuchte» auszulöschen – dann wird man leicht feststellen, wie viele historische und kulturelle Hintergründe eine sachliche Rassenanalyse aufzudecken vermag. Zusammenhänge, die nur auf diesem einen Wege geklärt werden können.

Und hat man einmal den festen Zusammenhang zwischen bestimmten Rasse- und Kulturformen festgestellt, so kann man auch umgekehrt aus den Kulturäußerungen auf die rassische Zugehörigkeit ihrer Schöpfer schließen. Bei Völkern ohne bildende Kunst oder ohne starke Bildbegabung wird man oft genug auf solche Schlüsse angewiesen sein. –

Es war kein Nazi und nicht einmal ein sogenannter Arier, sondern der jüdisch-englische Staatsmann Disraeli, der den Satz prägte: «Die Rassenfrage ist der Schlüssel zur Weltgeschichte.»

Dies gilt für alle Völker. Es gilt – wir werden das noch aufzeigen – insbesondere für die Juden.

Gut zwanzig Jahre sind verflossen, seit die letzten Opfer des Rassenirrsinns in Auschwitz, in Maidanek, in Treblinka den Martertod erlitten. Man sagt, etwa zwanzig Jahre seien der unerläßliche Zeitabstand, ohne den man Ereignisse der Gegenwartsgeschichte nicht klar erfassen und einordnen könne. Die Wunden, die dem jüdischen Volke im Namen der Rassenlehre geschlagen wurden, werden auch in aller Zukunft nie verheilen. Denn vernichtet wurde nicht einfach eine große Anzahl von Juden, sondern, in Polen und der Ukraine, das vitale und geistige Lebenszentrum aller Juden der Welt. Ähnliches ist im gesamten Verlauf der jüdischen Geschichte nie zuvor geschehen. Immer bahnte sich sonst schon an einem andern, entfernten Orte ein neuer kollektiver geistiger Aufstieg an.

Heute aber gibt es nur noch in Israel eine größere jüdische Gemeinschaft, die bewußt aus jüdischen Geistesinhalten heraus lebt. Und niemand weiß, ob Israel die entstandene Lücke jemals wird füllen können. Die Frage bleibt offen.

Aber die zwanzig Jahre Abstand seit der Vernichtung der Juden Europas mögen dafür ausreichen, daß wir es heute wagen, den Begriff Rasse im Zusammenhang mit den Juden wieder auszusprechen und für eine historische Analyse des jüdischen Volkes fruchtbar zu machen.

Zum Schlusse möchte ich noch anmerken:

Das Buch ist weder für judaistische noch für anthropologische Fachgelehrte geschrieben. Fachausdrücke sind daher nach Möglichkeit vermieden oder im Text selber erklärt.

VORWORT ZUR NEUAUSGABE

Da ich mir in allen meinen Büchern jüdischer Thematik die Aufgabe gestellt habe, alte und neue Vor- und Fehlurteile und Tabus auszuräumen, mußten diese Bücher neben starker positiver auch unvermeidlich einige negative Reaktionen evozieren. Speziell bei den «Juden als Rasse» war dies, da sich der Genozid der Nazis an den Juden unter dem Schlagwort der Rasse vollzogen hatte, auch am ehesten zu erwarten. Allerdings erfolgte kein einziger Angriff durch einen geschulten Anthropologen, Historiker oder Judaisten. Und die Enttabuisierung des so schwer belasteten Rassebegriffs ist mittlerweile so gut geglückt, daß Arthur Koestler 1976 (also 9 Jahre nach dem Ersterscheinen meines Buches) mit seinem Buch «The Thirteenth Tribe. The Khazar Empire and its Heritage» (London), das sich ebenfalls mit Rassefragen im Zusammenhang mit den Juden beschäftigt, keinerlei Anstoß mehr erregte. Nicht einmal die rein sachlichen Irrtümer Koestlers wurden auch nur bemerkt.

Auf diese sei hier kurz hingewiesen: Koestler führt das «slawische» Aussehen zahlreicher Ostjuden auf deren Vermischung mit den Chasaren zurück, jenem südrussischen Volk, das im 8. nachchristlichen Jahrhundert zum Judentum übertrat und über das ich in Kapitel VI ebenfalls ausführlich berichte. Leider ist Koestler sowohl mein Buch, wie die gesamte ältere, sehr gute Literatur zu dem Thema, auf der meine Darstellung beruht, entgangen, weil er zu wenig die Tatsache beachtete, daß die Chasaren nicht zum kanonischen Judentum, sondern zur antitalmudischen Bibelsekte des Karäismus und Karaitismus übertraten, so daß man die besten historischen und wissenschaftlichen Untersuchungen über die Chasaren unter dem Stichwort «Karäer» oder «Karaiten» suchen muß.

So beachtete Koestler auch zu wenig, wie rasch die kanonischen Juden die Karäer als Ketzer einstuften und wie selten sie mit ihnen heirateten. Die Chasaren konnten also zum Bluterbe der «kanonischen» Juden nur wenig beitragen. Zudem hätte gerade die Vermischung mit Chasaren am Aussehen der Ostjuden wenig verändert, weil diese Chasaren, wie alle andern Völker rund um das Kaspische und Schwarze Meer auch, vorwiegend derselben armenoid-vorderasiatischen Rasse angehören wie ein Großteil der Juden vor ihrer Einwanderung in die slawischen Siedlungsgebiete weiter nördlich, wo denn auch die «Slawisierung» der Ostjuden durch Mischehen mit Heidenmädchen im Spätmittelalter erfolgte.

Aber ob nun Koestler in einzelnen Punkten irrte oder nicht — er konnte sich seiner Rasseanalyse des jüdischen Volkes 1976 unbefangen und ohne Furcht vor unsachlichen Angriffen widmen. Ich meinerseits sah mich 1967 als Pionier auf einem heiklen Gelände einer emotional aufgeladenen und gereizten Polemik ausgesetzt. Daher konzentrierte ich mich einstweilen sehr konzis auf die sachliche Rassenanalyse als solche und klammerte einstweilen weitere Aspekte, die zum Holocaust führten, für diese erste Untersuchung aus.

Diese Ausweitung scheint mir jetzt, 15 Jahre später, fällig: Der Nachweis nämlich, daß, wiewohl die ganze Judenhetze der Nazis unter dem Schlagwort «Rasse» abrollte, es letztlich trotzdem nicht diese rassische Betrachtung der Juden war, die zum Holocaust führte, sondern die These, wonach die «Judenrasse» in ähnlichem Sinne «parasitär» sei wie die diversen Schädlinge und Schmarotzer im medizinischen und landwirtschaftlichen Bereich, die sich auf ihren «Wirt» tödlich auswirken, so daß sich die mitleidlose Ausrottung der Juden mit den gleichen Methoden — darunter Giftgas — rechtfertigte, die man auf gefährliche Bakterien und Bazillen jeder Art anwendet.

Und da ich diesen Aspekt in der ersten Ausgabe meines Buches nicht berührt hatte, fehlt in ihr natürlich auch der Nachweis der geistig-politischen Auswirkung dieses Parasitismusvorwurfs auf das Denken und Handeln der Juden selbst, und zwar speziell der Zionisten unter ihnen: Der Vorwurf erzeugte nämlich als Reaktion bei den Zionisten den sogenanten «Produktivitätsmythos», der den Aufbau und Ausbau des jungen Staates Israel auf mancherlei Art beeinflußte.

Ich hatte ferner im Vorwort zur ersten Ausgabe darauf hingewiesen, daß eine Scheu vor der Rasseanalyse des jüdischen Volkes sich auch deshalb erübrige, weil man die Juden zuvor unter vielerlei andern Vorzeichen und Motiven verfolgt hatte, und weil ohne Zweifel der nächste Angriff auf das jüdische Volk wieder unter ganz andern, uns bisher unbekannten Schlagworten erfolgen werde. Dies ist inzwischen bereits geschehen: Der Judenhaß — und zwar speziell der gegen den Staat Israel — firmiert unter dem Stichwort «Antizionismus». Rasseaspekte scheiden dabei schon deshalb aus, weil die Feinde Israels, die arabischen Palästinenser, mit den Juden fast identisch sind.

Die Neuauflage des Buches wurde aus all diesen Gründen um das einleitende Kapitel Der Jude als «Parasit»

erweitert, in der die verschiedenen, bisher bekannten, alten und neuen Judenhaßmotive kurz dargestellt sind, darunter auch der Parasitismusvorwurf (samt zionistischer Reaktion in Form des Produktivitätsmythos) und der Antizionismus. –
Das Buch wurde ferner, auf ausdrücklichen Wunsch vieler Leser der ersten Ausgabe, mit einem Glossar vor allem spezifisch jüdischer Begriffe angereichert.

Dr. Salcia Landmann
Winkelriedstr. 1, St. Gallen
Juni 1981

I. DER JUDE ALS «PARASIT»

Der Judenhaß der alten Römer

Den Judenhaß haben nicht die Nazis erfunden. Schon die alten Römer kannten ihn. Bei ihnen war er allerdings rein sachlich begründet: Schon lange vor der Zerstörung des Tempels von Jerusalem im Jahre 70 n. Chr. durch den römischen Feldherrn und spätern Kaiser Titus gab es zwischen den Römern und den Einwohnern ihrer Provinz Judaea dauernd Reibereien, vor allem aus religiösen Gründen. An sich waren die Römer in Glaubensfragen tolerant. Sie hatten nichts dagegen, die Stadt- und Lokalgötter der unterworfenen Völker in ihr eigenes Götterpanorama aufzunehmen. Das beruhte aber auf Gegenseitigkeit, setzte voraus, daß die Unterworfenen ihrerseits bereit waren, die römischen Gottheiten — einschließlich die zu Göttern aufgerückten römischen Cäsaren — ebenfalls zu verehren. Solche Kompromisse schloß der jüdische Monotheismus aber aus. Damit war die Toleranzgrenze der Römer transzendiert.
Hinzu kam noch der wilde Todesmut der aufständischen Juden, die jahrelang die besten römischen Legionen in verlustreichen Kämpfen in Judaea banden. Freundliche Gefühle konnten die Römer unter solchen Umständen gegen die Juden — oder doch gegen die jüdischen Einwohner Judaeas — nicht hegen. Ihre Wut dehnten sie aber kaum auf die zahlreichen Judengemeinden im ganzen übrigen Römerreich aus. Es kam nur zu einer einzigen antijüdischen Sondermaßnahme: Die Juden hatten, wo immer sie lebten, ihren Jerusalemer

Tempel mit regelmäßigen hohen Spenden unterstützt. Die Römer erlaubten sich nunmehr den bösen Witz, diese bisher freiwilligen Abgaben in eine Zwangssteuer umzuwandeln und sie von jetzt an ausgerechnet für heidnische Kultzwecke zu verwenden.

Im übrigen wurden die Römer eher zu «Antizionisten» als zu Antisemiten. Sie löschten den Namen «Judaea» — Land der Juden — von der Landkarte aus und nannten das ganze Gebiet von jetzt an nach den Philistern südlich des Landes, im Ghasa-Streifen, «Philistaea» oder «Palaestina». Nach wie vor aber hatten sie gegen ihre jüdischen Bürger überall sonst wenig einzuwenden, anerkannten gern deren Mut und Tapferkeit, und jüdische Offiziere waren in römischen Armeen keine Seltenheit.

Frühchristlicher Judenhaß

Nach dem Sieg des Christentums entfielen zunächst die politischen Motive des römischen Judenhasses. Aber die junge Kirche stieß bei der Missionierung überall im Römerreich auf die allzu erfolgreiche jüdische Konkurrenz. Zeitweilig soll ein volles Viertel der Einwohner aller römischen Provinzen aus «Altjuden», aus jüdischen Proselyten, also «Neujuden», und aus projüdischen Sympathisanten bestanden haben, die sich den Kultbräuchen der Juden anschlossen. Mag die Zahl übertrieben sein — daß sie überhaupt genannt wird, deutet doch auf eine starke Expansion des jüdischen Glaubens in jener Zeitspanne hin. Das ergab für die junge Kirche neue, bisher nicht gekannte Motive des Judenhasses, der bald auch mit antijüdischen Beschuldigungen und Verleumdungen untermauert wurde. Daß Jesus und seine Jünger sämtlich Juden waren, vergaß und verdrängte man. Nur den Verräter Judas, dessen Name identisch ist mit «Jude», ließ man als Juden gelten. Und die historisch nicht gesicherte, aber immerhin wahrscheinliche Mitschuld bestimmter jüdischer Gruppen an der Hinrichtung Jesu durch die Römer wurde jetzt als jüdische Exklusivschuld und ewige Kollektivschuld der Juden gedeutet, für die man die Juden bestrafen mußte. Sie blieben für alle Ewigkeit die «Gottesmörder» und zudem die verstockten Gottesleugner, weil sie Jesus ja nach wie vor nicht als ihren von den Propheten angekündigten Messias anerkannten.

Man mußte ihnen also nicht nur das Missionieren bei strengsten Strafen verbieten, sondern sie zusätzlich so diskriminieren, daß bei den Heiden jede Verlockung für den Beitritt zum Judentum entfiel.

Daseinsberechtigung der Juden

Jenen Juden aber – Altjuden sowohl wie heidnischen Judenproselyten –, die sich zur Taufe entschlossen, war alle bisherige «Schuld» vergeben. Doch auch allen übrigen Juden gestand die Kirche nach wie vor ein Lebensrecht zu. Die Kirchenväter, nachher auch die Scholastiker, gingen davon aus, daß die Juden später einmal, spätestens am Ende aller Zeiten, sich zu Christus bekennen würden. Hierfür aber mußten sie doch existieren. Man durfte die Juden demnach beliebig grausam diffamieren, isolieren und entrechten, auf keinen Fall aber pauschal und total liquidieren.

Dem widersprachen auch die Massenverbrennungen von Juden durch die spanische Inquisition nicht. Man hatte ja zuvor die Juden mit der Alternative der Taufe oder Totalenteignung und Vertreibung konfrontiert. Dem

Feuertod verfiel also nur, wer versucht hatte, durch Scheintaufe dem Schicksal des mittel- und hilflosen Emigranten zu entrinnen. Natürlich wurden die Täuflinge intensiv bespitzelt und beim geringsten Anzeichen von vermeintlichem oder wirklichem Rückfall ins Judentum dann doch noch enteignet und lebendig verbrannt. Das ändert aber nichts an der Bereitschaft der Kirche, «echten» Übertritt anzuerkennen und zu honorieren.
Die weltlichen Instanzen dachten in diesem Punkt allerdings manchmal anders. Französische Könige zum Beispiel schätzten es gar nicht, wenn Juden – vor allem reiche Juden – zum Christentum konvertierten. Denn die Juden waren ja als einzige vom kirchlichen Zinsverbot ausgenommen und folglich die einzigen potentiellen und wirklichen Geldverleiher im Mittelalter. Der konvertierte Jude durfte nicht mehr Bankier sein, verlor damit für die Könige seinen Wert, weshalb ihn manche dadurch bestraften, daß sie sein Vermögen kurzerhand beschlagnahmten.

Der teuflische Jude

Im Prinzip aber war für die Juden im Mittelalter die Taufe trotzdem ein Ausweg aus der Misere. Auch die schrecklichen Judenmassaker der vorbeiziehenden Kreuzfahrer in den zuvor blühenden deutschen Judengemeinden sind hierfür kein Gegenbeweis. Die örtlichen Kircheninstanzen billigten durch die Bank auch den ungetauften Juden ein Lebensrecht zu. Und hätten die Juden vor Beginn der Schlächtereien und Plünderungen den lokalen Kircheninstanzen die Kollektivtaufe angeboten, so wären sie wohl vor den Mordhorden gerettet gewesen.

Und dies, obgleich zu den alten frühchristlichen Beschuldigungen und Verleumdungen gegen die Juden inzwischen noch neue, abstruse, wahnhafte hinzugekommen waren, die dem Juden schlechthin teuflische Züge andichteten. Bisher waren die Juden nur verstockte und verräterische Gottesmörder gewesen. Jetzt waren sie Brunnenvergifter, die dadurch die Pest erzeugten, sie durchstachen angeblich Hostien, die daraufhin zu bluten begannen (man weiß heute, daß die roten Absonderungen auf einen Schimmelpilz zurückgehen), und vor allem schächteten sie vermeintlich Christenkinder, um deren Blut dem ungesäuerten Osterbrot, der Mazze beizusetzen.

Gegen diese ungeheuerlichste und abstruseste aller Bezichtigungen suchten die Juden Sukkurs beim Vatikan, und es gab auch Päpste, welche bestätigten, daß Juden nicht einmal Tierblut genießen dürfen, geschweige denn solches von Menschen, und daß es nirgends im gesamten umfassenden religiösen Schrifttum der Juden auch nur die geringste Andeutung auf einen solchen Ritualmord gebe. Aber der von der Kirche initiierte Judenhaß hatte sich inzwischen selbständig gemacht, reicherte sich aus immer neuen Quellen an, verwurzelte sich bei den verschiedenen christlichen Wirtsvölkern der Juden immer tiefer, steigerte sich immer heftiger.

Zudem trafen die Gutachten des Vatikans meist viel zu spät ein, waren auch zu halbherzig formuliert, um wirklich zu helfen, konnten auch gar nicht mit der nötigen Schärfe vorgetragen werden. Sowohl in England wie in Italien werden von den Juden angeblich rituell geschächtete Kinder als Heilige an Wallfahrtsorten angebetet, ohne daß die Kirche je dagegen Einspruch erhoben hätte. Kein Wunder also, daß es Ritualmordprozesse vor allem

im östlichen Mitteleuropa bis ins zwanzigste Jahrhundert gab.
Doch wie gesagt: Am prinzipiellen Lebensrecht der Juden hielt die Kirche nach wie vor fest. Und durch Taufe konnte jeder Jude der Ritualmordbeschuldigung a priori entrinnen. Und auch dem Haß, den die Juden als einzige Geldverleiher im Mittelalter notwendig auf sich ziehen mußten, weil sie, ihrer horrend hohen Schutzabgaben an die Behörden wegen, entsprechend hohe Zinsen fordern mußten, konnten sie durch Taufe und dem damit verbundenen Berufswechsel entgehen.

Luthers Judenhaß

Obgleich es aber die Kirche gewesen war, die den Grundstein zu dem später so wild wuchernden Judenhaß gelegt hatte, brachte der Abbau ihrer Macht in der frühen Neuzeit den Juden keine Erleichterung. Im Gegenteil. Der Heilige Augustin und Thomas von Aquin hatten zwar Direktiven festgelegt, die den Juden nur ein jämmerliches und für die andern abschreckendes Leben sicherten. Es war aber trotz allem ein Lebensrecht gewesen. Für Luther jedoch waren die katholischen Kirchenlehrer keine maßgeblichen Autoritäten mehr. Er stand anfangs positiv zu den Juden, weil er hoffte, sie würden sich zu seiner von spätantiken Elementen befreiten und stärker auf dem Alten Testament fußenden Variation des Christentums bekehren. Als sie es nicht taten, brach der Judenhaß aus ihm in Formen heraus, die aufhorchen lassen. Ähnliches hatte man bisher – zumindest aus dem Munde maßgeblicher Theologen – noch nie gehört. Nach Luther sind die Juden von Gott definitiv verworfen, es steht ihnen demnach auch nicht das beschämende, qualvolle Leben am Rande der christlichen Gesellschaft zu, das die katholische Kirche ihnen einräumen wollte. Vielmehr sollte man sie nach Palästina austreiben oder vernichten. Tatsächlich erreichte Luther die Austreibung der Juden aus Sachsen. Damit hat Luther bereits zu Beginn der Neuzeit das spätere Judenprogramm der Nazis, wenigstens als Postulat, vorweggenommen.

Die Aufklärung und die Juden

Die Zeit der Reformation und Gegenreformation führte in beiden Lagern zu hemmungslosen Haßausbrüchen nicht nur gegen die Juden. Daß Luther in seinem Kampf mit dem Vatikan von den Juden nicht die von ihm mit Sicherheit erhoffte Unterstützung erhielt, brachte ihn außer Rand und Band und ließ ihn Vorschläge artikulieren, die sich später für die Juden verhängnisvoll auswirken sollten.

Im 18. Jahrhundert brach das Zeitalter der sogenannten Aufklärung herauf, dessen rationalistische, antireligiöse Ausrichtung einen religiös fundierten Judenhaß ausschloß. Und auch der sozial begründete Judenhaß gegen den jüdischen «Wucherer» verlor zunehmend sein Fundament, seit immer mehr Juden in andere Berufe überwechselten und anderseits auch Christen sich als Bankiers etablieren durften.

Die antijüdischen Vorurteile hatten sich aber mittlerweile so tief eingefressen, daß sie auch aus den Köpfen der Aufklärer nicht verschwanden. Voltaire, der zumindest in Frankreich prominenteste Vertreter der neuen Richtung, bekannte sich zugleich offen zum Antisemitismus. Andere wieder meinten, man solle zwar den einzelnen Juden die gleichen Bürgerrechte gewähren wie den andern Einwohnern des Landes, aber nur, wenn die Juden bereit seien, sich total zu assimilieren und zu akkulturieren, sich also in jeder Hinsicht der christlichen Majorität anzupassen.

Daß damit gewisse zivilrechtliche Kompetenzen fortfielen, die im Frühmittelalter die Karolinger und in der beginnenden Neuzeit die polnischen Könige den Judengemeinden eingeräumt hatten, mochte dabei noch hingehen. Solche Privilegien rechtfertigten sich am Ende wirklich nur in einem ständisch geordneten Gemeinwesen und erübrigten sich in einem Staat, in dem alle Bürger die selben Rechte genossen. Aber zahlreiche sogar «philosemitische» Aufklärer meinten, die Juden sollten sich auch in religiöser Hinsicht der christlichen Majorität anpassen, also taufen lassen. Heinrich Heine sprach in diesem Zusammenhang von der Taufe als «Entréebillet» zur europäischen Kultur. Mit andern Worten, die Juden sollten erst dann die bürgerliche Gleichberechtigung erlangen, wenn sie aufhörten Juden zu sein. Oder genauer: Wenn sie nach der damaligen Auffassung ihre jüdische Identität preisgaben, die man, wiewohl in einem un- und antireligiösen Zeitalter lebend, noch von der Religion her definierte. Im übrigen paßte die Aufforderung zur Konversion denkbar schlecht zur un- bis antireligiösen Haltung der Aufklärer. Und in jedem Fall: Um diesen Preis hätten die Juden die Bürgerrechte auch vorher schon haben können. Sogar mehr als das. Im 18. Jahrhundert verlieh der polnische König Juden, die sich zum Christentum bekehrten, sogar den Adelstitel.

Trotzdem bestand ein Unterschied. Damals griff nur ein geringer Prozentsatz der Juden nach diesem Rettungsanker. Die meisten zogen nicht nur ein Leben in Erniedrigung, sondern notfalls sogar den Märtyrertod der

Taufe vor. Wo sich je größere jüdische Gruppen für diesen Ausweg entschieden hatten, war es rasch klar geworden, daß ihren Feinden — zumindest den weltlichen — im Grunde gar nicht so intensiv an der Errettung der jüdischen Seelen vor der Verdammnis lag. Sie hofften und vertrauten vielmehr auf den jüdischen Starrsinn, die jüdische Verstocktheit, die dann entsprechend lukrative Strafmaßnahmen gegen die Juden ermöglichte.

Täuflinge und «Assimilanten»

Nun waren in den geschlossenen jüdischen Siedlungen Osteuropas die Glaubensbande der Juden meist nach wie vor intakt. Weiter westlich dagegen war ein Gutteil der Juden von den Ideen der Aufklärung genauso ergriffen wie die Nichtjuden und folglich durchaus geneigt, den Preis für das «Entréebillet» zur bürgerlichen Gleichberechtigung zu bezahlen. Da sie genauso ungläubig waren wie die andern konsequenten Aufklärer und Rationalisten, machte es ihnen auch nichts aus, den Glaubenswechsel zu vollziehen.

Da aber erwies sich, daß die nichtjüdische Umgebung dies — trotz ihrer gegenteiligen Beteuerungen — weder gewollt noch erwartet hatte. Die abweichende Religionszugehörigkeit und die daraus angeblich resultierende mangelhafte Akkulturation der Juden hatten offenkundig nur als Vorwand gedient, die tüchtige und talentierte jüdische Konkurrenz von zahlreichen, bisher den Nichtjuden reservierten Positionen fernzuhalten. Es war daher klar, daß die vielen Judentaufen, oder auch nur schon eine auch ohne Taufe weitgehend geglückte Angleichung an die nichtjüdische Umwelt, den durch Jahrtausende hindurch mit immer neuen Argumenten genährten und nun praktisch unausrottbar gewordenen Judenhaß nicht auslöschen, sondern umgekehrt noch doppelt anheizen würden. Zumal wenigstens die Gebildeten unter den Judenhassern sich jetzt zum ersten Mal auch noch dadurch frustriert fühlten, daß sie zur Begründung ihrer Aversion nicht mehr gut auf die bisherigen, teils rein religiösen und teils auf finsterem Aberglauben beruhenden Anwürfe gegen die Juden (wie Ritualmord, Hostienschändung etc.) zurückgreifen konnten. Sie fühlten sich irritiert und desorientiert. Sie blieben es nicht lange.

Die Juden als Rasse

Schon Luther hatte die Austreibung oder Ausrottung der Juden mit derselben Brutalität gefordert wie später erst wieder ein Teil der Naziliteratur. Mit den diesbezüglichen mittelalterlich-kirchlichen Hemmungen hatte er bereits gründlich aufgeräumt. Es galt jetzt also nur noch, passende neuzeitliche Argumente hierfür zu finden, und zwar solche, die durch Taufe oder andere «Ausweichmanöver» ihre Gültigkeit nicht einbüßten. Und solche Argumente fanden sich in der Tat.
Durchaus richtig erkannten die Antisemiten des 19. Jahrhunderts, daß man die religiösen und soziologischen Vorwürfe durch biologische ersetzen mußte. Man konnte die Juden nur dann mit ruhigem Gewissen total eliminieren, wenn man nachwies, daß sie nicht durch ein bestimmtes Glaubensbekenntnis oder einen — ebenfalls ablegbaren — Beruf, sondern von Natur verderbt und böse waren, daß also gegen ihre Gefährlichkeit und Tücke schlechthin kein Kraut gewachsen war. Das neue Schlagwort, mit dem man gegen die Juden — und zwar

auch und gerade gegen die getauften unter ihnen – vorzugehen beschloß, war das der «Rasse».

Weil unter diesem Vorzeichen sechs Millionen Juden umgebracht wurden, wagt heute kaum jemand, sich zu Rassenfragen sachlich zu äußern. Am liebsten würde man Rassenunterschiede unter Menschen überhaupt leugnen. Die gar zu auffällige Verschiedenheit der Hautpigmentierung und des morphologischen Aufbaus setzen solchen Bemühungen allerdings bestimmte Grenzen. Aber man konnte immerhin leugnen, daß es außer und neben diesen physischen Differenzen auch geistige und seelische zwischen den einzelnen ethnischen und rassischen Gruppen gebe. Und dies, obwohl jeder, der in einem Lande mit rassisch nicht einheitlicher Bevölkerung lebt, um diese Unterschiede weiß und sie auch in seine Erwartungen und Dispositionen immer mit einrechnet. Leib und Seele sind eine Einheit, das gilt für Individuen so gut wie für ganze ethnische Gemeinschaften. Und gegen diese Einsicht wäre an sich auch wenig einzuwenden.

Sachliche Rassenanalyse

Prinzipiell hätte also auch noch ein Interesse für die Rassekomposition des jüdischen Volkes für dieses noch nicht ohne weiteres eine tödliche Gefahr bedeuten müssen. Man hätte, rein sachlich, feststellen können, daß die Juden – und zwar vor allem die Ostjuden – sich mit der ansässigen Bevölkerung (in diesem Fall der slawischen) zeitweilig stark vermischt und deren Rassemerkmale aufgenommen haben, daß es also vor allem in Rußland und Polen überraschend viele Juden gibt, die eher einem ukrainischen Bauern gleichen als einem nahöstlichen Beduinen. Daß aber trotzdem auch das Bluterbe aus der biblischen Zeit sich bei einem hohen Prozentsatz von ihnen deutlich feststellen läßt. In Osteuropa dominiert hierbei der sogenannte armenoid-vorderasiatische Typus des Juden, in Westeuropa und Nordafrika der orientalisch-beduinische.

Beide Rassen kommen natürlich nicht nur bei den Juden vor, sondern bei der gesamten Bevölkerung jener Landstriche, aus denen die Juden seinerzeit nach Europa eingewandert sind. Auch der raffinierteste Rasseanalytiker wird zum Beispiel niemals einen Perser oder Armenier von einem «typischen» Juden unterscheiden können.

Und es hätte auch wenig ausgemacht, wenn man bestimmte «typisch-jüdische» Besonderheiten auf dieses Bluterbe zurückgeführt hätte, wenn man also zum Beispiel festgestellt hätte, daß bei den Juden im allgemeinen die «akustisch-geistigen» Fähigkeiten stärker ausgeprägt sind als die «optisch-bildhaften». Dem großartigen Schrifttum der Juden steht keine entsprechende Leistung in der bildhaften Kunst gegenüber. Man hätte vielleicht auch feststellen können, daß die Begabung der Vorderasiaten zu expressiver Geste und Darstellung den hohen Prozentsatz von Ostjuden in Film und Theater erklärt. Es hätte auch nicht viel ausgemacht, wenn man persönliche Bewunderung oder umgekehrt Aversion gegenüber bestimmten «typisch-jüdischen» Eigenschaften und Begabungen geäußert hätte. Auch andere Volksgruppen, die auf gemeinsamem Territorium hausen, empfinden zueinander Sympathie oder Antipathie. Das macht die Feststellung von Rasseeigenarten noch nicht zur tödlichen Waffe gegen die Betroffenen.

Aber natürlich gilt das nur, solange man sich um eine objektive Rassenanalyse bemüht. Hierfür hätte man jedoch das Schlagwort «Rasse» gar nicht erst aufgegriffen, denn an einer solchen Sacherkenntnis lag keinem der antijüdischen Rassefanatiker. Sie sprachen nur deshalb von «Rasse» statt wie bisher von jüdischem Fehlverhalten auf religiösem und sozialem Gebiet, weil sie nach einem Element suchten, welches ein Entrinnen oder Ausweichen aus dem jüdischen Kollektivschicksal eo ipso ausschloß. Glauben und Beruf kann man wechseln. Die Gewähr für Unaufhebbarkeit boten nur biologische Artmerkmale. Man brauchte jetzt nur noch das zu tun, was Kirche und Volksmund seit weit mehr als tausend Jahren taten, nämlich die objektiven Feststellungen durch Phantasieverleumdungen zu ersetzen, dann hatte man die perfekteste Todeswaffe gegen die Juden in der Hand, die je geschmiedet worden war. Luther ging von der definitiven Verwerfung der Juden durch Gott nur aus, weil sie sich nicht zu seinem Glauben bekehren wollten. Die Schlagworte – Austreibung oder Ausrottung – hatte er indes bereits geliefert. Aber erst jetzt, durch die biologische Begründung der jüdischen Verworfenheit, war Luthers Programm total gerechtfertigt.

Rasse als Vorwand

Wie wenig es den Nazis um die wirklichen Rasseeigenschaften der Juden ging, wie sehr einzig darum, die Judenfrage biologisch so zu verankern, daß es für keinen einzigen Angehörigen des jüdischen Volkes ein Mittel gab, der Verfolgung und Vernichtung zu entrinnen, wurde schon hieraus sichtbar: Zwar präsentierte das Parteiblatt «Der Stürmer» jüdische Karikaturen, die auf einer Übersteigerung des vorderasiatischen Rassetypus basierten, also untersetzte Gestalten mit dunklen Haaren und Augen, mit schweren Augenlidern, prägnanten, etwas hängenden Nasen und sehr plastischen Lippen. Gleichzeitig sympathisierte man aber mit den Arabern, die genauso aussahen. Und man kümmerte sich keinen Deut darum, wenn ein Deutscher mit tadellosen «arischen» Papieren einem Juden oder Araber ähnlich sah, weil bei ihm das Bluterbe einstiger altrömischer Legionäre aus Vorderasien durchschlug, die damals, nach Art aller Besatzungstruppen seit eh und je, mit den einheimischen — in diesem Falle also germanischen — Mädchen «fraternisiert» hatten.

Und umgekehrt schaute man sich auch keineswegs jeden einzelnen Juden daraufhin an, ob er wirklich die «teuflischen» vorderasiatischen Komponenten physisch repräsentierte. Wiesen ihn seine Papiere als Nachkommen jüdischer Vorfahren aus, dann mochte er so «nordisch» oder «slawisch» aussehen wie er wollte — er war verloren.

Rasseverleumdungen

Es ging jetzt also nur noch darum, der «jüdischen Rasse» Eigenschaften — wirkliche oder erfundene — zuzusprechen, mit denen sich ihre Vernichtung rechtfertigen ließ. Daß die Juden, wenn man sie am Leben ließ, mit den «nordischen» Mädchen «Blutschande» trieben, und zwar angeblich bewußt, um die sogenannte «arische Blutleuchte» zum Erlöschen zu bringen, erwies sich hierbei als brauchbares Argument. Aber natürlich war die Vermischung mit Juden nur dann eine Katastrophe, wenn man dem Juden die für seine Umgebung tödlichen Eigenschaften nachweisen konnte.

Nun hatte man schon im Mittelalter die Juden gern als Ausbeuter oder «Blutsauger» bezeichnet. Sie waren ja, wie bereits erwähnt, die einzigen Geldverleiher in der christlichen Welt gewesen. Sie hatten sich diesen Beruf nicht freiwillig ausgesucht, sondern gezwungen durch die Christen, die selber des kirchlichen Zinsverbotes wegen vom Geldgeschäft ausgeschlossen blieben. Die Juden ihrerseits blieben von allen Zünften und somit von jeder Tätigkeit außer vom Bankgeschäft ausgeschlossen. Zu hohen Zinsfüßen waren sie gezwungen, weil sie erstens ihrerseits von den Behörden zu sehr hohen Abgaben gezwungen waren und zweitens beim Eintreiben der Schulden von seiten dieser gleichen Behörden wenig Rechtsschutz genossen. Daß aber der zahlungsunfähige christliche Schuldner diese Zusammenhänge und folglich die Schuldlosigkeit der Juden erkannte, war nicht zu erwarten. Für ihn war der Jude, der sein Geld samt Zinsen einforderte, eben der «Blutsauger». Das war natürlich nur im übertragenen, sozialen Sinne zu verstehen. Aber der Ausdruck «Blutsauger» wies in die passende Richtung. Er brauchte jetzt nur noch biologisch im Sinne von Schmarotzer oder Parasit definiert zu werden — dann waren die Juden verloren.

Der Jude als Parasit

Zwar hat der Begriff des Parasiten historisch einen durchaus ehrbaren Ursprung. Griechisch Para-sitos, wörtlich Beisasse, nannte man in der Antike jenen honorigen Bürger, der beim kultischen Tempelmahl neben dem Priester und mit ihm zusammen speiste. Mag sein, daß man schon früh die Funktion dieses «Parasiten» als fragwürdig und schließlich überflüssig empfand. Jedenfalls sank der Parasit im außerkultischen Bereich allmählich zu jener fragwürdigen Figur ab, welche die Reichen umschmeichelte und als unnützer, lästiger, würdeloser und unterwürfiger Mitesser an ihrer Tafel schmarotzte.

Erst später bekam das Wort auch die Bedeutung eines Geschöpfes — Pflanze oder Tier —, das als Grundlage für die eigene Ernährung andere Lebewesen — Pflanzen oder Tiere — benützt und sie dabei zugrunderichtet. Einzig in dieser biologischen — und also nicht nur sozialen und folglich behebbaren — Funktion begriff die Naziliteratur samt ihren Vorläufern im 19. Jahrhundert das Schmarotzertum, den Parasitismus des Juden.

Zwar war die Interpretation des jüdischen Broterwerbs im Mittelalter durch Geldverleih als angebliches Parasitentum auch im sozialen Sinne nicht gerechtfertigt. Außer dem orthodoxen Marxisten wird niemand das Bankgeschäft als schmarotzerisch betrachten. Für den Marxisten aber ist nicht nur der Bankier, sondern auch der Unternehmer nichts als Ausbeuter und Schmarotzer. Auf den Einfluß der marxistischen Terminologie und Sozialinterpretation für das Selbstverständnis der Juden selbst kommen wir später noch zurück.

Aber davon abgesehen also, daß der Bankier eine sozial nützliche Funktion ausübt und keineswegs mit dem Schmarotzer gleichgesetzt werden kann, waren ja die meisten Juden in der jüngeren Neuzeit längst in andere Berufe übergewechselt. Und anderseits gab es jetzt auch christliche Bankiers, die sich in Nützlichkeit oder Schädlichkeit von den jüdischen nicht unterschieden.

Doch was verschlug's? Antijüdische Argumente waren auch früher nie auf ihre Stichhaltigkeit hin überprüft worden. Wann hätte man denn je einen Juden beim

rituellen Schächten eines Christenkindes oder beim Durchstechen einer Hostie beobachtet? Mochten die Juden — so gut wie alle andern Völker und Individuen auch — ihre Besonderheiten und Fehler haben: Man hatte sie nie ihrer realen Mängel wegen verfolgt, sondern immer nur unter Vorwänden. Hierin bildete der Vorwurf des Parasitismus keine Neuheit und keine Ausnahme. Nur eben, daß er im Biologischen wurzelte: Man hatte zum ersten Mal ein antijüdisches Argument, das Radikalmaßnahmen von zuvor nie gekannter Brutalität «rechtfertigte». Denn es ist ja klar: Mit schädlichem Ungeziefer, mit Bazillen und todbringenden Schmarotzern kann und darf man kein Mitleid haben, man soll und muß sie erbarmungslos vernichten.
Darauf verfielen, wie gesagt, nicht erst die Nazis. Die Auffassung vom Juden als einem von Natur aus gefährlichen und schädlichen Lebewesen reicht bis in die Ausläufer der Aufklärung zurück und beherrscht ein Gutteil der entsprechenden Literatur schon des ganzen 19. Jahrhunderts.

Johann Gottlieb Fichte

Im Grund begann das schon beim Philosophen Johann Gottlieb Fichte (1762—1814). Er schreibt: «Das Judentum ist ein mächtiger, feindlich gesinnter Staat, der mit allen übrigen im beständigen Kriege steht» und deshalb «so fürchterlich» ist, weil er «auf dem Haß des ganzen menschlichen Geschlechts aufgebaut ist».
Das ist natürlich reine Phantasie. Aber ließe sich nicht trotzdem einwenden, daß sich bei den Juden ein Gesinnungswandel anbahnen könnte? Fichte fährt jedoch fort, zwar müsse man den Juden die allgemeinen Men-

schenrechte zubilligen (hier macht sich der Einfluß der Aufklärung noch bemerkbar), um sie aber auch als Staatsbürger anzuerkennen, «dazu sehe ich wenigstens kein Mittel als das, in einer Nacht ihnen allen die Köpfe abzuschneiden [sic] und andere aufzusetzen, in denen auch nicht eine jüdische Idee sei. Und uns vor ihnen zu schützen, sehe ich kein ander Mittel, als ihnen ihr gelobtes Land zu erobern und sie alle dahin zu schicken.»
Hier steht zwar noch kein Wort von «Rasse» oder «Parasit», aber die biologische Verankerung angeblich für andere Völker untragbarer jüdischer Eigenschaften ist bereits für Fichte eine ausgemachte Sache. Bedenkt man ferner, daß von seinen Vorschlägen zur Remedur die zweite Hälfte – den Juden neue Köpfe aufzusetzen – reine Phantasterei ist, und nur die erste Hälfte, «die Köpfe abzuschneiden», durchführbar, und daß Fichte außerdem die Austreibung der Juden in ihr Gelobtes Land vorschlägt, dann findet man hier bereits das Judenprogramm der Nazis vorgebildet. Kein Wunder, daß der politisch hellsichtige Heinrich Heine aus diesen und manchen andern Aussprüchen Fichtes (nicht nur im Zusammenhang mit den Juden) prophetisch die Vision einer blutigen Umwälzung in Deutschland gewann, an der gemessen die Schrecknisse der Französischen Revolution wie ein Kinderspiel anmuten würden.

Von Hundt-Radowsky

Nur wenig später, noch zu Beginn des 19. Jahrhunderts, trat der primitiv-antisemitische Radauprediger von Hundt-Radowsky auf, der mit Hilfe ähnlicher Argumente konkludierte, es sei falsch, das Umbringen von Juden als «Mord» strafrechtlich zu verfolgen, man solle es als «bloßes Polizeivergehen» registrieren. Zur Lösung der Judenfrage schlug er vor, alle jüdischen Männer zu entmannen und dann statt Negern als Sklaven für britische Kolonialplantagen zu verkaufen, die Jüdinnen aber solle man alle in «Schandhäuser» sperren. Am besten aber wäre es, «man reinigte das Land ganz von dem Ungeziefer [sic], es sei zu empfehlen, sie «wie Pharao zu vertilgen [sic]», oder aber so, wie die Einwohner verschiedener deutscher Städte es früher zeitweise getan hatten, «zum Land hinauszujagen».

Der Philosoph und Rassetheoretiker Eugen Dühring

Nun war von Hundt-Radowsky, wie gesagt, ein primitiver Volksverhetzer. Gleiches läßt sich von dem hochgebildeten Historiker, Philosophen und Nationalökonomen Eugen Dühring (1833–1921) nicht behaupten. Kommt er aber auf die Juden zu sprechen, dann klingen seine Anwürfe und Vorschläge um nichts sachlicher. In seinem 1881 erschienenen Buch «Die Judenfrage als Rassen-, Sitten- und Kulturfrage» schreibt er:

«Der Jude kann nur die Früchte anderer Völker und Kulturen stehlen und ausbeuten. Als Parasit fühlt er sich am wohlsten in einer etwas korrumpierten Gesellschaft. Wo er sich im Fleische [sic] der Völker nach seiner Art am behaglichsten fühlt, da sehe man wohl zu, ob es noch gesund ist.»

Mit andern Worten: Eine friedliche und scheinbar fruchtbare Symbiose eines Volkes mit den Juden beweist nicht nur das Schmarotzertum der Juden selbst, sondern ist darüber hinaus als bedenkliches Zerfalls- und Krankheitssymptom des betreffenden Wirtsvolkes selbst zu werten, zeigt dessen innere Zersetzung und seinen baldigen Untergang an. Dühring fährt fort: «Es ist für ein gesundes Volk unmöglich, mit Juden auf gleichem Boden zu leben». Man müsse folglich die Juden austreiben — «Das Wohin ist die eigene Sache der Juden».

Nun — mehr als die rapide Aussiedlung der Juden forderten anfangs auch die Nazis nicht. Eine solche ließ sich allerdings schon deshalb nicht durchführen, weil man den Juden zuvor ihr gesamtes Vermögen weggenommen hatte, so daß sie für jedes Land, in das sie einwanderten, zur schweren finanziellen Last wurden. Anderseits war diese Expropriation der Juden die logische Folge der Annahme, daß sie ihr Geld nicht ehrlich erworben, sondern als Schmarotzer und Blutsauger dem Volkskörper der Autochthonen entzogen hatten.

Indes nimmt Dühring auch schon das Endstadium der Judenbehandlung durch die Nazis als Forderung vorweg. In seiner Zeitschrift «Personalist und Emancipator» meint er schon bald, die «Einschränkung, Einpferchung und Abschließung» der Juden, also ihre Rückkehr ins Ghetto, genüge nicht, und auch nicht ihre systematische Austreibung. Immer häufiger fordert er ihre «blutradikale» «Ausmerzung», ausdrücklich spricht er von «Völkerausmerzung» und «Vernichtung». Denn: «Die Judenhaftigkeit läßt sich nicht anders als mit den Juden selbst beseitigen».

Der Orientalist Adolf Wahrmund

Als «Parasiten» bezeichnet auch der Orientalist Adolf Wahrmund (1827—1913) die Juden. Er stellt allerdings zur Abwechslung die Juden den Arabern gleich: Beide sind Parasiten, weil sie (ursprünglich) Nomaden sind.

Wobei Wahrmund die Frage offenläßt, ob dieses Nomadentum zur «Déformation professionelle» führte, die sich dann für alle Zeiten gleichsam im jüdischen und arabischen Volkskörper eingefressen hätte, oder ob umgekehrt beide Völker zu Nomaden wurden, weil sie eben von Natur Schmarotzer waren. Jedenfalls gilt nach seiner Meinung von den Nomaden, daß sie jeglicher Arbeit abgeneigt seien. Sie ernährten sich vom Ausplündern der ansässigen Bauern. Dieses Prinzip hätten beide Völker auch dann noch beibehalten, nachdem sie seßhaft wurden. Speziell für die Völker Europas wirkte sich das dadurch verhängnisvoll aus, daß eben Juden überall unter ihnen hausten.

Übrigens übernahm auch der hochbegabte und originelle Oswald Spengler für seine Kulturkreistheorien diese These der räuberischen, arbeitsscheuen und folglich für eventuelle Wirtsvölker tödlichen Eigenart aller Semiten, der Juden wie auch der Araber. Wahrmund: «Die Juden (wie die Araber) waren von jeher jeder wirklichen Arbeit fern, Parasiten [sic]. Ihr Ideal ist die Herrschaft über die andern, über die Welt, von der sie wollen, daß sie als Sklave ihnen zu Füßen liege».

Hier ist also gleich auch schon die These von der jüdischen Weltherrschaft vorweggenommen, die dann später in «Die Protokolle der Weisen von Zion», ein abstruses Machwerk der zaristischen Geheimpolizei, mit eingewoben wurde.

Paul Lagarde

Solide Bildung läßt sich auch dem Orientalisten und Kulturpolitiker Paul Lagarde (1827–1891) nicht absprechen, der in seiner 1887 erschienenen, seinerzeit er-

heblich beachteten Abhandlung «Juden und Indogermanen» schreibt:
Die Juden sind «Fremde, nichts als Träger der Verwesung [sic], die man daher aus dem Körper der europäischen Völker beseitigen [sic]» müsse. Und weiter: «Es gehört ein Herz von der Härte der Krokodilshaut dazu, um mit den armen ausgesogenen Deutschen nicht Mitleid zu empfinden und — was dasselbe ist — die Juden nicht zu hassen, und diejenigen nicht zu hassen, die — aus Humanität! — diesen Juden das Wort reden oder zu feige sind, dies wuchernde Ungeziefer [sic] zu zertreten ... Mit Trichinen, Bazillen [sic] wird nicht verhandelt. Trichinen und Bazillen werden auch nicht erzogen [er meint wohl: aufgezogen, am Leben gelassen], sie werden so rasch und so gründlich wie möglich vernichtet ... Zur Heilung Europas kommt man mit innerlicher Arznei erst zum Ziele, nachdem man durch einen chirurgischen Eingriff den angesammelten Eiter [sic] entfernt.»

Der Jude als «Parasit» im Dritten Reich

Trotzdem fordert Lagarde nicht die Vernichtung der Juden, sondern nur ihre Enteignung und Austreibung. Das lag in der Natur des liberalen Zeitalters, in dem er lebte und schrieb. Aber er lieferte bereits alle Thesen und Formulierungen für die nachfolgende antiliberale Phase voraus. Nach Wegfall der humanitären Hemmungen mußte seine biologische Einstufung der Juden als Bazillen und Trichinen sich für das jüdische Volk ganz von selbst tödlich auswirken. —
Dies sind nur einige wenige Proben aus jener antisemitischen Literatur, welche durch Gleichsetzung der Ju-

den mit Trichinen, Bazillen, Ungeziefer, Parasiten und Schmarotzern (im biologischen Sinne) die Vernichtung des jüdischen Volkes mit Mitteln der landwirtschaftlichen Schädlingsbekämpfung, also etwa durch Giftgas, moralisch vorbereitet und ermöglicht hat. Zwar mußten noch viele zusätzliche Faktoren hinzukommen, bis diese unheimliche Theorie sich verwirklichen konnte. Das Fundament zum Holocaust an den Juden mit Mitteln, wie sie zuvor gegen Menschen nie angewendet wurden, war jedoch gelegt.
Und auch die Tatsache, daß die Vorgänge in den Vernichtungslagern nur bei einem Bruchteil der Hunderttausenden von Mitwissern Grauen und Ablehnung auslösten, erklärt sich einzig durch die jahrzehntelange Infiltration der Gehirne auch der Gebildeten Mitteleuropas mit Thesen vom außer- und untermenschlichen Parasitismus des jüdischen Volkes, die offenbar intensiver wirkten als die eigene alltägliche Erfahrung aus dem Umgang mit den realen jüdischen Mitbürgern.

Wahnideen generell

Natürlich beruhen Irr- und Aberglauben nie und nirgends auf eigener Erfahrung und Anschauung. Das gilt nicht nur für die Judenfrage. Es hat ja auch noch nie jemand eine Frau erblickt, die auf dem Besen nachts durch die Luft zum Bocksberg ritt, um dort mit dem Satan obszöne Messen zu zelebrieren. Dennoch starben Zehn-, wenn nicht Hunderttausende von Frauen als angebliche Hexen auf dem Scheiterhaufen. Zwar hatte es im frühen und im mittelalterlichen Christentum eine starke asketische Strömung gegeben und etliche Neigung, die Frau als potentielle Verführerin zu denunzie-

ren. Aber ähnlich massiv wie die jahrtausendelange Judenhetze war die antifeministische Propaganda der Kirche doch nie gewesen.
Anderseits aber loderte der Hexenwahn in der beginnenden Neuzeit auf, in einer Epoche des Auf- und Umbruchs, der Desorientiertheit und Verwirrung. In der «aufgeklärten» wissenschaftlichen Periode der Gegenwart jedoch sollte man wenigstens an den Gebildeten in puncto Anfälligkeit für Wahnideen strengere Ansprüche stellen dürfen. Die Gleichsetzung der Juden mit Schädlingen, die man folglich mit Mitteln der Schädlingsbekämpfung mitleidlos austilgen darf, mag erklären, wieso schließlich alle Hemmungen bei der Durchführung des Holocaust fielen, und wieso auch solche Mitwisser, die selber an dem Massenmord nicht beteiligt waren, so gleichgültig auf ihn reagierten. Exkulpiert ist trotzdem keiner von ihnen.

Die Reaktion der Juden

Und die Juden selbst? Wie reagierten sie auf diese ungeheuerlichste aller Verleumdungen, deren Objekt sie je geworden waren?
Es ist eine bekannte Tatsache, daß Lügen, permanent und penetrant genug vorgetragen, zuletzt oft sogar dann geglaubt werden, wenn die Widerlegung keinerlei Mühe bereiten würde und die Wahrheit offen zutageliegt. Auf dieser psychologischen Erkenntnis baut jeder geschickte Demagoge seine Verleumdungen des politischen Gegners auf. Hitler, sonst in jeder Hinsicht medioker, wußte diese Einsicht genial zur Indoktrination der Massen zu nutzen. Daß das Rezept auch bei Gebildeten meist nicht versagt, ist befremdlich, aber unbestreitbar.

Weit befremdlicher jedoch ist die Auswirkung einer jeden massiven Verleumdungskampagne auf die von ihr Betroffenen selbst oder doch auf einen Teil von ihnen. Hiervon zeugt speziell im Zusammenhang mit der Judenfrage das bekannte Phänomen des jüdischen Selbsthasses als Folge davon, daß solche Verleumdungen vom Verleumdeten selbst zuletzt geglaubt werden. Das prominenteste Beispiel hierfür liefert Karl Marx, der getaufte Jude, der zwar nicht schlechthin alle Beschuldigungen, die je gegen die Juden erhoben wurden, aufgreift und selber glaubt (an den Ritualmord der Juden an Christenkindern glaubt er natürlich nicht), wohl aber alle jene Verleumdungen, die den Sozialaspekt der Judenfrage betreffen. Denn dieser Aspekt war nun einmal der einzige, der ihn, den Sozialtheoretiker, interessierte.

Marxistischer Parasitismusbegriff

Parasiten sind die Juden auch nach seiner Meinung. Natürlich sind sie es nach Marx nicht im biologischen Sinne. Da Marx – und mit ihm alle seine Nachfolger – nicht an angeborene, vererbbare seelische und geistige Eigenschaften glaubt, sondern davon ausgeht, einzig das unterschiedliche soziale – vor allem wirtschaftliche – Milieu erzeuge Verschiedenheit unter Individuen und Gruppen, interpretiert er natürlich auch den Parasitismus der Juden nicht biologisch, sondern nur wirtschaftlich. Nach seiner Ansicht späht der Jude nach Lücken im Sozialgefüge der verschiedenen Wirtsvölker, in die er sich einnistet und von denen aus er seine Umwelt ausbeutet.

Indes beschränkt sich diese Haltung bekanntlich nach Marx nicht auf Juden, sondern auf alle privatwirtschaftlichen Unternehmer im Gegensatz zu den Arbeitnehmern und vor allem den einfachen Arbeitern, die nach seiner Theorie auch dann die «Ausgebeuteten» bleiben, wenn der Unternehmer außer dem Kapital auch eigene Produktionsideen und intensive Leistung einbringt und seine Arbeiter sehr gut entlohnt. Auch dann sind sie nach wie vor die «Ausgebeuteten», wenn es klar ist, daß eine Selbstverwaltung des Betriebes durch die Arbeiter durch die dann unerläßliche Bürokratisierung weit mehr kosten würde als den bisherigen «Profit» des Unternehmers. Oder wenn die Arbeiter durch überhöhte Forderungen den Unternehmer samt seinem Unternehmen ruinieren, so daß zuletzt der Steuerzahler zur Kasse gebeten werden muß, was sich schließlich auch auf die gesamte Volkswirtschaft eines Landes katastrophal auswirken muß. Diese dialektische Umdrehung des Ausbeuterverhältnisses hat sich bekanntlich in einigen europäischen Staaten bereits vollzogen. Für die Marxisten bleibt aber nach wie vor der (privatwirtschaftliche) Unternehmer der einzige Ausbeuter im Sozialgefüge.

Der Parasitismusbegriff der Zionisten

Nun: Marx haßte die Juden, aus deren Schicksalsgemeinschaft er ausgestiegen war, ganz bewußt. Der Prozeß kann sich aber auch mehr oder weniger unbewußt abspielen, das heißt, ohne daß die Betreffenden überhaupt merken, wie sehr ihre Selbsteinschätzung durch negative Indoktrination gegen ihre eigene Person oder Gruppe bestimmt ist. Dies widerfuhr groteskerweise ausgerechnet jener jüdischen Gruppierung, die sich — wie sie selber meinte — ihres Eigenwertes und ihrer Eigenart besonders stark bewußt und auf sich selber stolz war: den Zioni-

sten. Bezüglich angeblichen jüdischen Parasitentums fielen sie auf die Verleumdungen ihrer Feinde herein.
Natürlich konnten auch sie nicht von einem biologisch verankerten Parasitismus der Juden ausgehen, wenn auch aus andern Gründen als Marx. Dieser hatte sich damit begnügen müssen, den Juden nur ein wirtschaftliches Parasitentum anzulasten, weil er, wie bereits erwähnt, menschliches Verhalten generell nur aus ökonomischen und niemals aus erbbiologischen Faktoren heraus erklärte. Den Zionisten dagegen verbot ihre positive Einstellung zum jüdischen Volk ganz von selbst die Annahme einer von Natur aus korrupten und bösen Konstitution der Juden.
Sie gingen jedoch – gerade als Zionisten – davon aus, daß ein Volk ohne Staat eine Anomalie bedeute, die ihrerseits zu Anomalien im Verhalten des Volkes führen könne. Eine solche Situation konnte die Wahl bestimmter Berufe nahelegen oder sogar erzwingen, und diese Berufe ihrerseits mochten unter Umständen zu einer gewissen «Déformation professionelle» führen. Und da das Schlagwort vom jüdischen Parasitismus in der Luft lag, griffen sie es unwillkürlich auf.
Wie aber sollte man diesen jüdischen, exilbedingten Parasitismus definieren? Nun, am besten, man hielt sich hierbei an die Thesen von Karl Marx. Für ihn war der Bankier nichts als Ausbeuter, Wucherer, Parasit. Nachdem man sich bei den Zionisten darauf geeinigt hatte, daß nur die Exilsituation den Juden diesen Beruf aufgezwungen hatte, konnte man, ohne die Selbstachtung einzubüßen, sich mit der Gleichsetzung von Bankier und Parasit einverstanden erklären.
Für Marx war aber auch jeder Unternehmer ein Ausbeuter und Parasit, ganz gleichgültig, wie vorbildlich er

seine Belegschaft finanziell und sozial absicherte, und da zur Zeit, als der Zionismus aufkam – also um die Jahrhundertwende –, das Sozialnetz in vielen Ländern noch nicht so ausgebaut war wie heute, konnte man schon zu dem Trugschluß gelangen, daß der risikobereite und ideenreiche Unternehmer, ohne den die rapide anwachsende Bevölkerung keinen Broterwerb gefunden und ohne den es die industrielle Welt auch niemals zu ihrem allgemeinen Wohlstand gebracht hätte, in der Tat nichts sei als der parasitäre Ausbeuter der arbeitenden Massen.

Die Schwärmer unter den Zionisten gingen sogar noch weiter. Schneider, Schuster, Tischler – sie mochten nun selbständige Unternehmer mit (ausgebeuteten) Angestellten sein oder ausgebeutete Arbeitnehmer – brauchten für ihr Handwerk Material, das sie nicht selber der Natur entnehmen, sondern das seinerseits bereits auf menschlicher Arbeit und vermutlich deren Ausbeutung beruhte, waren folglich zumindest partiell des Parasitismus verdächtig.

Der zionistische «Produktivitätsmythos»

Welche vollkommen unverdächtigen Berufe blieben dann noch übrig? Ganz einfach: alle jenen, die unmittelbar mit der Natur und nur mit ihr zu tun hatten. Produktiv war, wer Kohle oder Erz an den Tag förderte. Noch produktiver war der landwirtschaftliche Pionier, der malariaverseuchte Sümpfe sanierte, wasserloses Geröll und Wüste bewässerte, entwaldete Ödnis mit Bäumen bepflanzte, kurz – jeder, der einer von jeher toten oder durch Mißwirtschaft ruinierten Landschaft zu neuem Leben und Blühen verhalf. Natürlich war auch er bloß unter der Voraussetzung wirklich produktiv und frei von Parasitismus, wenn er all das ohne bezahlte Hilfskräfte schaffte. Wo seine eigenen Kräfte und die seiner Familie nicht ausreichten, mußte er sich mit Gefährten zur Kommune zusammenschließen.

Es traf sich nun vortrefflich, daß das Gelobte Land, in dem die Zionisten seit Ende des letzten Jahrhunderts zu siedeln begannen, durch jahrhundertelange arabische Vernachlässigung sich vom grünenden, blühenden Paradies, in welchem das Liebespaar des Hohenliedes die Weinberge durchstreift und Jesus mit seinen Jüngern sich beim Durchwandern der fruchtbaren Felder von Ähren am Wegrand genährt hatte, inzwischen unter arabischer und türkischer Herrschaft in einen der trostlosesten und menschenärmsten Landstriche des Nahen Ostens verwandelt hatte. Hier konnten die jüdischen Pioniere wahrlich ihre Urproduktivität voll ausleben! Die meist aus osteuropäischen Kleinstädten stammenden ersten Zionisten hatten im allgemeinen von Landwirtschaft keine Ahnung, waren zu einem hohen Prozentsatz Intellektuelle oder allenfalls Handwerker. Sie beschlossen trotzdem, mit eigenen Händen die Wüsten und Sümpfe urbar zu machen, ohne «ausgebeutete» Hilfskräfte. Sie schlossen sich hierfür zu Pioniergruppen zusammen, die auch nachher, wenn das Land unter unsäglichen Opfern wieder fruchtbar geworden war, es nicht untereinander aufteilten, sondern kollektiv bewirtschafteten. Damit war der Kibbuz, die landwirtschaftliche Kommune Israels geboren.

Zugrunde lag der Kibbuz-Idee, wie gesagt, die an sich abstruse, vom Marxismus vage beeinflußte Vorstellung, wonach letztlich nur solche «Ur-Arbeit» rein produktiv und frei von jeder Spur des im Exil für die Juden unvermeidlichen «Parasitismus» sei. Und wie jede Konklusion, die auf unrichtigen Prämissen basiert, hat sich auch diese auf die Entwicklung des Landes teilweise negativ ausgewirkt. Die Leistung und Initiative des privaten Unternehmers, ohne die es die industrielle Entwicklung der Neuzeit niemals hätte geben können, wird in Israel bis heute aus ideologischer Voreingenommenheit unterschätzt und zuwenig vom Staat gefördert. Der Wunsch, Leistung weniger durch individuellen Einsatz als durch sozialistische Kollektive zu erbringen, hat in Israel, wie in allen marxistisch inspirierten Gemeinschaften, eine wuchernde, unnütze, die echte Produktivität lähmende Bürokratie erzeugt, die von den Satirikern des jungen Staates zornig aufs Korn genommen wird.

Diese Dauerfurcht vor (angeblichem) Parasitentum ließ aber die Israelis nicht nur blind werden für das echte Parasitentum des Landes, nämlich jenes eines unheimlich aufgeblähten unnützen Beamtenapparates, sondern führte zeitweise auch zu abstrusen Fehleinschätzungen in außenpolitischen Fragen, zur Bejahung sozialistischer Staaten und Staatsmänner, auch dann, wenn diese, verhüllt oder auch ganz direkt, die Vernichtung Israels und seiner Einwohner anstreben, und umgekehrt zur Ablehnung solcher Länder und Politiker, die ihrerseits antimarxistisch ausgerichtet sind, dabei aber die Existenz Israels bejahen; Fehler, die sich ein kleines umdrohtes Land zumindest auf die Dauer sicher nicht leisten kann. Trotzdem gäbe es wohl ohne diese Angst jener frühen Zionisten vor dem angeblich exilbedingten «Parasitismus» der Juden und dem dieser Angst entsprungenen «Produktivitätsmythos» der frühen Zionisten, über den sich nüchterne Analytiker der zionistischen Bewegung manchmal lustig machen, heute vielleicht keinen Staat

Israel. Denn einzig diesem Mythos war es zu verdanken, daß die Zionisten, im Gegensatz zu den Einwohnern praktisch aller andern «Entwicklungsregionen», bei ihrer Einwanderung ins Gelobte Land nicht in erster Linie oder gar ausschließlich an schnelle Industrialisierung dachten, in der Hoffnung, das «Weltjudentum» werde sie, die tapfern Pioniere, schon irgendwie ernähren. Sondern daß sie eben zuerst einmal, wiewohl sie keine Bauern waren, die erstorbene Landschaft durch produktive Ur-Arbeit fruchtbar machten, so daß sie heute nicht nur selber aus ihrem eigenen Boden leben können, sondern gewaltige Überschüsse für den Export erzeugen. Diesem Mythos ist es zu danken, daß die Zionisten, obwohl — oder auch vielleicht gerade weil — sie keine ursprünglichen Bauern waren, Neuzüchtungen hervorbrachten und für die Erschließung und Bebauung des Bodens neue Methoden und Ideen fanden, die in der Welt bewundert und in Landstrichen mit vergleichbaren klimatischen Voraussetzungen übernommen werden. Nicht nur zahlreiche afrikanische Länder, sondern sogar die in der Gärtnerei und Landwirtschaft so begabten Ostasiaten lassen sich, schon seit geraumer Zeit, von israelischen Fachleuten beraten und ausbilden.
So gesehen hat der Vorwurf des jüdischen «Parasitismus» und die zionistische Antwort auf ihn in Form des Produktivitätsmythos ohne Zweifel auch großartige positive Ergebnisse gezeitigt.
Mittlerweise hat sich jedoch die Spirale des Judenhasses um eine Windung weitergedreht, sich um ein neues Motiv und angebliches Argument erweitert: den sogenannten Antizionismus.
Die Gründungsgeschichte des Staates Israel darf als bekannt vorausgesetzt werden, so daß hier nur von einem

speziellen, für den Gang der Untersuchung wichtigen Aspekt die Rede sein wird.

Antizionismus

Aus zwei Gründen traf es sich gut, daß Palästina vor Beginn der zionistischen Einwanderung agronomisch heruntergewirtschaftet, verödet und menschenarm war. Die Zionisten konnten hier ihren Produktivitätsmythos viel konsequenter realisieren, als in einer fruchtbaren, bereits erschlossenen Landschaft. Freilich: Viele Siedler bezahlten die unendlich mühsame Aufbauarbeit mit ihrer Gesundheit, oft mit dem Leben.
Zum andern: Es war vorteilhaft, daß die Siedler niemandem etwas raubten, als sie den Boden kultivierten. Doch das unter Opfern neu zum Leben erweckte Land, das den Frieden sucht, weil es überleben will, und dem vier Kriege aufgezwungen wurden, schuf, ungewollt, Begehrlichkeit bei seinen Nachbarn.
Auch unter den angeblichen Israelfreunden erinnert sich kaum mehr einer daran, welche jämmerliche menschenarme Ödnis die ersten Zionisten im 19. Jahrhundert auf dem schmalen Küstenstreifen ihrer historischen alten Heimat vorfanden, in die sie nicht nur letzte Überlebende der Hitlerschen Judenvernichtung in Europa aufnehmen mußten, sondern auch eine volle Million Juden, die in den arabischen Ländern zum Teil schon lange vor den Arabern selbst gesiedelt hatten und die jetzt entrechtet, enteignet und vertrieben wurden, ohne daß ihnen die UNO so, wie den Palästinensischen Flüchtlingen, mit einer Dauerunterstützung für sie und ihre fernsten Nachkommen unter den Arm griff.
Die Definition des Zionismus als eines angeblichen okku-

patorischen Imperialismus und Kolonialismus greift immer weiter um sich. Diese Interpretation, stereotyp wiederholt, brachte nicht nur die Zustimmung der unmittelbar am Verschwinden Israels Interessierten, der Begehrlichen, sondern führte auch mehr und mehr zu einer gedankenlosen Abstempelung im Sinne dieser Definition bei weiten Teilen der restlichen Welt und ihrer politisch-deklamatorischen Drehscheibe, der UNO.
Die Schiene war gelegt, auf der eine wachsende Lawine rollen konnte: Der Zionismus eines frieden- und heimatsuchenden Volkes wurde verfälscht in eine Art Synonym für das grundsätzlich Böse. Der Begriff Antizionismus wurde moralisch rehabilitiert und politisch salonfähig, die begehrlichen Nachbarn konnten im Schatten üblich-moderner Begriffsverwirrung und -verkehrung skrupellos die heute ungewöhnliche Verbindung von Angst und Verteidigungswillen umdeuten in Aggressivität und «Faschismus». Dies alles unter dem Beifall der meisten Staaten, die sich in anderem politisch stark voneinander unterscheiden. Aus dem Keim der Begehrlichkeit wuchs die konkrete Existenzbedrohung des Staates Israel und seiner Menschen.
Die Lethargie der Welt, abzulesen an den Israel betreffenden UNO-Resolutionen, den Initiativen und Erklärungen der EG, signalisiert moralisches Versagen, ganz abgesehen von der politischen Unvernunft, die sich darin erkennen läßt, daß ein damit — uneingestanden — verbundenes Schielen nach dem arabischen Öl und einer gesicherten Versorgung ohne den erhofften Erfolg bleiben muß: Denn auch bei ursprünglich friedlichen Absichten müßte ein nicht lebensfähiger PLO-Miniaturstaat auf dem Westufer des Jordans bald zum Sprungbrett gegen das restliche Israel mit seinen nunmehr un-

haltbaren Grenzen werden. Und für die Sowjetunion wäre das PLO-Territorium zugleich Sprungbrett auf das gesamte nahöstliche Ölgebiet. Das würde also umgekehrt die Ölversorgung des Freien Europa noch ganz anders gefährden als die heutigen Erpressungsversuche durch die PLO. Der Antizionismus wurde latent und ist heute weltweit anzutreffen, eine Art politisches Kavaliersdelikt. Eine unheilige Allianz der begehrlichen Feinde Israels mit der Gleichgültigkeit der ölabhängigen Industriestaaten und wiederum deren östlichen Gegenspielern ist drauf und dran, Israel und die dort lebenden drei Millionen Juden zu vernichten.
Ich fasse zusammen: Wenn ich in der ersten Ausgabe dieses Buches sagte, der nächste Angriff gegen die Juden (oder einen Teil von ihnen) werde sich nicht mehr unter dem Rassesymbol, sondern unter einem anderen, neuen Vorzeichen vollziehen, hat sich inzwischen das bestätigt. Diesmal scheidet der Rasseaspekt schon deshalb aus, weil Judenhaß und Begehrlichkeit aus einer rassisch nahezu identischen Ecke kommen. So darf man sich also einer Rassenanalyse des jüdischen Volkes ruhig widmen, ohne befürchten zu müssen, damit Mordmotive gegen das jüdische Volk neu zu beleben.

II. DER ERKENNTNISWERT DER RASSENLEHRE

Herders Stilanalyse

Soweit die Rassenkunde sich nicht mit Messungen und Zahlen begnügt, sondern darüber hinaus nach Zusammenhängen zwischen dem physischen und seelisch-geistigen Habitus des Menschen forscht, stand sie in Deutschland von allem Anfang an unter einem unglücklichen Stern. Und dies, obwohl gerade in Deutschland – und nur hier – schon früh die geistigen Voraussetzungen für eine sachliche geisteswissenschaftliche Auswertung der Rassenkunde gegeben waren. Gegen Ende des 18. Jahrhunderts hatte nämlich Johann Gottfried Herder eine Anzahl Thesen aufgestellt, von denen her die Rassenlehre später auch ganz andere Wege hätte einschlagen können. Er hatte Volkslieder verschiedener Völker gesammelt und dabei festgestellt, daß sprachlicher Ausdruck und Folklore bei jedem Volk ihre unverwechselbare Eigenart haben. Dem jüdischen Volk brachte er sogar ein ganz besonderes Interesse entgegen: Im Jahre 1782 gab er eine Untersuchung mit dem Titel «Vom Geiste der Ebräischen Poesie» heraus, in welcher er die Besonderheit, das individuelle Gesicht der biblischen Dichtung klar erfaßt und nachgezeichnet hat.

Man hört oft, Herders Untersuchungen seien für die Orientalistik ähnlich bedeutsam geworden wie jene Winckelmanns für die klassische Archäologie. Der Vergleich hinkt. Man übersieht einen fundamentalen Unterschied. Zwar hatten beide den gleichen genialen Blick für das Wesentliche an der von ihnen erfaßten Kunstform. Aber für Winckelmann ist die griechische Kunst nicht einfach individueller Ausdruck des griechischen Volkes, sondern darüber hinaus letzter Maßstab für Kunst schlechthin. Hierin bewegte er sich in konventionellen Bahnen, denn die Kunst der Antike hatte auch vorher schon einige Male im Laufe der Geschichte als allgemein verbindlich und vorbildlich gegolten. Winckelmann brachte nicht eigentlich neue Impulse, sondern einzig einen erneuten Anstoß zur Nachahmung der Antike. Von Winckelmann aus führt kein Weg zur adäquaten Erfassung auch nichtklassischer Kunstformen.

Es ist hier nicht unsere Sache, zu untersuchen, warum dieser Anstoß in der bildenden Kunst Deutschlands – bei der Malerschule der sogenannten «Nazarener» – in leerem Formalismus versandete; in der deutschen Dichtung jedoch, bei Schiller, Goethe, Kleist, zu unsterblichen Werken führte. Die Antwort hierauf könnte vielleicht eine Rassenkunde des deutschen Volkes geben.

Unser Thema aber ist das jüdische Volk. Wichtig in unserem Zusammenhang ist nur, daß es nicht Winckelmann, sondern Herder war, der ein adäquates Erfassen verschiedener Stile ermöglicht hat.

Seine Anregungen fielen nicht auf dürren Boden. Er hat die moderne Kunst- und Stilgeschichte entscheidend beeinflußt, ja ihre Grundlagen überhaupt erst geschaffen. Denn nur er erkannte, daß man Kunststile nicht senkrecht staffeln und an einem absoluten und allgemeingültigen Höhepunkt – eben der klassischen Antike – messen kann, sondern daß jeder Kunststil, weil adäquater Ausdruck seines Schöpfers – sei dies nun ein ganzes Volk oder ein Individuum – anders sein muß.

Die falsch gestellten Weichen im 19. Jahrhundert

Rassenkunde im modernen Sinne trieb damals niemand. Hätte Herder es getan, so hätte er ohne Zweifel hinzugefügt: Nicht nur von einer Zeit zur andern und von einem Volk zum andern, sondern auch und vor allem von einer Rasse zur andern variiert der künstlerische und überhaupt jeder geistige Ausdruck. Und hätten seine Nachfolger die Zusammenhänge auf solcher sachlich-stilkritischen Basis verfolgt, so wären sie zu überraschenden und wertvollen Ergebnissen gelangt.

Als dann aber später, im Laufe des 19. Jahrhunderts, die Rassenforschung aufkam, war von einer solchen Sachlichkeit nur noch sehr bedingt die Rede. Von allem Anfang an stand die junge Wissenschaft nämlich unter einem Verhängnis: Es war ja klar, daß Herders Anregungen nicht von den Freunden der Aufklärung aufgegriffen wurden. Ihnen lag wenig an den Unterschieden zwischen einzelnen Menschen oder Menschengruppen. Ja – sie bestritten ausdrücklich solche Unterschiede. Sie waren die geistigen Initianten der Französischen Revolution, welche die Gleichheit aller anstrebte und die ständischen Unterschiede der Feudalzeit als Willkür und Unrecht ablehnte.

Zwar sind ständische und völkische oder rassische Unterschiede nicht dasselbe. Die ganze Blickrichtung der Aufklärer war aber nun einmal auf das allen Menschen Gemeinsame ausgerichtet.

Es waren natürlich die Romantiker, die Herders Anregungen leidenschaftlich aufgriffen. Nur sie wußten um jene irrationalen Tiefen, in welchen auch die rassisch begründeten geistig-seelischen Unterschiede verankert sind. Ihnen aber fehlte von allem Anfang an Herders Unbestechlichkeit und Objektivität.

Die Schuld daran trugen Gründe, die später auch beim Aufkommen des Nationalsozialismus wesentlich mitgewirkt haben. Das deutsche Nationalbewußtsein war gerade in den Jahren der Französischen Revolution erwacht und in den Kriegen gegen die Revolutionsarmeen Napoleons erstarkt. Die Ideen der Aufklärung und Gleichberechtigung, die Ideen der Französischen Revolution also, waren damit zum feindlichen Propagandamaterial abgestempelt. Und die Lebensformen der Feudalzeit, mit denen die Revolution aufräumen wollte, erschienen in verklärtem Glanz, vermengten sich mit dem jungen Nationalbewußtsein.
So geschah es eben, daß das neu erwachte, durch Herder angefachte Gefühl für nationale Besonderheiten seine kosmopolitische Weite verlor. Es schrumpfte, im Kriege, zur ausschließlichen Besinnung auf die eigenen, die «deutschen» Werte zusammen. Die Begriffe Deutschtum und Feudalform waren jetzt miteinander gekoppelt.
Und die Bejahung der deutschen Vergangenheit brachte es mit sich, daß nicht nur die echten hohen Werte des Mittelalters wieder bewundert, sondern daß auch alle alten Vorurteile wieder aufgegriffen wurden. Zu ihnen gehörte das Mißtrauen gegen die Juden, die man auf deutschem – und nicht nur deutschem – Boden seit dem 11. Jahrhundert abwechselnd als Gottesmörder, Hostienschänder, Brunnenvergifter und Ritualschlächter legal und illegal verfolgt und immer wieder vernichtet hatte. In manchen Städten hatten sie immer noch keine Wohnerlaubnis. Wo man sie vorfand, übten sie zum Teil noch jene verächtlichen Berufe aus, die man ihnen vielenorts seit langer Zeit als einzige erlaubte: den Trödelhandel und die Pfandleihe. Daß die vom Krieg zur Weißglut geschürte nationale Begeisterung der Deutschen die Be-

urteilung der jüdischen Minorität im Lande verzerrte, war kein Wunder.

Sie trübte nicht nur das Urteil der «arischen» Deutschen. Sie griff sogar auf die Juden selber über. Auch dies war kein Wunder. Die Juden Deutschlands bildeten ja um diese Zeit längst nicht mehr eine traditionsbewußte, geschlossene geistige Welt, von der aus man politische und andere Fragen nach eigenem Maßstab hätte beurteilen können. Sie waren armselige Reste nach einer Kette blutiger Verfolgungen seit dem Mittelalter. Sie richteten sich zum größern Teil längst nach den Idealen ihres Wirtsvolkes und wünschten nichts sehnlicher, als für Deutschlands Freiheit – die ihre eigene Unfreiheit zur Folge haben sollte – zu kämpfen und zu sterben. Sie eilten als Freiwillige zu den Fahnen, in höherem Prozentsatz als die Deutschen selber.

Sie hatten vorübergehend, dank dem Vormarsch der Revolutionsarmeen, in Deutschland die bürgerliche Gleichberechtigung erhalten. Eines dieser Rechte bestand darin, in die Armee eintreten zu dürfen. Sie machten eilig von diesem Recht Gebrauch, um gegen die gleichen Armeen zu kämpfen, denen sie dieses selbe Recht verdankten. Manche fielen. Andere kehrten als Krüppel zurück. Der Sieg des deutschen Vaterlandes wurde, wie nicht anders zu erwarten, auch zum Sieg über die Revolutionsideen des geschlagenen Feindes. Entsprechend sah der Dank des Vaterlandes an die jüdischen Freiwilligen aus. In Preußen zum Beispiel wurden den jüdischen Krüppeln und Hinterbliebenen die Pensionen verweigert – es sei denn, sie ließen sich taufen. Und die bürgerlichen Rechte wurden ihnen in den meisten deutschen Ländern wieder entzogen.

In diese Atmosphäre fallen die Anfänge der modernen

Rassenforschung. Zwar stammen gerade die ersten Publikationen, in welchen der «Arier», genauer: der nordische Rassetypus, auf Kosten des jüdischen verherrlicht wird, nicht von Deutschen. Im Jahre 1853 schrieb ein Franzose, Graf J. A. Gobineau, sein Buch «Über die Ungleichheit der menschlichen Rassen», und 1898 kamen «Die Grundlagen des 19. Jahrhunderts» des Engländers H. St. Chamberlain heraus.

Aber es ist kein Zufall, daß die Lehre beider vor allem in Deutschland auf fruchtbaren Boden fiel. In Frankreich gab es zwar um die Jahrhundertwende den berüchtigten Dreyfusprozeß, in welchem, unter dem Beifall von Armee, Kirche und einem Großteil der Presse und des Volkes, ein unschuldiger jüdischer Hauptmann wegen Landesverrats angeklagt und deportiert wurde. Es ist aber auch hier wieder kein Zufall, daß der Prozeß schließlich revidiert wurde, und vor allem: daß das Ganze in der Geschichte des nachrevolutionären Frankreich eine Episode blieb.

Es wäre falsch, daraus zu folgern, daß die Franzosen generell judenfreundlicher waren als die Deutschen. Aber hier, in Frankreich, war das nationale Selbstbewußtsein eben von der Revolution her an die Ideen der Aufklärung geknüpft und nicht an die einer politisch reaktionären Romantik. Einige der besten Köpfe Frankreichs kamen dem unglücklichen Hauptmann zu Hilfe, und schließlich siegten sie.

Es hätte sich demnach in Frankreich durchaus eine Rassenlehre auf objektiver Basis entwickeln können. Es geschah nicht. Denn die gleiche Aufklärung, die zu Gerechtigkeit und Objektivität erzieht, schult – wir erwähnten es schon – das Auge nicht für jene prärationalen Besonderheiten, zu denen auch die Rasse gehört.

Frankreich gab für diesen ganzen Fragenkomplex weder im positiven noch im negativen Sinne einen fruchtbaren Boden ab.
In Deutschland aber hatte sich aus den bereits genannten politischen Gründen die Allianz zwischen den Herder-Nachfolgern und der politischen Reaktion vollzogen. Und dies bedeutete eben, daß gerade jene, die den besondern Blick, die eigentliche Fähigkeit besaßen, menschliche Individuen und Gruppen in ihrer körperlich-seelischen Besonderheit zu erfassen, zugleich in gefährlichen Vorurteilen befangen blieben.
Natürlich wäre es falsch, zu behaupten, daß von der Deutschtümelei und dem Antisemitismus mancher Romantiker in Deutschland ein gerader Weg zu den Gaskammern von Treblinka und Auschwitz führe. Unzählige andere Einflüsse mußten hinzutreten, bis es so weit kam. Und letztlich bleibt, trotz detailliertester Analyse der Gründe, dieses neuzeitliche Massenmorden an den Juden sowenig erklärlich wie die akuten Mordepidemien früherer Perioden, etwa jene an Hexen.
Umgekehrt kann man auch keineswegs behaupten, daß ohne diesen verfehlten Auftakt der modernen Rassenlehre den Juden ihr Unglück erspart geblieben wäre. Denn morden kann man, wie gesagt, unter den verschiedensten Vorwänden. Es bedarf dazu keiner Rassenlehre. Hier aber wurden auf lange Zeit hinaus die Weichen in der Rassenlehre falsch gestellt.
Darüber aber muß man sich klar sein, daß Vorurteile und selbst Wahnvorstellungen keineswegs eine geschwächte Intelligenz oder eine verringerte Beobachtungsgabe voraussetzen. Man weiß zum Beispiel mit Bestimmtheit, daß einige der erbarmungslosesten Hexenjäger des 16. Jahrhunderts zu den gebildetsten und – in

anderer Hinsicht – tolerantesten Menschen ihrer Epoche gehörten. Man muß sich eben klar sein, daß nur sehr wenige Augenblicke der historischen Vergangenheit mehr oder minder frei waren von kollektiven Wahnvorstellungen, daß solche irren Ideen immer wieder wie Epidemien ganze Gruppen von Menschen – und zwar auch die intelligentesten unter ihnen – befallen können. Der Wahn herrscht eine Weile, ebbt aus irgendeinem Grunde irgendeinmal ab und wird schließlich durch einen andern abgelöst.

Einen Wahn aus der Vergangenheit, einen abgelegten, erledigten, durchschaut und verurteilt man leicht. Aber man sollte sich klar sein, daß auch fast jede Gegenwart von solchen verzerrenden Kollektivvorstellungen beherrscht ist. Fast niemand merkt es, weil nur die wenigsten imstande sind, sich aus dem allgemeinen Sog herauszuhalten. Dies aber wäre die Voraussetzung, den Wahn zu erkennen und zu durchschauen. Denn es müßte sonst ja Individuen oder Gruppen geben, die einerseits selber befangen sind und anderseits die eigene Befangenheit durchblicken. – Das wäre eine contradictio in adiecto, undenkbar und nicht umsonst Motiv eines bekannten Kölner Volkswitzes: Tünnes schaut vom vergitterten Fenster des Irrenhauses herab, Scheel ruft hinauf: «Was tust du dort oben?» – Darauf Tünnes: «Oh, ich bin jäck (= verrückt).»

Die deutsche Rassenlehre war also durch ein historisches Mißgeschick von allem Anfang an mit der Irrlehre von der welterlösenden Bedeutung einer germanisch-nordischen Rasse gekoppelt, zu welcher die Juden das teuflische Gegenbild abgaben. Es ist unter solchen Umständen nicht weiter verwunderlich, wenn sich für eine solche Rassenlehre das Bild des Juden zur Karikatur verzerrte. Umgekehrt ist es erstaunlich, daß die deutschen «Rassisten» überhaupt noch neben verderblichem Unsinn auch etliches Wahre über die rassische Eigenart und Zusammensetzung des jüdischen Volkes an den Tag gefördert haben.

Tatsächlich findet man sogar bei einigen jener Rassefanatiker, die die Nazizeit entscheidend mit beeinflußt haben, neben reiner Phantastik eine Menge Material, auf dem man aufbauen und das man in eine sinnvolle Betrachtung des Themas einbauen kann. Dies gilt vor allem für H. F. K. Günther, bei dem sich die abenteuerlichsten Phantasien mit einer verblüffend guten Beobachtungsgabe und einer beachtlichen Fähigkeit zur sauberen, klaren Klassifizierung auf das seltsamste verbinden. Es gilt schon weniger für L. F. Clauß, der vor allem dem Bewegungsausdruck der europäischen Rassen und der Juden nachgeht. Und es gilt natürlich überhaupt nicht für jene zahlreichen pseudowissenschaftlichen Abhandlungen, Rasseromane und Darstellungen der Weltgeschichte, in welchen kurzerhand alles Positive auf nordische, alles Teuflische auf jüdische Rassefaktoren zurückgeführt wird. Ich erinnere mich an einen Passus aus einer solchen Geschichtsdarstellung, in welcher der Verfasser – Protestant – die Taten eines bestimmten Papstes scharf verurteilt und, da ihm der Papst mißfällt, ihn kurzerhand zum Juden stempelt. Hier wird die Rassenlehre zum Irrglauben, zum Rassenmanichäismus, dessen praktische Auswirkung mehr Blut kostete als alle Hexen- und Ketzerprozesse der vergangenen Jahrhunderte zusammengenommen.

Dieses Verhängnis nahm, wie gesagt, seinen Anfang, als sich der Blick der deutschen Romantiker aus politischen Motiven heraus verengte und nur noch der deutschen, romantisch verfärbten Vergangenheit zuwandte. Es hätte auch anders kommen können. Bei einer andern politischen Konstellation hätten die Romantiker vielleicht Herders kosmopolitischen Weitblick bewahrt. Sie hätten, wie später Disraeli, in der Rassenforschung einen wertvollen Schlüssel zur stilkritischen, sachlichen Analyse der Menschheitsgeschichte erkannt. Man hätte, mit dieser Erkenntniswaffe in der Hand, unzählige Fragen neu aufwerfen und aus größerer Tiefe heraus beantworten können. Auch wäre es möglich gewesen – um bei Fragen aus jener Zeitspanne zu bleiben –, klar zu erkennen, warum die große Revolution in Frankreich glücken konnte und wenige Jahrzehnte später in Deutschland mißglückte oder warum die geistige Bewegung der Romantik in Deutschland und nicht in Frankreich ihren Anfang nahm. Man hätte aus solchen Einsichten heraus vielleicht auch klarer die eigenen Gefahren und anderseits die eigenen positiven Möglichkeiten durchschaut und – wer weiß! – sogar ausgewertet. Deutschland und ganz Europa sähen heute vielleicht anders aus. Möglicherweise wäre sogar weniger Blut geflossen.

All das sind unbewiesene und unbeweisbare Hypothesen. Beweisbar aber ist die Fruchtbarkeit von Herders polyphoner Stilbetrachtung. Daß seine Anregungen nicht auf unfruchtbaren Boden fielen, sagten wir schon. Ganz unverzerrt wurde seine neue Betrachtungsweise von den Kunsthistorikern Deutschlands aufgegriffen. Wir wollen uns hier einen kurzen Exkurs in das Gebiet der Kunstgeschichte erlauben. Er wird uns – wie sich zeigen wird – rasch zu einer weiteren Zentralfrage der Rassenlehre führen.

Die Problematik der wertfreien Erkenntnis

In der Kunstgeschichte hatten die Fachgelehrten keinerlei akuten und aktuellen Grund zu einer verzerrten Betrachtungsweise. Denn es gab – und gibt – zwar ein umfassendes jüdisches Schrifttum seit Jahrtausenden, jedoch sozusagen keine jüdische bildende Kunst. Auch auf diese Tatsache werden wir im Zusammenhang mit der Rassenfrage noch zu sprechen kommen. Jedenfalls lernten die deutschen Kunsthistoriker wirklich, ganz ohne Vorurteile und willkürliche Bewertung, alle Kunstformen als angemessenen Ausdruck der betreffenden Zeit und Kultur zu verstehen und zu deuten. Die Deutschen waren die ersten, die auch völlig fremde Kunststile zu begreifen suchten.

Zwar: vereinzelt war dies scheinbar auch vorher und anderswo geschehen. Etwa zur Zeit des Rokoko, als plötzlich alle Welt für chinesische Malerei und vor allem Porzellankunst schwärmte. Da aber hatte es sich nicht um ein bewußtes Fremdverstehen gehandelt. Das Verständnis beruht umgekehrt nur auf einer auffallend nahen Verwandtschaft des momentanen eigenen Kunststils mit dem der Exoten.

Etwas grundlegend anderes bahnte sich in der deutschen Kunstgeschichte der nachromantischen Zeit an und kam dann vor allem in jenem Almanach der deutschen Expressionisten zum Ausdruck, der kurz vor dem Ersten Weltkrieg unter dem Titel «Der blaue Reiter» in München erschien. Hier war wirklich der Versuch gemacht, die Kunst aller Zeiten und Völker, auch die der Primitiven oder des einfachen Volkes, aus ihren eigenen Bedingungen heraus zu begreifen.

Doch da erwies sich, daß auch der Versuch einer solchen Hyperobjektivität seine Gefahren in sich birgt.

Gefahren, die sich im Zusammenhang mit der Judenfrage nie ausgewirkt haben – denn bei ihr gab es nie eine hyperobjektive Betrachtungsweise –, die aber heute in der Bewertung mancher neu aufstrebenden Völker und Rassen durchaus sichtbar werden.
Zunächst war die neue Kunstbetrachtung ein Sieg über das Diktat eines klassischen oder vielmehr klassizistischen Ideals, an welchem jede Kunst gemessen, von dem her sie eingestuft und qualifiziert worden war. Eine solch senkrechte Bemessung der Kunststile gab es jetzt nicht mehr. Als einziger Maßstab galt nunmehr, ob eine Kunst es vermochte, die Welt jener Individuen oder Völker angemessen auszudrücken, denen sie entsprungen war. Und wenn sie dies konnte, dann war sie vollkommen. Es war jetzt also gleichgültig, ob ein Kunstwerk dem Pinsel oder Meißel eines naiven ländlichen Handwerkers aus einem zivilisierten Lande entsprungen war oder ob es dem Kral eines menschenfressenden Stammes oder der überwältigenden Konzeption eines Michelangelo entstammte. Alle Kunst galt nunmehr als gleichwertig.
Was der «Blaue Reiter» wollte, war zunächst eine befreiende, blickweitende Tat. Aber man hatte das Kind mit dem Bade ausgeschüttet. Zusammen mit der einseitigen und exklusiven Höchstbewertung der Antike hatte man schlechthin jeden Wertmaßstab preisgegeben.
So kam es, daß das ursprünglich sinnvolle Postulat der deutschen Expressionisten bei einem sinnlosen Chaos landete, bei jenen neuen Kunstformen nämlich, die von den einen als «abstrakt» bezeichnet werden – weil keine wirklichen Gegenstände abgebildet sind – und von den andern mit ebensoviel Berechtigung als «konkret» – weil der Inhalt eines solchen Bildes nicht auf irgendwelche realen Gegenstände in der Wirklichkeit verweist, son-

dern, ganz konkret, mit dem dargestellten frei erfundenen Gegenstande selber identisch ist. Damit ist die Bildkunst an jenen Punkt gelangt, wo sie nur noch eine rein private Angelegenheit des Künstlers ist und den Außenstehenden überhaupt nichts mehr angeht. Eine ähnliche Entwicklung hat sich inzwischen auch in der Dichtung angebahnt. Wahrscheinlich wird dies der Tod der abendländischen Kunst sein.

Wir haben uns diese Abschweifung ins Gebiet der Kunst erlaubt, weil sich von hier aus auch Schlüsse für die Rassenkunde ergeben. Wir sprachen zunächst davon, daß die Rassenlehre von allem Anfang an dadurch entwertet war, daß sie an Stelle der Objektivität eine willkürliche Wertung setzte. Wir fügten hinzu, daß die Rassenlehre für die gesamte Betrachtung der politischen und geisteswissenschaftlichen Geschichte hätte fruchtbar werden können, wenn sie Herders Objektivität bewahrt hätte.

An der Entwicklung von Kunst und Kunstbewertung sehen wir nun aber, wie gefährlich auch eine absolute Objektivität, genauer: eine Scheinobjektivität auf Grund der Preisgabe aller Wertmaßstäbe, werden kann. Bei andern politischen Voraussetzungen hätte es vielleicht geschehen können, daß die moderne Rassenlehre, statt bei der bipolaren Wertaufteilung in nordisch/antinordisch-jüdisch, genau wie die moderne Kunstgeschichte bei der These der absoluten Gleichwertigkeit sämtlicher Rassen der Welt gelandet wäre. Es hätte dazu führen können, daß man Hottentotten oder menschenfressende Australneger, obwohl sie im Laufe der Jahrtausende nie eine nennenswerte Kultur hervorgebracht haben, nun plötzlich mit allen Rassen gleichsetzte, denen man die Hochkulturen der Welt verdankt.

Die praktischen Folgen einer solchen Einstellung sind – obgleich sich heute Ansätze in dieser Richtung durchaus abzeichnen – nicht ganz leicht zu überblicken. Zum Massenmord, wie die Lehre der Nazis, würde eine Theorie von der absoluten Gleichwertigkeit aller Rassen bestimmt nicht führen. Insofern wäre sie also ungefährlich.
Vielleicht aber würde sich aus einer solchen Haltung und Bewertung zwangsläufig Kulturzerfall, allgemeine Nivellierung und ein schweres Hemmnis für die geistige Entwicklung gerade der begabtesten Individuen und Gruppen ergeben. In jedem Falle ist eine «wertfreie» Rassenbetrachtung geisteswissenschaftlich genauso unfruchtbar und wertlos wie die der Nazis.

Direktiven und Grenzen der Rassenforschung

Geisteswissenschaftlich fruchtbar kann demnach eine Rassenlehre nur sein, wenn sie, zunächst ohne Wertung, die leiblich-seelischen Unterschiede der verschiedenen Rassen registriert, es dann aber wagt, auch zu werten. Etwa in der Form, daß sie die besonderen Begabungen und Begabungsgrenzen einzelner Rassen festzustellen sucht. Es ist überflüssig, zu betonen, daß dies nicht auf Grund von Vorurteilen oder gar Wahnvorstellungen zu geschehen hat, sondern durch möglichst objektive und exakte Beobachtung.
Aber man braucht sich nichts vorzumachen: Zusammen mit der Bewertung wächst auch die Gefahr, daß sich Vorurteile in das Bild der einzelnen Rassen einschleichen. Denn Vorurteile gibt es nicht nur bei den Nazitheoretikern und der verhetzten Masse. Frei von Vorurteilen sind nicht einmal Genies. Ein Musterbeispiel

hierfür ist der große Dostojewskij, der in seinen Romanen ganz ungeniert seinem Haß gegen Deutsche, Franzosen, Polen und Juden Ausdruck gibt. Hingegen schätzt er aus einem unerfindlichen Grunde ausgerechnet die Engländer sehr hoch ein. Und die Russen liebt er leidenschaftlich, was ihn übrigens – hier ist er objektiv – nicht hindert, mit unvergleichlicher Beobachtungsschärfe auch abstoßende Züge an ihnen aufzuzeigen. Dagegen passierte es ihm nie, daß er an einem Individuum der von ihm gehaßten Volksgruppen positive Züge entdeckte. Am konzentriertesten – fast in Form eines boshaften und amüsanten Lehrvortrages – bringt er seine Meinung über die verschiedenen Völker in seinem hinreißenden kleinen Roman «Der Spieler» zum Ausdruck.

Ähnlich denkt – wenigstens über Polen und Juden – Dostojewskijs genialer Landsmann Nikolaj Gogol. Was die negative Wertung der Juden angeht, so wäre – neben unzähligen andern – auch Shakespeare zu nennen, der aber sein Lebtag kaum Juden gesehen hat, weil sie Jahrhunderte vorher aus England vertrieben worden waren. Allerdings sind seine Vorurteile verständlicher als die der großen Russen, denn er war zwar ein Genie, jedoch im Gegensatz zu Dostojewskij und Gogol kein sehr gebildeter Mann. Aber wir sahen, daß auch hohe und echte Bildung nicht vor Vorurteilen schützt.

Dagegen gehört – dies nur nebenbei – etwa Heinrich von Kleist trotz seines nationalen Fanatismus nicht in die Reihe derer, die je einem Vorurteil erlegen wären. Seine nationalistische Wildheit hat ihm merkwürdigerweise nie auch nur für einen Augenblick den klaren Blick für die wahren Eigenschaften des eigenen Volkes oder seiner Gegner getrübt. Ausdrücklich empfiehlt er: «Schlagt sie tot! Die Weltgeschichte fragt euch nach den Gründen

nicht!» Er verzichtet damit auf eine logische oder moralische Rechtfertigung des Nationalgefühls.
Die Gefahr eines Vorurteils ist also bei einer wertenden Betrachtung der Rassen nicht ganz vermeidbar. Dies ist eben die Gefahr einer jeden Wertung, und sie besteht überall, außer vielleicht in der exakten Naturwissenschaft. Die Gefahr steigt, je weiter man sich von einer rein wertneutralen Beobachtung und Forschung entfernt. Sie muß, wie in jeder Geisteswissenschaft, in Kauf genommen werden.
Dennoch darf und soll man den Versuch wagen. Zumal es an musterhafter Vorarbeit auf diesem Gebiete nicht fehlt. Denn schließlich ist es ja ebenfalls ein Deutscher gewesen, der Psychiater Ernst Kretschmer, bekannt durch seine Konstitutionslehre, welcher bewiesen hat, daß man Rassenlehre auch ganz anders betreiben kann, als es zur Nazizeit geschah.

Konstitution und Rasse bei Ernst Kretschmer

Kretschmer, Sproß einer alten schwäbischen Gelehrtenfamilie, der auch Schiller und Mörike entstammen, ist in der modernen Medizin ein erratischer Block. Denn er ist rein optisch orientiert. Zwar leben heute die ungebildeten Massen ebenfalls fast wie Analphabeten nur aus optischen Eindrücken heraus; die exakten Wissenschaften aber – und mit ihnen die Medizin und die Psychiatrie – entwickeln sich immer weiter vom optischen Bilde fort zu Zahlen, Formeln, zur Feststellung funktioneller Zusammenhänge.
Diese bildfeindliche Einstellung beherrscht auch die gesamte Psychoanalyse. Bekanntlich pflegen Arzt und Patient bei der analytischen Behandlung das Gesicht von-

einander wegzuwenden, weil optische Eindrücke nur als Störung und Ablenkung aufgefaßt werden. Tatsächlich gibt es ja bei einer Methode, die zur Behebung aktueller Kalamität den Patienten bis zu seinen frühesten Kindheitseindrücken «hinabanalysiert», keinen Raum für Bild und Gestalt.

Ganz im Gegensatz zu solcher bildfeindlichen Einstellung fordert Kretschmer für die psychiatrische Diagnose – und somit indirekt auch für jeden Heilungsversuch – die volle Einbeziehung der sichtbaren Gestalt des Patienten. Er rät sogar, die optischen Eindrücke nicht allzu pedantisch mit Meßstab und Zirkel nachzuprüfen, sondern sich weitgehend auf das bloße Auge zu verlassen. Allerdings gibt er zu, daß eine solche Betrachtungsweise nicht nur den erfahrenen und geschulten Blick, sondern auch eine gewisse künstlerische Ader voraussetzt, die man zwar nur bei wenigen Ärzten finden wird, bestimmt aber bei allen genialen Diagnostikern.

Es ist übrigens – dies nur nebenbei – kein Zufall, daß der Schwabe Kretschmer bei seiner Diagnose optisch vorging, der Jude Sigmund Freud dagegen akustisch, daß der erstere das Bild ins Zentrum stellte, der letztere nur das gesprochene Wort. Wir kommen darauf später noch zurück.

Kretschmers Konstitutionslehre dürfen wir wohl als allgemein bekannt voraussetzen, so daß hier ein knapper Überblick genügen mag. Bei seinen Untersuchungen an Geisteskranken stellte er fest, daß den unterschiedlichen leiblichen Konstitutionen auch unterschiedliche Krankheitszüge entsprechen. Er dehnte dann seine Forschung auf mehr oder minder normale Menschen aus und fand auch bei ihnen die gleichen festen Beziehungen zwischen dem physischen und dem geistigen Habitus. Er unterschied drei Grundtypen: die Astheniker – das sind die Schlanken und Schmalen –, die Athletiker und die Pykniker – das sind die Kurzen und Stämmigen.

Seine Untersuchungen fielen in die zwanziger Jahre unseres Jahrhunderts, als politische Krisen und Elend die Köpfe erhitzten und in Deutschland die Rassenfanatiker mit ihren Büchern abenteuerliche Auflagen erzielten. So geschah es logisch, daß Kretschmer auch die Frage aufwarf, wieweit die verschiedenen Konstitutionstypen vielleicht bestimmten Rassen entsprachen. Und er fand heraus: Zwar gibt es alle Konstitutionen bei jeder Rasse, immerhin dominieren bei den verschiedenen Rassen bestimmte Typen. Bei der dinarischen oder skipetarischen Rasse überwiegt der athletische Typus, bei der nordischen sind asthenische Gestalten häufiger, und bei der ostisch-alpinen Rasse – rund um das Alpenmassiv – dominieren die pyknischen Proportionen.

Kretschmer warf nun auch die Frage nach der kulturzeugenden Kraft der verschiedenen Rassen auf. Es lag nahe, daß er darauf verfiel. Um diese Zeit drängte sich ja die Theorie vor, daß nur die nordische Rasse kulturschöpferisch wirke und daß folglich eine zunehmende Entnordung durch Rassenmischung zugleich Zerfall der Kultur bedeute. Auf Kretschmer, der zwar einer deutschen, hochbegabten, jedoch alles andere als rein nordischen Familie entstammte, mußte diese Theorie besonders provozierend wirken.

Er kam zum Resultat, daß die Verherrlichung der nordischen Rasse auf Kosten aller andern nur eine Variante jener Selbstverherrlichung ist, die man, zumal in politisch erregten Zeiten, bei fast allen Nationen findet. Gewöhnlich ist eine solche selbstverherrlichende Theorie zugleich mit einer scharfen Abwertung aller jenen Nachbarvölker verbunden, mit denen man gerade in Fehde liegt. So sprachen französische Rassenfanatiker von einer kulturbringenden «romanischen Rasse», die im Gegensatz zu preußischen Berserkern und Barbaren stehe, und die Engländer gaben in ihren Rassenkonzeptionen der tiefen Verachtung allen Völkern des europäischen Kontinentes gegenüber Ausdruck.

Hierbei wurde aber der Rassenbegriff in einer verwischten, mit dem Nationalbegriff vermengten Form angewendet. Klar herausgeschält fand er sich nur in den bereits erwähnten Werken von Gobineau und Chamberlain und, in Deutschland selber, bei jenen Rassentheoretikern, deren Hauptwerke in den Jahren nach dem verlorenen Ersten Weltkrieg erschienen. Und hier waren die Rassenbeobachtungen untrennbar verknüpft mit der Behauptung von einer zentralen Bedeutung der nordischen Rasse, einer zerstörerischen Wirkung der Juden und der Annahme, daß alle andern Rassen zwar «harmlos» seien, jedoch kulturunfähig, solange ihnen keine nordische Oberschicht zuteil werde.

Allerdings bietet der Beweis einer solchen Theorie einige Schwierigkeiten. Für Europa läßt sich die These zur Not irgendwie belegen. Blonde, hochgewachsene Menschen von nordischem Typus finden sich schließlich, wenn auch vereinzelt, auf dem ganzen Kontinent. Nichts kann einen Rassenfanatiker hindern, die gesamte Kulturleistung der betroffenen Völker auf ihre noch so geringe nordische Rassenkomponente zurückzuführen.

Schwieriger liegen die Dinge in jenen Weltgegenden, wo es überhaupt keine blonden Menschen gibt. In China oder Indien zum Beispiel. Wer aber während der Nazizeit in Deutschland eine Schule besucht und Unterricht in Rassenkunde genossen hat, wird sich wohl noch erinnern, daß die Nazitheoretiker mit dieser Schwierigkeit spielend fertig wurden. Wir brauchen uns aber hier mit diesen zum Teil sehr unterhaltsamen Theorien nicht auseinanderzusetzen. –

Solche Scherze trieb man ringsum, als Kretschmer sich daranmachte, der Frage ernsthafter nachzugehen. Er fand heraus, daß tatsächlich nicht alle Rassen in gleichem Grade kulturbegabt sind. Nach Kretschmers Meinung sind gerade die Dinarier im europäischen Bereich die talentlosesten. Er irrt, aus Gründen, auf die wir noch zurückkommen werden.

Weit wichtiger ist eine andere Feststellung, die er machte und die ganz bestimmt auf keinem Irrtum beruht: daß es nämlich weder die nordische noch eine andere reine Rasse ist, der man die großen Kulturtaten der Welt zu danken hat, weil rassereine Völker dazu überhaupt nicht imstande sind. Sie neigen zur kulturellen Stabilität und zur Stagnation. Damit neue Kulturen aufflammen, bedarf es einer geeigneten Rassenmischung. Kretschmer bewies es anhand der Geniedichte gerade in jenen Gegenden Europas, wo zwei oder mehr Rassengruppen sich berühren.

Dabei gab er zwar zu, daß, wenigstens im europäischen Raume, beim Entstehen einer neuen Kultur ziemlich oft ein nordischer Rassenfaktor mitbeteiligt war. Für die griechische Antike und die italienische Renaissance läßt sich die grundlegende Bedeutung der nordischen Beimischung nicht leugnen.

Dies aber ändert – so meint Kretschmer – nichts daran, daß die Nordvölker in rassisch unvermischter Form diese gleichen Kulturen niemals hervorgebracht hätten. Als rassereine Gruppe, für sich allein genommen, sind sie steril wie alle andern reinen Rassen. Nicht die von den

«Rassisten» so hoch eingeschätzte Rassereinheit, sondern umgekehrt, gerade die Entnordung hat kulturzeugend gewirkt.

Aber Kretschmer geht noch weiter. Nicht einmal als Bestandteil der Mischung scheint ihm das nordische Element bedeutsamer als manches andere. Wenn in Europa dennoch, wenigstens an zwei besonders großen Kulturen, die nordische Rasse wesentlich beteiligt war und wenn sie auch in andern Kulturen in diesem Raume sicher eine Rolle spielte, so einzig deswegen, weil die Urheimat der blonden Nordvölker in unwirtlichen Gebieten mit rauhem Klima liegt. Sie begaben sich daher öfter auf Wanderschaft als Rassen, die es bei sich daheim schöner hatten. So kamen sie in Berührung mit andern Völkern, und bei geeigneter Mischung und Kreuzung entzündete sich eine neue Kultur.

Nicht jede Mischung wird geistig fruchtbar. Denn jede Rasse ist ihrer Begabungsrichtung nach verschieden, und auch die Begabungshöhe variiert bei den verschiedenen Rassen. Voraussetzung ist also, daß die aufeinanderprallenden Rassegruppen einander einerseits nahe und verwandt genug sind, um sich gegenseitig zu begreifen, zugleich aber fremd genug, um sich gegenseitig herauszufordern, zu stimulieren. Nur dann kann es unter Umständen zur fruchtbaren Synthese kommen.

Solche Hochkultur und Synthese setzt nicht unbedingt Krieg und Überfall durch die eine der beiden Gruppen voraus. Es gibt auch eine friedliche Infiltration. Sie kann dieselbe Wirkung auslösen. Und schließlich kann sie auch ohne Wanderung und Infiltration zustande kommen, in jenen Randgebieten nämlich, wo sich zwei Rassen berühren. Kretschmer hat, wie wir schon erwähnten, auf der europäischen Landkarte den Standort der berühmten Baudenkmäler und die Geburtsorte großer Männer eingezeichnet und hierbei Zonen mit besonderer Geniedichte an allen rassischen Berührungslinien festgestellt. In solchen schmalen Randstreifen kann natürlich nicht eine geschlossene Volkskultur entstehen. Es sind einzelne Genies, die hier besonders häufig auftreten. Zu einer umfassenderen Wirkung ist auch eine größere gegenseitige Durchdringung nötig. Die klassische griechische Kultur entstand, nachdem die nordischen Stämme in mehreren aufeinanderfolgenden Wellen bis in den letzten Südzipfel des Peloponnes vorgedrungen waren und sich mit den Einheimischen vermischt hatten. Und die italienische Renaissance dankt ihre Entstehung der lombardischen Invasion während der Völkerwanderung.

Je nachdem, welche Rassen es sind und in welchem Verhältnis sie sich mischen, werden auch Art und Stil der genialen Leistung variieren. Wenn auch keine Rasse für sich allein, ohne Paarung mit einem geeigneten Partner, Genialität hervorbringen kann, so bringt sie doch ihre Eigenart und ihre besondere Begabungsrichtung in die neu entstandene Rassenmischung mit hinein.

Für Mitteleuropa weist Kretschmer dies sehr einleuchtend nach. Pykniker zum Beispiel haben ein zyklothymes Temperament, das heißt: sie sind weltaufgeschlossen und wechselnden Stimmungen unterworfen. In der Dichtung sind sie begabte Realisten und Humoristen, nicht aber tragische Dramatiker oder streng formende, sensible Lyriker; in der Wissenschaft treten sie auf allen Gebieten hervor, die nicht scharfe Abstraktion, sondern lebhafte Beobachtungsgabe fordern. Die Sprache des Zyklothymen ist volkstümlich, kraftvoll, sinnlich und bildhaft, wie wir sie von Luther her kennen. Alle diese Talente finden sich besonders häufig rund um das ostisch-alpin, das heißt: eher pyknisch besiedelte mitteleuropäische Alpenmassiv, wo der nordische Rassenzuschuß nur gering ist.

Bei wachsender nordischer Komponente, weiter nördlich also auf deutschem Boden, nehmen jene Begabungen zu, die für den schizothymen, das heißt zu scharfen Extremen und zur Introversion neigenden Astheniker typisch sind. Hier gibt es versponnene, zarte Lyriker, abstrakt und glasklar denkende Philosophen, Dramatiker, denen es um tragische und philosophische Ideen geht, pedantische und erbarmungslose Strategen und Organisatoren. Sie alle haben weniger Sinn für die farbige, mannigfaltige Wirklichkeit als für das Prinzipielle. Man wird daher hier auf dem Gebiete der Naturwissenschaften mehr Mathematiker und Physiker als Botaniker, Geologen oder Ärzte finden. Es ist demnach auch klar, daß von den Kunststilen Renaissance, Barock und Biedermeier sich eher dem Alpenmassiv anlagern, die Gotik dagegen mit ihren strengen Spannungen und der Klassizismus mit seiner idealistischen Fundierung weiter nördlich beheimatet sind.

Das alles stimmt natürlich nur sehr summarisch. Aber es geht ja hier nicht um Detailforschung, sondern nur um die sehr allgemeine Frage, ob und wieweit rassische Faktoren für Art und Entstehung einer Kultur eine Rolle spielen. –

Ganz kurz sei hier noch einmal eine Frage aufgeworfen, der viele gerade im Zusammenhang mit der Analyse der jüdischen Volkseigentümlichkeiten große Bedeutung zumessen. Die Frage nämlich, ob und wieweit die Umwelt, der soziale Faktor also, die geistige und seelische Entwicklung Einzelner oder ganzer Menschengruppen und die Art ihrer Begabung beeinflussen kann.

Die Bedeutung der sozialen Faktoren läßt sich natürlich nicht leugnen. Sie spielen eine Rolle. Aber sie spielen lange nicht jene Rolle, die ihnen etliche moderne Ideologien beimessen. Das soziale Milieu eines Menschen kann ihn beeinflussen, fördern oder auch ruinieren. Der endogene Faktor aber, die Erbanlage, bleibt immer erhalten und entscheidend; auch entscheidend dafür, wie die jeweilige soziale Einbettung seelisch aufgenommen, verarbeitet und beantwortet wird. Kretschmers Untersuchungen machen das besonders deutlich.

Dies wissen sogar Angehörige rassisch verfolgter Gruppen, die um ihre Gleichberechtigung kämpfen, sehr genau. Als Beweis diene eine Episode aus nichtjüdischem Bereich. Es gibt einen Roman, «Das gelobte Land», in welchem ein Schwarzer, Claude Brown, seine Kindheit und Jugend in einem New Yorker Elendsviertel darstellt. Er ist musikalisch begabt, wie die meisten dunklen Afrikaner, und beschließt daher, sich zum Pianisten auszubilden. Tatsächlich macht er verblüffend rasche Fortschritte. Als er sich aber einer Jazzband anschließt, versagt er. Bei dem improvisierten Zusammenspiel hat er Mühe mit dem Rhythmus. Und wie er sein Leid dem Lehrer klagt, antwortet dieser:

«Wenn Sie mit dem Rhythmus Mühe haben, sind Sie kein richtiger Neger.» –

Tatsächlich gibt er zu, daß er eine ziemlich helle Haut hat. Später hat er, ohne viel Schwierigkeiten, ein College absolviert, und heute publiziert er Bücher, in denen er die Situation des aus dem Süden kommenden, entwurzelten, in das Großstadtdschungel geschleuderten Negers sehr klar analysiert. Sein Musiklehrer würde jetzt wahrscheinlich sagen:

«Wenn Ihnen die theoretische Analyse der Sozialsituation der Neger so leicht fällt, sind Sie ein halber Weißer.» Denn abstraktes Denken fällt den Negern, ähnlich wie den Zigeunern, im allgemeinen schwer.

Kretschmers Irrtümer

Daß also endogene, angeborene und ererbte Faktoren und folglich auch die rassische Zugehörigkeit das Kulturgesicht eines Volkes und seine Geschichte wesentlich mitbestimmen, ist unbestreitbar. Hierin sind sich Kretschmer und die Rassisten einig. Aber während die These der Rassisten von der zentralen Weltbedeutung der nordischen Rasse weitgehend auf Phantasie beruht, sind die Resultate Kretschmers durch exakte Beobachtung und sorgfältige Folgerung unterbaut. Dabei spielt es kaum eine Rolle, daß auch ihm einzelne Fehler unterlaufen.

Wir sprachen schon davon, daß Kretschmer die sogenannten Dinarier weitgehend mit den «Athletikern» gleichsetzt und für unbegabter hält als andere Rassen. Dabei unterläuft ihm ein doppelter Fehler. Erstens kann man Dinarier und Athletiker nur sehr bedingt auf einen Nenner bringen. Die Dinarier oder Skipetarier sind hochgewachsen, haben kurze Schädel, aber lange, schmale Gesichter, eine Hakennase, dunkle Augen und Haare. Das deckt sich nicht ganz mit dem massiven Knochenbau der Athletiker.

Zweitens aber geht Kretschmer – seine eigene Lehre vergessend – bei der Beurteilung der Dinarier plötzlich von den rassereinen Typen aus, die nach seiner eigenen Theorie ja auch anderswo kulturell eher steril sind. So findet er in den Balkangebieten mit fast rein dinarischer Bevölkerung wenig Genialität oder auch nur hohe Begabung. Er müßte eben auch hier, genau wie er es sonst tut, nach Mischtypen suchen, dann würde er feststellen, daß viele Musiker, Maler und Dichter des süddeutschen Sprachraumes einen dinarischen Einschlag aufweisen. Tatsächlich sind die Dinarier sogar unvermischt ein musikalischer und bildnerisch begabter Schlag.

Da aber Kretschmer von der festen Vorstellung ausgeht, dinarisch sei soviel wie athletisch, und zudem aus seiner klinischen und außerklinischen Erfahrung weiß, daß die Athletiker im allgemeinen nicht sonderlich begabt sind, weniger begabt jedenfalls als Pykniker und Astheniker, übersieht er einfach die dinarische Komponente im Gesicht und Habitus der von ihm aufgezählten großen Männer. Meist unterscheidet er – recht summarisch und wenig differenziert – nur die nordischen und ostisch-alpinen Faktoren. Er würde mit seiner Analyse in dem künstlerisch so reich begabten Österreich viel weiter kommen, wenn er in vielen Fällen eine ostbaltisch-dinarische Mischung vermuten würde. Auf die Ostbalten kommen wir später noch, im Zusammenhang mit den Ostjuden, zu sprechen.

Man ersieht aber aus Kretschmers Irrtümern, wie schwer es ist, die Objektivität zu wahren, sobald die messende Naturwissenschaft in urteilende Geisteswissenschaft umschlägt, und wie wenig sogar ein genialer Beobachter und ruhiger Denker vom Range eines Kretschmer vor Fehlern gefeit bleibt.

Indes beruhen Kretschmers Irrtümer wohl weniger auf Vorurteilen als einfach auf der Tatsache, daß sein Auge vor allem an den Rassetypen seiner schwäbischen Heimat geschult ist. Hier gibt es nur wenige Dinarier. Die Geniedichte in Kretschmers eigener schwäbischer Sippe rührt von einem tiefen, keilförmigen Einschub nordischer Rassenelemente in die vorwiegend ostisch-alpine

Bevölkerung jener Landstriche her. Die Typen seiner unmittelbaren Heimat waren ihm eben am vertrautesten. Aber diese gleiche leichte Einengung des Blickes auf das nah Vertraute, die ihn blind macht für die Talente der Skipetaren, ermöglicht ihm anderseits, eins der besonders krassen Rassenvorurteile der Nazitheoretiker klarzustellen.

Nach der Naziideologie ist die ostisch-alpine Rasse nicht nur kulturell steril, sondern darüber hinaus kleinbürgerlich beschränkt, engherzig, sklavisch. Dieses negative Fehlurteil erstreckt sich bis in die körperliche Schilderung der alpinen Rasse hinein. Daß es sich um kurzgliedrige, eher pyknische Gestalten handelt, beruht auf wirklicher Beobachtung. Darüber hinaus aber behaupten die Naziideologen, ostisch-alpine Menschen besäßen einen stumpfen Blick, strähniges Haar und eine graue Gesichtsfarbe. Haar- und Augenfarbe werden als schwarz angegeben, was nach Kretschmer ebenfalls nicht sicher ist.

Überflüssig, darauf hinzuweisen, daß nach dieser gleichen Ideologie der nordische Mensch, romantisch idealisiert, immer seidig glänzendes, goldfarbenes, leicht gewelltes Haar hat, leuchtende, strahlende Augen und eine solch zarte, rosige Haut, daß die Adern durchschimmern. Von da soll auch – immer nach dieser Theorie – der Ausdruck der «Blaublütigkeit» herzuleiten sein. In Wirklichkeit – dies nur nebenbei – kommt er von der barbarischen und unheimlichen Sitte der einstigen britannischen Adligen, sich vor der Schlacht den Körper blau anzustreichen, damit man die Leichen der Prominenten nachher auch dann leicht herausfand, wenn sie verstümmelt und der Kleider beraubt waren.

Bei den Ostisch-Alpinen, im Gegensatz zu den Dinariern,

hat Kretschmer die negativen Vorurteile rasch durchschaut und beseitigt. Er sieht sehr richtig, daß es sich hier um einen Menschenschlag handelt, dessen Begabung zwar anders gerichtet, jedoch nicht geringer ist als bei der Nordrasse.
Indes: Kretschmer mag in etlichen Einzelheiten irren. Das bleibt keinem erspart, der sich in der Geisteswissenschaft oder an ihrem Rande bewegt. Der Wert seiner Theorie bleibt von solchen Detailirrtümern unberührt. Im Prinzip hat Kretschmer etwas Wichtiges und Wesentliches erkannt. Genauso wie Winckelmann das Wesen der griechischen Plastik richtig erfaßt hat, obwohl ihm widerfuhr, daß er schwache Kopien für großartige Originale hielt.
Kretschmers Grundthesen, daß nämlich keine reine Rasse – sei es nun die nordische oder eine andere – für sich allein geistig schöpferisch werden kann, sondern nur die geglückte Mischrasse, und daß es bei den verschiedenen Rassen verschiedene Formen und auch Stufen der Begabung geben kann, bleiben unwiderlegt. Sie sind bis heute viel zu wenig ausgewertet.
Schuld daran ist der Mißbrauch der Rassentheorien zum Massenmord; er hat eine gewisse Scheu zur Folge gehabt, sich mit Rassenfragen unter geistesgeschichtlichen Aspekten überhaupt noch zu beschäftigen. So hat man es auch unterlassen, danach zu forschen, ob und wie sich diese gleichen Mischungsgesetze bei andern, auch außereuropäischen, Rassegruppen im Laufe der Geschichte ausgewirkt haben.
Für uns stellt sich die Frage: Welche Bedeutung haben die Erkenntnisse, die sich aus den Kretschmerschen Theorien ergeben, für den vorderasiatischen Raum im allgemeinen, für die Juden im besondern?

Methode und Begriffserklärung

Bevor wir jedoch unsere Untersuchungen auf Vorderasien und vor allem auf die Juden ausdehnen, müssen wir noch Prinzipielles festhalten:

Es lassen sich auf dem Gebiete der Rassenlehre – sofern man sie geistesgeschichtlich auswertet – nur selten so stringente Beweise liefern wie in den exakten Wissenschaften. Ein Rest von Unsicherheit bleibt häufig erhalten. Man darf außerdem nicht vergessen, daß in historischer Zeit nur sehr wenige, ja vielleicht überhaupt keine Völker mehr vollkommen reinrassig waren. Und obendrein fehlen uns für die entferntere Vergangenheit auf weite Strecken hin Abbildungen oder Funde, die das Rassebild der betreffenden Gruppe exakt sichern könnten.

Diese Unsicherheit müssen wir in Kauf nehmen. Und wir müssen auch manchmal, wie bereits erwähnt, für unsere Schlüsse den entgegengesetzten Weg beschreiten, das heißt also: nicht aus der Physis auf Psyche und Geist schließen, sondern, genau umgekehrt, aus bestimmten geistigen Symptomen auf einen entsprechenden Rassetypus. Hat man die Zusammengehörigkeit bestimmter leiblicher und seelisch-geistiger Symptome einmal festgestellt, so ist gegen eine solche Schlußfolgerung an sich nicht viel einzuwenden. Sie ist freilich auf dem Gebiet der Rassenforschung sonst wenig üblich.

Dennoch wird man gerade bei der Durchforschung der jüdischen Rassenkomponenten nicht um diese Konklusionsmethode herumkommen. Denn das religiöse Bildverbot und die mangelnde Bildbegabung der Juden hatten zur Folge, daß sie keine Porträts schufen, wie etwa die künstlerisch hochbegabten Ägypter. Es bleibt uns also nichts übrig, als bei ihnen manchmal aus dem geistigen und historischen Verhalten auf Art und Typus der betreffenden Individuen oder Gruppen zu schließen. –

Tatsächlich erweisen sich Kretschmers Thesen für den vorderasiatischen Raum fast noch fruchtbarer als für Europa. Um sie aber anwenden zu können, müssen wir zuvor einige Rassenbegriffe klären.

Wiewohl die Nazis an Rassenfragen intensiv interessiert waren, haben sie dennoch in der Rassenterminologie ein heilloses Durcheinander angerichtet. Man sprach zum Beispiel von der «nichtarischen» Rasse und meinte damit einfach die Juden. Dabei war man sich klar, daß es viele andere nichtarische Völker gab. Man sprach auch von einer «jüdischen Rasse», obschon man sah und wußte, daß die Juden unmöglich einer einzigen und einheitlichen Rasse zugehören konnten. Sie sind untereinander zu verschieden. Allerdings weisen sie – bei allen internen Unterschieden – der nichtjüdischen Umwelt Mittel- und Nordeuropas gegenüber doch etliche gemeinsame Züge auf, an denen man sie meist – nicht immer – ziemlich eindeutig als Juden identifizieren kann. Klar ist demnach, daß sie einerseits rassisch gemischt, anderseits aber in bestimmten europäischen Gegenden doch von ihrer Umwelt verschieden sind.

In einigermaßen gebildetem Umkreis wußte man auch, daß die Begriffe «arisch» und «nichtarisch» ursprünglich nicht dem rassischen, sondern dem linguistischen Bereich entstammen. Unter «Ariern» versteht die Sprachwissenschaft Menschen, die sich einer indoiranischen oder, wie man auch sagt, arischen oder indogermanischen Sprache bedienen.

Jedoch kam die Begriffskonfusion der Nazis hier nicht von ungefähr. Sie beruhte auf der – völlig unbewiesenen und unbeweisbaren – Behauptung, daß die Nordvölker die eigentlichen und einzigen Schöpfer der indogermanischen oder arischen Sprachen sind. In Wirklichkeit weiß man wenig darüber. Es ist sogar möglich, daß es sich genau umgekehrt verhält, daß also die nordrassischen Völker in irgendeinem nicht genau bekannten vorgeschichtlichen Augenblick die indogermanischen Sprachen von dunkelhaarigen und vielleicht sogar außereuropäischen Nachbarvölkern übernahmen. Am wahrscheinlichsten aber ist, daß sich diese Sprachen vielleicht bei verschiedenen Rassen aus einer gemeinsamen Ur- und Stammsprache heraus entwickelt haben.

Immerhin beruht die Gleichsetzung der Arier mit Nordrassigen oder allgemein mit europäischen Völkern, die sich einer indogermanischen Sprache bedienen, doch noch auf einer sinnvollen These, mag sie auch falsch sein. Dagegen entbehrt die Gleichsetzung der Begriffe «Jude» und «Nichtarier» überhaupt jeder Logik. Allenfalls dürfte man den Ausdruck «Nichtarier» auf sämtliche Völker anwenden, die eine andere als indoiranische Sprache besitzen. Mit all diesen Begriffen läßt sich also in einer ernsthaften Untersuchung nichts anfangen.

Jedoch beruhte die Behauptung, daß die Juden – wiewohl untereinander rassisch nicht einheitlich – dennoch von der mitteleuropäischen Bevölkerung verschieden sind, auf einer richtigen Beobachtung. Und man führte diese Tatsache auch ganz richtig darauf zurück, daß die Juden ursprünglich aus einem außereuropäischen, nämlich vorderasiatischem Gebiet eingewandert und folglich rassisch anders zusammengesetzt sind als die Völker Mittel- und Nordeuropas.

Welches sind nun die Rassenkomponenten der Juden, und welche Bedeutung hatten sie für die jahrtausende-

alte politische und kulturelle Geschichte und die Geisteswelt des jüdischen Volkes?
Die Antwort können wir nur der jüdischen Geschichte selber entnehmen.

III. DIE «ORIENTALISCHEN» HEBRÄER

Die beduinischen Patriarchen

Noch vor wenigen Jahrzehnten haben Semitologen, Bibelforscher und Historiker den geschichtlichen Wert der biblischen Berichte angezweifelt. Mittlerweile haben archäologische Funde im gesamten vorderasiatischen Raume bewiesen, daß man die Bibel als historisches Dokument durchaus ernst nehmen muß. Wir können, ja wir müssen bei unserer Frage nach der Art und Herkunft der alten Hebräer die Aussagen der Bibel voll mit berücksichtigen.

Vom Ursprung des hebräischen Volkes erzählt die Bibel folgendes: Terach, der Vater Abrahams, lebte in der südmesopotamischen Stadt Ur. Vom Beruf Terachs berichtet die Bibel nichts. Die talmudische Agada aber weiß zu erzählen, Terach habe eine Götzenmanufaktur betrieben.

Abraham jedoch, der Sohn Terachs, tritt uns von allem Anfang an nicht als ansässiger Städter, sondern als nomadisierender Scheich entgegen, als Oberhaupt einer großen Sippe mit vielen Sklaven und Herden. Erst wandert er nordwärts nach Haran im heutigen Syrien, dann südwestwärts nach Kanaan, wo er zu bleiben beschließt. Zwischendurch zwingt ihn eine Dürre, auch nach Ägypten hinabzuziehen. Er durchmißt also gleich zu Beginn der jüdischen Geschichte als Wanderhirte den ganzen gewaltigen Raum, in welchem die Hebräer in den nachfolgenden zwei Jahrtausenden, das heißt bis etwa zur Zeitenwende, leben sollten.

Sein Enkel Jakob wird später, abermals bei einer Dürre, genau wie sein Vorfahre, im feuchten und fruchtbaren Ägypten Zuflucht suchen. Die Hebräer werden volle vierhundert Jahre dort bleiben. Und nach abermals tausend Jahren, zur Zeit des Hellenismus, werden die Juden in den ägyptischen Städten Alexandria und Elephantine große Kolonien bilden. Vom sechsten vorchristlichen Jahrhundert an werden sie sich auch wieder in babylonischen Städten ansiedeln, zunächst gezwungen durch die babylonischen Eroberer Jerusalems. Dieses Zwangsexil dauert zwar nur vier Jahrzehnte, aber es kehren nicht alle Juden aus Babylon nach Kanaan zurück. Und von jetzt an stoßen immer wieder neue Gruppen zu dieser Exilgemeinde.

Das alles liegt aber einstweilen in weiter Ferne. Vorerst haben wir es mit einer kleinen Gruppe beduinischer Halbnomaden zu tun, die sich – wie alle Wanderstämme im vorderasiatischen Raume – einer semitischen Sprache bedienen und die einstweilen friedlich in Kanaan infiltrieren. Indes stellen sie schon gleich zu Beginn ihres historischen Auftretens ihre kriegerische Wildheit und Tapferkeit unter Beweis. Einmal wird Abrahams Neffe Lot von einem der vielen kanaanäischen Stadtkönige verschleppt und seiner Sklaven und Herden beraubt. Da greift Abraham, um dem Sippenmitglied zu helfen, selber aktiv in die vielen Fehden zwischen den kleinen Stadtregenten ein. Er verbündet sich mit einem von ihnen, verhilft ihm zum Sieg, befreit seinen Neffen und holt dessen Habe zurück.

Nicht viel später kommt es wieder zu einer kriegerischen Auseinandersetzung, diesmal zwischen den Enkeln Abrahams und einem ansässigen Stadtkönig: Die Söhne Jakobs benützen einen belanglosen Liebeshandel eines

der kanaanitischen Herren mit ihrer Schwester Dina, um mit Hilfe einer üblen List die ganze Bevölkerung der betreffenden Stadt – es ist Sichem – niederzumetzeln.
Zu dieser Zeit sind aber die Hebräer trotz ihrer kriegerischen Wildheit noch viel zu schwach, um sich auf ernsthafte Eroberungskriege gegen die befestigten Städte Kanaans einzulassen. Dazu kommt es erst Jahrhunderte später, nach der Rückkehr der Nachkommen Jakobs aus der ägyptischen Gefangenschaft. –
Vorgänge wie die zwischen den biblischen Patriarchen oder den aus Ägypten zurückkehrenden Riesenhorden der Hebräer einerseits und den Ansässigen anderseits spielen sich in diesem vorderasiatischen Raume seit Jahrtausenden ab. Immer wieder kommt es zur Infiltration von beduinischen Nomaden und Halbnomaden mit ihren Herden in fruchtbarere Gegenden. Das alles stellt keine Besonderheit der Hebräer dar.
Natürlich glücken die Einbrüche auch großer Horden durchaus nicht immer. Stoßen die wilden Wanderer und Krieger auf einen geordneten Staat in der Blüte seiner Macht und Kraft, dann werden sie regelmäßig in die Flucht geschlagen. Ermüdung und Unordnung bei den Einwohnern ist Voraussetzung für den Sieg der Barbaren – hier so gut wie später in Hellas oder während der Völkerwanderung in Rom.

Der beduinische Einbruch in Vorderasien und die Rasse der Beduinen

Aber ob friedlich oder kriegerisch – die Vermischung der «Autochthonen» Vorderasiens mit diesen Wanderstämmen war die Ursache, daß sich die hohen Kulturen dieses Raumes entwickelten. Nirgends auf der Welt be-

wahrheitet sich Kretschmers These so deutlich wie hier. Die Semitologie interessiert sich daher mit Recht für die Urheimat dieser Wanderstämme.
Lange Zeit hindurch, noch in den zwanziger Jahren, kreisten hierüber die verschiedensten Theorien. Unter anderm nahm man auch an, die semitischen Nomaden hätten sich von Syrien her nach allen Seiten ausgebreitet. Die These blieb unbewiesen und ist unwahrscheinlich. Richtiger wird die Auffassung sein, daß alle beduinischen Horden aus den Randgebieten der arabischen Wüste herkamen.
Die frühesten von ihnen waren Halbnomaden. Vollnomaden kann es in diesem Raume nämlich erst nach dem 12. vorchristlichen Jahrhundert gegeben haben, als hier das gezähmte Kamel auftauchte. Denn nur Kamele vermögen die großen wasserlosen Strecken im Innern der Wüste zu überwinden. Vorher blieben die Nomaden in viel höherem Grade von Wasser und Weide abhängig. Im Winter, während der Regenfälle, drangen sie tiefer in die Wüste ein. Im trockenen Sommer hielten sie sich zwischen den Ansässigen, den Bauern und Städtern, in fruchtbaren Gegenden auf.
Hier, in das mesopotamische Flußbecken, brachen seit urdenklichen Zeiten immer wieder Wellen solcher Nomaden aus der arabischen Halbinsel herein, ähnlich wie in Europa die Nordrassen immer wieder in den fruchtbaren Süden drängten. Teils geschah es, wie gesagt, in friedlicher Form, teils durch gewaltsame Eroberung. Zuletzt kam es in jedem Falle zur Vermischung.
Für die Mischkultur, die sich aus solcher Symbiose ergab, gilt die Grundregel: Je fruchtbarer der Boden, je milder das Klima war, desto rascher erlagen die Nomaden den fremden Einflüssen, desto vollständiger gingen

sie in jeder Hinsicht in den Einheimischen auf. Unter harten Lebensbedingungen aber blieben die beduinischen Züge der einstigen Krieger- und Oberschicht lange fast intakt erhalten.
Die frühesten solcher Wellen reichen in die prähistorische Vergangenheit zurück. In historischer Zeit wurde eine numerisch und kräftemäßig ganz unbedeutende Welle dieser Art durch die Hebräer ausgelöst. Die letzte Welle erfolgte in der Neuzeit, als die Araber, geeint im Glauben durch ihren Propheten Mohammed, die halbe zivilisierte Welt eroberten und die letzte großartige Mischkultur dieses Raumes schufen.
Dem Zustrom solcher Stämme in den mesopotamischen Raum, nördlich bis zur Nordgrenze Syriens, westlich bis zur Meeresküste Phöniziens und Kanaans, sind alle großen Kulturen dieses Raumes zu danken. Hier, im Zwischenstromland, entstand die erste Schrift, die nicht, wie die der Ostasiaten bis heute, nur aus Bild- und Wortsymbolen, sondern aus einzelnen Lautzeichen besteht. Hier wurden die Grundlagen der Mathematik, Astronomie und Geometrie geschaffen. Von hier kommen die juristischen und moralischen Prinzipien unserer heutigen Gesittung. Und in diesen Kulturkreis gehören also auch die Juden.
Nur bei einem einzigen der Völker dieses Raumes, dem frühesten uns bekannten, den Sumerern im südlichen Babylon, läßt sich ein nomadischer Faktor nicht nachweisen. Bis heute kennen wir ihre rassische Herkunft nicht. Die erhaltenen Bildnisse zeigen Ähnlichkeit mit Porträtbüsten aus Indien, indes fehlen die Farbwerte, aus denen sich Genaueres erschließen ließe.
Abrahams Sippe, die nach biblischem Bericht zunächst in Ur im Süden des Zweistromlandes ansässig war, muß-

te jedenfalls einer ziemlich frischen Infiltrationswelle entstammen. Daß Abraham die beduinische Lebensform wieder aufgriff, wäre sonst kaum verständlich. Denn die Städte Südbabyloniens waren damals – man weiß es aus Ausgrabungen – hochzivilisiert.

Zudem stammte Abraham – darüber sind sich Bibel und außerbiblische Legende einig – aus bemitteltem Hause. Wenn er trotzdem das leichte und angenehme Stadtleben mit der beschwerlichen Existenz des Wanderhirten vertauschte, dann sicher nur, weil es in seiner Familie noch die frische Erinnerung an eine solche zwar harte, aber ungebundene Lebensweise gab. Alteingesessene Städter oder gar Bauern, die seit Jahrhunderten auf ihrer Scholle sitzen, tun das nicht. Und schon gar nicht, wenn sie, so wie in Südmesopotamien, auf fruchtbarstem Schwemmland siedeln, das damals obendrein durch ein gut unterhaltenes Kanalnetz bewässert war. Ohne Not begeben sich solche Menschen nicht auf die Wanderschaft. Von einer solchen Notlage – Krieg oder Überschwemmung – zu Abrahams Zeiten weiß aber die Bibel, die gerade solche Details sehr exakt aufnotiert, nichts zu berichten.

Abraham gehörte also ohne Zweifel den eingedrungenen Wanderstämmen an. Seine ganze Art, sein Familienleben, seine Rechts- und Glaubensvorstellungen beweisen es. Das Bild kann noch abgerundet werden, wenn wir nicht nur die biblischen und außerbiblischen Berichte der Juden selber befragen, sondern außerdem die historischen Funde und Dokumente über andere, ähnliche Völker und Stämme aus jener Zeit und Umwelt. Die Ausgrabungen der letzten Jahrzehnte waren ja gerade auf diesem Gebiete sehr ergiebig.

Da die Juden zunächst nur eine kleine Splittergruppe

dieser Wandervölker waren, sind diese neuen Ausgrabungen auch für die älteste Periode der jüdischen Geschichte aufschlußreich. Es stehen uns heute eine Fülle historischer Quellen jeder Art aus der arabischen Halbinsel und den arabisch besiedelten Randgebieten Afrikas zur Verfügung. Es gibt auch eine uralte Beduinendichtung, die wir mühelos entziffern und verstehen können. Und wir kennen ziemlich genau das Recht und die Glaubensformen dieser Stämme. Wir wissen sogar, wie jene Menschen aussahen.

Sie selber haben zwar nie eine nennenswerte bildende Kunst hervorgebracht. «Selbstporträts» der Wanderstämme aus jener Zeit besitzen wir daher sozusagen keine. Aber es lebten ja damals gleichzeitig die so bildbegabten alten Ägypter. Ihre Fähigkeit im Erfassen physiognomischer Besonderheiten, sei es einzelner, sei es ganzer Rassen und Völker, hat bis heute nicht ihresgleichen gefunden.

Zwar erzählen die ägyptischen Bildwerke immer nur von den Pharaonen und vom ägyptischen Volke selber. Aber bei der Darstellung pharaonischer Siege werden doch jeweils auch die Besiegten abgebildet, oft genug sogar in naturgetreuen Farben, mit exakter Wiedergabe der Hauttönung. Aus solchen Bildern ersieht man genau die Gesichtszüge, den ganzen Körperbau, die Kleidung und die Haartracht der Völker.

Nun waren die Ägypter zwar im allgemeinen nicht kriegerisch. Sie hatten es auch nicht nötig. In ihrem sorgsam und systematisch bewässerten Niltale konnten sie sich, genau wie die Südbabylonier in ihrem gewaltigen Flußdelta, mühelos ernähren. Ihnen fehlten also jene zwingenden Kriegs- und Wandergründe der Beduinen, immer wieder bei ihren Nachbarn einzufallen.

Zeitweise trieben aber doch auch die Ägypter Expansionspolitik, und manchmal brachen fremde Stämme und Armeen in Ägypten selber ein. So kam es eben doch zum Kontakt mit fremden Völkern und Rassen. Die Ägypter wußten daher, wie die Völker dieses Raumes aussahen. Und gerade die Tatsache, daß die meisten Pharaonen ungern Krieg führten und die überschüssige Steuer- und Volkskraft lieber in den Bau und die künstlerische Gestaltung ihrer Grabmäler investierten, brachte es mit sich, daß Darstellungen besiegter Fremdvölker in Fülle entstanden. Die Grabmäler Ägyptens sind nicht nur für den Kunsthistoriker, sondern auch für den Anthropologen eine Fundgrube.

Aus diesen Abbildungen wissen wir also, daß sich die Beduinenstämme jener Zeit von den heutigen kaum unterschieden. Die jetzigen Stämme haben höchstens einen etwas stärkeren negroiden Einschlag. Denn gemäß uralter Stammessitte wurden die Kinder auch schwarzer Sklavinnen immer als vollwertige Sippenmitglieder aufgenommen.

In ihrer reinen Form sehen die Menschen «orientalischer Rasse» – dieser Ausdruck hat sich seit den zwanziger Jahren in Deutschland für diesen Typus fest eingebürgert – etwa so aus: Sie sind hochgewachsen, geschmeidig, schlank und schmal. Der Schädel ist – von oben her gesehen – eher lang, also ähnlich wie bei der nordischen Rasse, das Gesicht ist schmal, mit einer schmalen Raubvogelnase, die Lippen geschwungen, Haare und Augen dunkel. Der Beduine bewegt sich gemessen, würdig, man kann sagen: aristokratisch.

Die seelischen Eigenschaften des Beduinen mögen zum Teil sogenannte «sekundäre Rassenmerkmale» sein, das heißt erst durch Auslese durch das harte Leben in der

Steppe entstanden. Anders geartete Charaktere mußten in solcher Umgebung allmählich untergehen. Seit den frühesten Zeiten tritt uns der Beduine aber bereits mit allen jenen Zügen ausgestattet entgegen, die ihn für das Wüstenleben prädestinieren:

Er ist hart und nüchtern, denn Weichheit und Rausch bedeuten für ihn Gefahr und Untergang. Bis in die beduinische Speisekarte hinein läßt sich dieses Rassenmerkmal verfolgen. Es ist bestimmt kein Zufall, daß es die Araber waren, die den weckenden Kaffee entdeckten, so wie es auch symptomatisch ist, daß die poetischen Ostasiaten als erste den mild stimulierenden Tee bereiteten und daß der berauschende Wein von Vorderasien her seinen Siegeszug über die Welt antrat. Als später Mohammed seinen Anhängern den Wein verbot, griff er nur auf eine uralte Stammesgewohnheit zurück.

Der Beduine liebt die Freiheit, die Ungebundenheit, die ihm in der Steppe niemand streitig macht. Er haßt die Einordnung in eine größere Organisation, die bei den verstreut lebenden Wüstenstämmen auch nicht so notwendig ist wie in dichtbesiedelten Landstrichen.

Er ist ein mutiger Krieger, unter Umständen auch Räuber, aber er verabscheut Heereszucht. Ihm ist die Kampfweise des Partisanen angemessen. Darum ist auch seine Kriegsausrüstung dem raschen und überraschenden Überfall und nicht der Schlacht im großen Heeresverband angepaßt: Er bevorzugt die leicht transportierbare Fernwaffe, die Lanze, den Pfeil, die Schleuder. Noch der Hirte David kämpft einzig mit der Schleuder gegen den schwerbewaffneten Philister Goliath.

Der Beduine ist hart und grausam gegen sich wie gegen andere. Die Notwendigkeit, seine Sippe gegen Natur und Menschen selber zu verteidigen – denn wer sollte

seine Rechte wahren, wenn er selber es nicht kann und will? –, erzeugt bei ihm ein starkes Gefühl der Zusammengehörigkeit innerhalb der Sippe. Rache und Sühne übt und fordert er kollektiv.
In primitiver und wilder Form finden wir diese Sippenrache noch bei den Patriarchen. Und bis heute üben die stark orientalisch durchsetzten Sizilianer und Korsen solche Familienrache.
Aber selbst auf höchster ethischer Stufe bleibt die Kollektivhaftung bei den Juden erhalten, so etwa in dem talmudischen Satz: Kol Jissraéjl arejwím se basé, zu deutsch: Ganz Israel bürgt einer für den andern. Oder in der Tatsache, daß jeder schwere Schicksalsschlag, der das Volk Israel trifft, von ihm als Kollektivstrafe für die Sünden einzelner aufgefaßt und auch demütig hingenommen wird.
Das nahe Zusammenleben der stets gefährdeten Sippen bringt es mit sich, daß gern Familienehen geschlossen werden. Auch bei den hebräischen Patriarchen finden wir noch diese alte beduinische Heiratssitte.
Die Familie ist streng vaterrechtlich aufgebaut. Nur friedliche Hackbauern können sich das Matriarchat leisten, nicht die schweifenden Krieger und Hirten. Polygamie ist allgemein üblich und hat sich bei den Arabern – nicht aber bei den Juden – bis heute erhalten. Überhaupt haben die Araber, wie wir noch sehen werden, die Urzüge der Beduinen reiner bewahrt als die Juden, die sich später sehr stark mit Vorderasiaten und auch andern Rassen mischten.
Der einzige Besitz des Beduinen ist seine Herde, die der ganzen Sippe gemeinsam gehört. Der Beduine lebt also mehr oder weniger kommunistisch. Ein starkes Besitzgefühl dem Boden gegenüber entwickelt er auch dann

nicht, wenn er schon lange ansässig geworden ist. Sogar im Bibelgesetz finden sich noch Spuren dieser unbäuerlichen Gleichgültigkeit dem Landbesitz gegenüber, hier allerdings bereits zur hohen ethischen Forderung gesteigert: Die Erde darf nie zum definitiven Eigentum des Menschen werden. Sie gehört Gott und muß alle fünfzig Jahre, in jedem Jubeljahr, neu aufgeteilt werden.
Allerdings wissen wir nicht, wieweit dieses beduinisch geprägte Bodengesetz im Lande Israel wirklich durchgeführt wurde. Die bitteren Klagen der Propheten über die starken sozialen Kontraste lassen das Gegenteil vermuten. Verwunderlich ist das nicht. Gerade die Bauern unter den Juden werden sich weniger aus den Eingewanderten als aus den Eingeborenen rekrutiert haben, und kein alteingesessener Bauer wird je für ein Gebot Verständnis aufbringen, das ihn zwingt, Bäume zu pflanzen, deren Frucht seine Söhne nicht pflücken werden.
Aber bis in die Neuzeit hinein bricht dieses uralte kommunistische Beduinenethos bei den Juden immer wieder durch. Nicht einmal Abfall und Taufe vermögen dies zu ändern. Im Zusammenhang mit Karl Marx kommen wir noch einmal darauf zurück.
Mit der beduinischen Existenz hängt es auch zusammen, daß eine Zentralgewalt abgelehnt oder, wenn dennoch entstanden, leicht wieder angefochten und bekämpft wird. In Notlagen wählt man auf Widerruf einen Führer, den man nachher wieder abschüttelt. Er ist immer mehr primus inter pares als wirklicher Herrscher.
In den ersten Jahrhunderten haben auch die Hebräer im Lande Israel diese Regierungsform noch beibehalten. Die «Richter» waren nichts als solche kurzfristigen Anführer. Als sich die Juden dann bei wachsenden außenpolitischen Schwierigkeiten doch zu einer stabilen Zentral-

gewalt in Form eines unabsetzbaren Königs entschließen, warnt der Priester Samuel leidenschaftlich und zählt ihnen alle Nachteile eines solchen Schrittes auf. Vor allem weist er beredt auf den Verlust an Freiheit hin.
Mit der harten und ruhelosen Steppenexistenz hängt auch das rasche und einfache Beduinenrecht zusammen: Auge um Auge, Zahn um Zahn. Bei langer Ansässigkeit und Vermischung mit den ansässigen vorderasiatischen Bauernvölkern mildern sich die Rechtsgewohnheiten. Der Talmud gestattet in solchen Fällen nur noch die finanzielle Entschädigung.
Man könnte natürlich sagen: Solche Humanisierung erfolgt mit der Zeit immer und überall. Es kommt aber – wir werden es bei Abrahams Verhältnis zur Kultur seiner Umwelt sehen – manchmal auch umgekehrt zur Rückkehr in größere Härte. Es wäre daher falsch, bei solchen Wandlungen die Bedeutung der rassischen Komponente zu unterschätzen.

Die beduinische Religion

Beduinisch geprägt ist auch die Religion des Steppennomaden. Er hat eine ausgeprägte Neigung zum abstrakten, bildlosen Denken, das sich in der kahlen, leeren, weiten Einöde besonders leicht entwickelt. Es findet auch im Beduinenglauben seinen Niederschlag. Nie hatten die Nomaden jene Unmenge verschiedener Lokalgottheiten wie die Ansässigen – schon das unstete Wanderleben schloß das aus –, sondern, neben einzelnen heiligen Quellen, Bäumen und Steinen, vor allem einige wenige Gestirngottheiten, die wiederum den Ansässigen fremd waren: Schamasch, die Sonne, Sin, den Mond, und Astarte, Aschera oder Ischtar, den Venusstern.

Später, als sich die orientalischen Wanderstämme in Babylon mit den ansässigen Vorderasiaten mischten und mit ihnen gemeinsam eine jener Hochkulturen erzeugen, von denen unsere Zivilisation bis auf den heutigen Tag zehrt, verwandeln sich diese Himmelsgötter allerdings. Einerseits gehen sie mit den Gottheiten der Einheimischen eine Synthese ein. Dies gilt vor allem für Astarte, die jetzt zugleich Mutter und Jungfrau, zugleich Göttin der Liebe und des Massenmordes wird und einen Sohn oder Geliebten hat, der alljährlich stirbt und aufersteht. Anderseits führt die Beobachtung der Gestirne bei den einstigen Beduinen jetzt dazu, daß sie zunächst, beeinflußt von den Ansässigen, Astrologie betreiben, sehr bald aber auch schon eine fundierte Astronomie entwickeln.

Daneben aber besitzen diese Wanderer schon in heidnischer Zeit einen nicht abbildbaren obersten Gott, manchmal ist es zugleich ein Gewittergott, den sie El, Il oder Allah nennen und den man zwar nicht sehen, wohl aber hören kann. Wir kommen auf diese semitischen Urgötter im Zusammenhang mit Abraham noch zurück.

Götzenbilder spielen für die orientalische Rasse von allem Anfang an keine große Rolle. Das goldene Kalb, das sich die Söhne Israels nach ihrem Auszug aus Ägypten während einer kurzen Abwesenheit ihres Führers und Propheten Mose gießen, ist kaum ein Gegenbeweis. Damals kamen sie ja frisch aus Ägypten, wo sie vierhundert Jahre lang unter dem Einfluß der ägyptischen Kultur und Religion gestanden und ohne Zweifel auch viele Mischehen eingegangen waren. Von Joseph wissen wir aus der Bibel, daß er eine vornehme Ägypterin geheiratet hatte. Und von den beiden Frauen Moses war die eine eine Midianiterin, das heißt also orientalischer Herkunft, und die andere aus Äthiopien. Vermutlich hatte sie eine schwarze Hautfarbe. Dies wäre jedenfalls die einzige Erklärung dafür, warum Moses Schwester Miriam sich gegen diese zweite Ehe ihres Bruders so erboste. Denn Mischehen an sich dürften gang und gäbe gewesen sein.

Indes werden gleich hier zu Beginn der jüdischen Geschichte die Weichen der Rassenpolitik des Volkes für alle Zukunft gestellt: Miriam wird von Gott für ihr schlechtes Benehmen mit einem Aussatz geschlagen, der erst verschwindet, als sie ihren Fehler bereut.

Ursprüngliche Beduinen beten also kaum Götzen an. Ganz abgesehen von der mangelnden Bildbegabung, der starken akustischen – und nicht optischen – Einstellung und der Neigung zur Abstraktion auch in religiösen Fragen, dürfte es ja auch schwerfallen, Götzenbilder bei Wanderungen mitzuführen – es sei denn, es handle sich hierbei um jene Art kleiner Figürchen, wie Rahels Vater sie besaß. Wir wissen, daß Rahel diese Figürchen stahl, als sie mit Jakob zusammen das Haus des Vaters heimlich verließ.

Aber sogar diese Miniaturgötzen dürften auf eine geistige Anleihe bei den ansässigen Kanaanitern zurückzuführen sein.

Wir erwähnten einen sterbenden und auferstehenden Gott, den ein Teil der Wanderer später von den Ansässigen übernahm. Die Auferstehung ist für den Beduinen ein fremder und neuer Gedanke. Ihm bedeutet der Tod ein absolutes Ende. Er steht überhaupt, gewöhnt an Leere und Untergang, mit dem Nichts auf vertrautem Fuße. Ewige Weiterdauer kennt er nicht. Ihm entsteht alles Sein aus Nichts und Chaos, und eines Tages kann es auch wieder im Nichts versinken. Sein Gott ist ein

Schöpfergott, und es gab ihn, bevor die Welt existierte. Die Idee der Auferstehung nach dem Tode kennt nur der Bauer. Ihm ist sie Bild des vegetativen Jahreszyklus. Das Leben kehrt jährlich wieder. Das Mysterium von Tod und Auferstehung wird in Rausch und orgiastischer Raserei gefeiert.

Rausch und Ekstase – das hatten die Wüstensöhne nie gekannt und immer gefürchtet. Nur zweimal ist im Pentateuch von Trunkenheit die Rede, und beidemal in Bildern von Grauen und Greuel. Noah betrinkt sich – und seine Söhne treiben mit dem betäubt Daliegenden ihren schamlosen Spott; Lot betrinkt sich, oder vielmehr: seine Töchter machen ihn bewußt betrunken – und er wohnt ihnen, ohne es zu wissen, bei. Sie wollen sich auf diesem Wege Kindersegen verschaffen, da sie nach dem Untergang von Sodom und Gomorrha annehmen, es gebe auf der ganzen Welt keine andern Männer mehr.

Die semitischen Sprachen der Beduinen

Wir wissen nicht, welche Sprachen in diesem vorderasiatischen Raume gesprochen wurden, ehe die orientalischen Horden hier einbrachen. In historischer Zeit gibt es hier, mit einer einzigen Ausnahme, in Sumer, nur noch semitische Idiome. Diese aber gehen – das weiß man mit Bestimmtheit – auf die beduinischen Invasoren zurück. Die Rassentheoretiker der Nazizeit nehmen an, die vorderasiatische Rasse, mit der die Beduinen sich hier mischten und auf die wir später noch zu sprechen kommen, hätte sogenannte kaukasische oder alerodische Idiome gesprochen. Das ist nicht ganz aus der Luft gegriffen, denn im russischen Kaukasusgebiet, gleichsam einem Reservat reinrassiger Vorderasiaten, gibt es diese Sprachen wirklich. Anderseits aber ist das auch kein überzeugender Beweis. Denn rein vorderasiatisch geprägt sind auch die Armenier, und sie sprechen ein indogermanisches Idiom, genau wie die weitgehend vorderasiatischen Perser oder Iraner – nach ihnen hat ja diese Sprachgruppe den Namen der indoiranischen erhalten. Und auch die hellhäutigen Inder, die Urarier also, wenn man so will, scheinen vorwiegend dem vorderasiatischen Typus anzugehören, den die Nazitheoretiker – dies hier nur nebenbei – als den jüdischen Urtypus empfinden.

Auf diese Konfusion in der Naziterminologie kommen wir später noch einmal zu sprechen. Hier nur soviel: Nachdem ein Teil der Vorderasiaten indoiranische, ein anderer Teil kaukasisch-alerodische, wieder ein anderer Teil – in Vorderasien selber – semitische und ein vierter Teil – darauf kommen wir noch im Zusammenhang mit den Chasaren in Südrußland zu sprechen – mongolische Turkidiome sprach oder noch heute spricht, können wir über eine gemeinsame Ur- und Stammessprache der vorderasiatischen Rasse überhaupt nichts aussagen. Vielleicht hat es sie nie gegeben, vielleicht ist sie bereits vor Zehntausenden von Jahren spurlos oder fast spurlos untergegangen.

In jenem Teil Vorderasiens, der uns angeht und der von der persischen Grenze Mesopotamiens bis zur Meeresküste Kanaans reicht, finden wir jedenfalls in historischer Zeit nur noch semitische Sprachen vor. Eine Ausnahme bilden die Sumerer Südbabyloniens, aber sie waren, allen Abbildungen nach zu schließen, weder Orientalen noch Vorderasiaten. Anderseits scheint aber die Zugehörigkeit der semitischen Idiome zu den beduinischen Wanderstämmen gesichert.

Am reinsten hat bis heute das Arabische den semitischen

Charakter gewahrt. Die Araber sind ja auch die letzten, die aus ihrer kahlen Steppenheimat in das üppige Vorderasien vorgebrochen sind, und zum Teil bewohnen sie bis heute ihre alten, kargen Stammsitze. Je länger es dagegen her ist, daß eine solche semitische Gruppe ausgewandert und sich mit andern Rassenelementen vermischt hat, desto abgeschwächter finden sich bei ihr die typisch semitischen Sprachmerkmale, auch wenn die Sprache selber semitisch geblieben ist.

Diese semitischen Idiome sind hart, klar, logisch und abstrakt in Aufbau und Ausdruck. Bis heute gleichen sie sich alle wie die Dialekte ein und derselben Sprache, und zwar selbst dann noch, wenn sie sich mit Sprachen der Ansässigen zu einem Mischidiom vereint haben, wie das Hebräische und erst recht das Aramäische, das die Babylonier und auch die Juden zur Zeit Jesu sprachen und das es seinerseits auch wieder in verschiedenen Varianten – einer östlich-babylonischen und einer westlich-kanaanäischen – gab.

Aber immer behalten diese Sprachen viel vom semitischen Urcharakter bei. Sie bleiben durch und durch klar und straff strukturiert, logisch und einfach im Aufbau. Für sie alle ist ein hart und kehlig klingendes Konsonantengerüst kennzeichnend, mit labilen, leicht wandelbaren Vokalen dazwischen. Die Verben sind aus drei Konsonanten aufgebaut – im Hamitischen der Ägypter, einem Idiom, das den semitischen Sprachen nahe verwandt ist, sind es zwei Konsonanten. Die Substantive werden nach ziemlich einfachen Regeln aus den Verben heraus entwickelt. Die Grammatik ist streng, einfach, leicht erlernbar.

Die indogermanisch-semitische Sprachverwandtschaft und die Sprachen der Hebräer

Die Verben werden in den semitischen Sprachen, genau wie in den indogermanischen, flektiert. Dies sind die beiden einzigen Sprachgruppen, die eine solche Flexion kennen. Aus diesem gemeinsamen Merkmal schließen einzelne moderne Sprachwissenschaftler wohl auch richtig auf eine Urverwandtschaft der semitischen und indogermanischen Sprachen.

Aber es gibt noch andere Beweise dafür. Der Schweizer Altphilologe und Semitologe Linus Brunner hat an Tausenden von Beispielen den gemeinsamen Ursprung semitischer und indogermanischer Wortstämme nachgewiesen, der wohl auf die Jungsteinzeit zurückgeht. Sehr viel später kam es dann noch einmal zum Kontakt zwischen den beiden Sprachgruppen, als die hochentwickelten Kulturen Vorderasiens auf das damals noch ziemlich barbarische Hellas einzuwirken begannen. Dabei wurden natürlich auch semitische Lehn- und Fremdwörter in das indogermanische Griechisch übernommen.

Indes läßt sich sehr genau unterscheiden, welche Wörter auf die Urverwandtschaft zurückgehen und welche bloß auf späteren Kontakt. Bei dieser zweiten Berührung wurden ausschließlich Kulturbegriffe von den Indogermanen übernommen. Bei den urverwandten Wortstämmen dagegen handelt es sich logischerweise um Namen von Tieren oder Objekten, die schon der prähistorische Mensch kannte. So gehört zweifellos das hebräische arag = spinnen mit dem griechischen arachne = die Spinne zusammen. Dagegen dürfte das hebräische und aramäische Wort sak, griechisch sakkos und im Deutschen heute wieder Sack, oder das hebräische Kutónet (Hemd, Leibrock), griechisch Chiton (Leibrock) und in den mo-

dernen Sprachen Coton = Baumwolle, erst bei dem sehr viel späteren Kontakt der Griechen mit den semitisierten Vorderasiaten in die indogermanischen Sprachen eingegangen sein.
Diesen Seitensprung in die Linguistik haben wir uns erlaubt, weil es – und meines Wissens nicht nur bei Nazitheoretikern – die Auffassung gibt, nordische und orientalische Völker seien urverwandt. Die sprachliche Verwandtschaft wäre dann ein zusätzlicher Beweis dafür.
Tatsächlich haben beide Rassen den hohen Wuchs, den schmalen Schädel, die kriegerischen Neigungen gemein. Nur die Farben differieren. Das könnte auf eine klimatisch bedingte Mutation zurückgehen.
Aber wir wissen ja, wie gesagt, nicht, ob die indoiranischen Sprachen wirklich eine Schöpfung der nordischen oder auch nur der europäischen Rassen sind, ob sie nicht zum Teil oder am Ende ganz auf die Vorderasiaten Persiens und Nordindiens zurückgehen. Das alles verschwimmt im Dämmerlicht der Prähistorie.
Was die semitischen Sprachen angeht, so sagten wir schon, daß das Arabische den Urcharakter am reinsten bewahrt hat. Kenner behaupten, daß sich die arabische Sprache trefflich für wissenschaftliche und philosophische Abhandlungen eigne, jedoch für bildhafte Erzählung und Poesie eher als spröde erweise.
Für das Hebräische, die Sprache der Bibel, gilt das nur noch sehr bedingt. Wie es entstanden ist, weiß man nicht genau. Man vermutet, daß Abraham, der aus Haran in Syrien nach Kanaan einwanderte, das damals schon in Syrien gesprochene Aramäisch mitgebracht habe. In Kanaan fanden die Hebräer bereits ein semitisches Idiom vor, das eine frühere Welle von Einwanderern hierher verpflanzt und bei der Symbiose und Vermischung mit

den Eingeborenen zu einer kanaanäischen Mischsprache umgebildet hatte. Das Hebräisch soll durch die Synthese des Aramäischen mit dieser kanaanäischen Sprache entstanden sein.

Das ist aber, wie gesagt, nur eine Theorie. Jedenfalls ist das Hebräische weit bildhafter als das Arabische. Und in weit höherem Grade gilt dies für das Aramäische, das die Juden dann später wieder übernahmen. Jesus hat aramäisch gepredigt. Und es ist schade, daß wir seine Worte nicht in der aramäischen Urfassung kennen. Denn nicht umsonst nennt man das Aramäische das Ostjiddisch Kanaans. Tatsächlich sind die Predigten Jesu in dem strengen, erhabenen Hebräisch sowenig denkbar wie Jahrtausende später die rührenden Aussprüche der chassidischen Rabbis. Aramäisch wie Jiddisch sind beides bezaubernde, farbige Volkssprachen, kurz im Ausdruck, einfach, bildhaft, geeignet für Gleichnis, für Witz, für wehmütig-poetische Erzählung.

Auch lautlich hat sich im Aramäischen eine Veränderung angebahnt: Von den harten semitischen Kehllauten, die noch für das Hebräische kennzeichnend sind genau wie für das Arabische, ist im Aramäischen nicht mehr viel übriggeblieben. Wir werden später sehen, daß die Ostjuden, die Abkömmlinge der Vorderasiaten, im Gegensatz zu den re-arabisierten Südjuden Nordafrikas und Andalusiens sogar die Aussprache des Hebräischen ebenfalls weitgehend ent-semitisiert haben.

Die «akustische» Stenogrammschrift der Orientalen

Kennzeichnend für die Logik und Härte der Beduinen ist aber nicht nur ihre Sprache, sondern auch ihre Schrift.

Vermutlich ist die Schrift – sofern sie über eine reine Bildschrift hinausgeht – überhaupt eine semitische, und das heißt: vorwiegend beduinische Erfindung.
Ursprünglich gab es natürlich auch bei den Semiten nur eine Bild- oder Symbolschrift. Aber bei ihnen, die so wenig bildbegabt und optisch orientiert waren, vollzog sich die Wandlung der Schrift aus Bildsymbolen zur Schrift aus bloßen «Zeichen mit Bedeutung» besonders leicht.
Bekanntlich haben die Ostasiaten bis heute eine fast reine Bildschrift beibehalten, und bei den alten Ägyptern vollzog sich der Übergang von der Bildschrift der Hieroglyphen zu der demotischen Schrift aus Silben und Buchstaben nur mühsam und ohne Konsequenz. Doch haben auch die reinen Bildschriften ihren Sinn und Vorteil, und es wäre falsch, aus der Erfindung der Silben- und Buchstabenschrift auf eine höhere Begabung der Beduinen zu schließen. Es ist nur eine andere Begabung. Die Beduinen sind nicht optisch, auf das Bild ausgerichtet, sondern akustisch, auf das Lautgebilde der Sprache, und sie verstehen zudem logisch zu konstruieren und zu abstrahieren.
Möge uns hier, ehe wir ganz zu den akustisch-abstrakt orientierten Semiten übergehen, ein kurzes Plädoyer für die Schrift der bildfreudigeren Völker gestattet sein. Eine reine Symbolschrift hat, entgegen der heute herrschenden Auffassung, auch ihre Vorteile: Sie bleibt vom Wortklang unabhängig.
Es ist wahr, sie erfordert, im Gegensatz zur Buchstabenschrift, das Erlernen einer großen Anzahl von Einzelzeichen. Jeder Gegenstand, jeder Vorgang wird ja mit seinem eigenen Symbolbild schriftlich festgehalten. Ein ungebildeter Mann wird vielleicht mit einigen tausend Symbolzeichen auskommen, ein gebildeter braucht ihrer

Zehntausende. Insofern ist eine solche Schrift sicher mühsam zu erlernen.

Nun aber ihre Vorteile: Eine Sprache wandelt im Laufe der Jahrhunderte oder gar Jahrtausende ihr Klangbild. Außerdem variiert dieses Klangbild von Gegend zu Gegend und erst recht von Land zu Land. Hätten wir in Europa eine solche Bildschrift, so könnten wir auch heute noch mühelos einen althochdeutschen oder überhaupt jeden indogermanischen Text lesen und verstehen, auch wenn wir nicht wüßten, wie er damals klanglich lautete oder heute lautet. Bei völlig anders aufgebauten Sprachen – etwa den mongolischen – würden wir vielleicht Schwierigkeiten haben. Sonst aber sichert die Bildschrift die Verständigung über viele Grenzen und Jahrtausende hinweg.

Voraussetzung ist, wie gesagt, die Erlernung einiger tausend oder zehntausend Schriftzeichen. Dafür erspart man sich das Erlernen mehrerer Sprachen. Man kann sich dann mit allen Ausländern zwar nicht mündlich, wohl aber schriftlich verständigen. Dies geschieht, wie ich gehört habe, auch innerhalb der Grenzen Chinas zwischen Gebildeten häufig. Man sieht manchmal Chinesen, die, zur klareren Verständigung, ein Bildzeichen mit dem Finger in die Luft malen.

Eine solche Schrift ist demnach nicht primitiv, sondern traditionssichernd. Es ist daher auch kein Zufall, daß die gleichen Chinesen, für deren Achthundertmillionenvolk mit seiner jahrtausendealten Tradition und seinen unzähligen Dialekten eine solche Schrift das absolute Ideal war, heute, da sie unter einem kommunistischen Regime mit ihrer Vergangenheit radikal brechen wollen, auch zum erstenmal planen, ihre künstlerisch so hinreißende und sachlich so zweckmäßige Schrift gegen eine

aus Buchstaben nach abendländischem Muster einzutauschen. –
Die semitischen Stämme taten dies, wie gesagt, als erste. Die konkrete Mannigfaltigkeit der Bildzeichen mag für sie, die akustisch-abstrakt Orientierten, von allem Anfang an ein Alpdruck gewesen sein. Bis heute bewahrt der jüdische Witz diesen Abscheu vor der bunten, logisch nicht ableitbaren Mannigfaltigkeit in einer Klein-Moritzl-Anekdote: Der Lehrer fragt, wie viele Sterne oder Sternsysteme es ungefähr geben mag, worauf Moritzl achselzuckend entgegnet: «Die Gojim (= nichtjüdische Völker oder Individuen) haben sie gezählt!»
Die Beduinen suchten also nach Abstraktion und Vereinfachung in der Schrift und fanden beides. Zuerst gingen sie vom optischen auf das akustische Prinzip über. Was bisher ein noch deutlich erkennbares Bild für einen Gegenstand gewesen war, verwandelte sich in ein bloßes Zeichen für ein bestimmtes Klanggebilde. Und zwar nicht für das Klanggebilde eines ganzen Wortes – denn das hätte bedeutet, daß man alle Nachteile der Bildschrift mit ihren unendlich vielen Symbolen beibehielt und noch mit dem Nachteil der Einschränkung auf eine bestimmte, klanglich festgelegte Aussprache verband. Vielmehr galten die Schriftzeichen jetzt nur noch als Bezeichnung für Silben, die meist aus einem Konsonanten mit einem nachfolgenden Vokal bestanden. Jetzt mußte man nur noch etliche hundert Schiftzeichen erlernen.
Aber diese einstigen Steppenvölker suchten nach weiterer Vereinfachung. Wäre die Schrift an einer indogermanischen Sprache erfunden worden, dann wäre jetzt der Sprung von den Silben- zu den Buchstabenzeichen erfolgt. Denn in den indogermanischen Idiomen sind Vokale und Konsonanten etwa gleichwertig.

Man hatte es aber mit einer semitischen, das heißt konsonantischen Sprache und mit orientalischen Gehirnen zu tun, die rasch zu einer letzten Knappheit und Zusammenfassung drängten. Es fiel den Orientalen auf, daß die Vokale in ihrer Sprache labil waren und unbedeutend für den Aufbau der Wörter. Also lösten sie die bisherige ausführliche Silbenschrift durch ein konsonantisches Silbenstenogramm ab, in welchem jeweils nur der konsonantische Anlaut abgebildet wird und der Vokal unbestimmt bleibt.

Bis heute treten im arabischen und im hebräisch-aramäischen Schriftbild die Vokale überhaupt nicht in Erscheinung. Wer die Sprache kennt, entziffert einen solchen Text mühelos. Kleine Unsicherheiten bei dem einen oder andern Vokal spielen angesichts der Dominanz der Konsonanten kaum eine Rolle.

Und zudem wird auf diese Weise das Schriftbild gestrafft, gekürzt, gerafft. Es treibt und spornt buchstäblich an zum raschen Überdenken und Überfliegen des Textes, zum raschen Vorstoßen zu den letzten allgemeinen Konsequenzen, anstatt zum liebevollen Verweilen bei jedem Detail zu ermuntern.

Vor allem aber braucht man jetzt das Gedächtnis nur noch mit etwa zwei Dutzend Schriftzeichen zu belasten anstatt mit einigen hundert. Und die größere Denkanstrengung, die ein solches Silbenstenogramm einer voll ausgeschriebenen Buchstabenschrift gegenüber erfordert, nimmt der denkfreudige Beduine mit Vergnügen in Kauf.

Zwar haben die Juden etwa im achten nachchristlichen Jahrhundert, als die Kenntnis der hebräischen Sprache zurückging und damit auch die Aussprache nicht mehr jedem klar war, doch noch kleine Hilfszeichen für die

Vokale erfunden und in Form von Punkten und Strichen in das konsonantische Schriftbild eingefügt. Der sogenannte massoretische, das heißt traditionsgesicherte Bibeltext, der damals festgelegt wurde, enthält eben diese kleinen Zeichen.

Es ist aber kein Zufall, daß diese neue Erfindung nicht bei den re-arabisierten Südjuden gemacht wurde, sondern in Babylonien und in Tiberias am See Genezareth und vor allem von den neu zum Judentum gestoßenen Chasaren, auf die wir noch zu sprechen kommen. Und es ist auch kein Zufall, daß man noch heute alle Texte, die nicht für kleinere Kinder und Anfänger bestimmt sind, ohne solche Hilfszeichen schreibt. Man wird die Vokale auf israelischen Plakaten, in den Zeitungen, Büchern und Briefen vergeblich suchen. Dagegen sind sie natürlich in allen Sprachlexiken enthalten.

Ebenso ist es kennzeichnend, daß die an sich nicht weniger begabten, jedoch mehr bildlich als akustisch-abstrakt gerichteten Ägypter der damaligen Zeit die babylonische Silbenschrift zwar im Prinzip übernahmen, sie jedoch, wie wir bereits kurz erwähnten, nie konsequent durchzuführen vermochten. Die Priesterschrift der Hieroglyphen blieb immer eine Abfolge von Symbolbildern. Das babylonische Prinzip drang nur in die laizistische sogenannte demotische Schrift der Ägypter ein. Hier aber fehlt die beduinische harte Konsequenz. Im demotischen Schriftbild Ägyptens gehen alle drei Schriftprinzipien durcheinander. Da stehen, völlig unsystematisch, Bildsymbole für ganze Wörter neben Silbenzeichen mit festgelegtem Vokal und solchen, die im Grunde nur noch einen Konsonanten bedeuten.

Die Schrift der Hebräer jedoch war und blieb im Aufbau vollkommen konsequent und konsonantisch. Wir

werden aber noch sehen, wie später, im Mittelalter, bei jenem Teil der Juden, der sich zunächst stärker mit den Vorderasiaten und später sogar mit europäischen Völkern vermischt hatte, auch in der hebräischen Schreibweise ihres indogermanischen Idioms, nämlich des Jiddisch, eine gewisse Wandlung im Schriftbild eintrat. Zwar gab es bei ihnen nie eine inkonsequente Handhabung der Lautzeichen wie bei den Ägyptern, wohl aber eine Aufwertung der Vokale, der sie im Jiddischen dann auch durch eine abgewandelte Schreibweise und Lautbewertung deutlich Ausdruck verliehen.
Wir erwähnten bereits die besondere Eignung aller semitischen Sprachen für exakte Wissenschaft und Philosophie, auch für die juristische Debatte. Dies gilt auch noch für das unsemitischste der hier zitierten Idiome, für das Aramäische. Umgekehrt aber gibt es auch im rein arabischen Sprachbereich natürlich nicht nur metaphysische und wissenschaftliche Abhandlungen.

Der Orientale und die Bildkunst

Bildende Kunst jedoch findet sich, wo immer das beduinische Element in einer Bevölkerung stark überwiegt, nur in spärlichen und groben Ansätzen. Daran ändert sich auch später wenig. Als König Salomon einen besonders schönen Tempel bauen will, bleibt ihm nichts übrig, als Künstler und Baumeister aus Tyrus kommen zu lassen. Dabei waren hier noch nicht einmal Nachbildungen der Natur in ihrer Vielfalt gefordert, sondern nur architektonisches Können und ornamentale Ausgestaltung, die abstraktesten und logischsten Kunstformen also, die es gibt. Gebiete, auf denen sogar die Araber später Beachtliches geleistet haben.

Übrigens wäre die Frage aufzuwerfen, wieweit die Beduinen diese mangelnde Bildbegabung vielleicht mit allen Steppenwanderern teilen. Jedenfalls findet man auch bei den nomadisierenden Turkvölkern diese gleiche abstrakt-ornamentale Kunst, die man an alten, schönen Teppichen aus arabischen Gebieten noch heute bewundern kann. Die Frage bleibt offen, ob nur Völker mit diesen besonderen Begabungs- und Neigungsformen zum Leben in der Steppe drängen oder ob sich bei den Steppenvölkern im Laufe der Jahrtausende Menschen mit solchen Begabungen am ehesten erhalten und «herausgemendelt» haben.

Tatsache ist jedenfalls, daß bei den vorderasiatischen Persern in ihren fruchtbaren Landstrichen das moslimische Bildverbot nie wirksam geworden ist. Sie scheuten nicht davor zurück, auf den Miniaturbildern ihrer entzückenden Bücher und auf ihren herrlichen Teppichen menschliche und tierische Figuren ziemlich naturgetreu darzustellen.

Und es ist sicher auch kein Zufall, daß die bildbegabten mediterranen Völker dieses mosaische Bildverbot nie akzeptiert, sondern ihre Kultstätten mit Malereien und Statuen angefüllt haben. Nur der protestantische Norden hat sich wieder auf das alttestamentliche Bildverbot besonnen. Doch das sind Fragen der europäischen und nicht der jüdischen Rassenforschung.

Bei den Juden hat sich jedenfalls, obwohl sie schon lange keine reinrassigen Orientalen mehr sind, bis auf den heutigen Tag in dieser Hinsicht nicht viel geändert. Die wenigen jüdischen Maler, die es gibt, werden eher überschätzt. Und man kann mit gutem Gewissen die Behauptung wagen: Selbst wenn man sich die großen jüdischen Maler und Bildhauer wegdenkt, würde in der Kunst Europas kaum eine entscheidende Lücke festzustellen sein, dagegen wäre die gesamte religiöse, wissenschaftliche und zum Teil auch literarische Entwicklung des Abendlandes ohne den jüdischen Anteil kaum vorstellbar.

Abrahams beduinischer Purismus

Kehren wir zurück zum Stammvater der Hebräer, zu Abraham. Wir haben bereits festgestellt, daß ihm die Umstellung vom komfortablen Stadtleben zur strapaziösen Lebensweise eines Beduinenscheichs offenbar nur deshalb so leicht fiel oder doch möglich war, weil er einer ziemlich frischen Welle der Eroberer oder Einwanderer aus der Wüste entstammte.

Wenn es ihm aber auch nicht schwerfiel, zu wandern wie seine Väter: Was bewog ihn zu diesem Entschluß? Not und Krieg waren es nicht, das wissen wir bereits. Es müssen also eher innere Gründe gewesen sein. Gründe, die vermutlich mit seiner Einstellung zu den Glaubensfragen zusammenhingen.

Für ihn gab es nur einen einzigen unbildhaften Gott, der sich selbst an den anthropomorphsten Stellen der Bibel nie zur sichtbaren Gestalt verdichtet. Immer bleibt er Stimme, manchmal aus einer Flamme heraus erschallend, manchmal – vor allem später, bei den Propheten – in Form eines inneren Befehls wahrnehmbar.

Von allem Anfang an muß Abraham gespürt haben, daß eine solche Gottesvorstellung nur in der Steppe ausreifen konnte. Seine Vorfahren hatten den unsichtbaren El oder Il angebetet, möglicherweise als Gewittergott, worauf sein Auftreten in Rauch und Flammen vielleicht noch hinweisen mag. Hier, umgeben von Städtern und Bauern mit ihren vielen Götzen des Haines, des Hauses, der

Stadt und des Landes, war Abraham, religiös betrachtet, ein Fremdling.
Wir sagten schon, daß Abrahams Vater Terach nach einer talmudischen Agada eine Manufaktur für hölzerne oder tönerne Götzen betrieb. Wir können – und müssen – die Frage offenlassen, ob dieser Bericht auf einer uralten Überlieferung beruht oder erst Jahrtausende später aufkam, vielleicht abermals in Babylon, als die Juden wieder in Abrahams Urheimat siedelten, die babylonische Umwelt genau kennenlernten, hier ihren Talmud ausbauten und mit Legenden und Anekdoten ausschmückten. Vielleicht enthält die talmudische Legende über den jungen Abraham keine archivarische, sondern nur eine tiefe psychologische Wahrheit. In jedem Falle bietet sie einen Schlüssel zu Abrahams Verhalten.
Folgendes berichtet diese Sage: Einmal bekam Abraham, damals noch ein Knabe, von seinem Vater den Auftrag, die Götzenwerkstatt über Nacht zu bewachen. Am andern Morgen lagen alle Götzenbilder mit einer einzigen Ausnahme zertrümmert am Boden. Vom Vater befragt, erklärte Abraham – der die Statuen selber zerschlagen hatte –, die Götzen wären einander wegen der Speiseopfer in die Haare geraten, worauf der Stärkste von ihnen alle andern umgebracht habe. Als nun der Vater einwandte, leblose Figuren vermöchten dergleichen nicht, meinte der Knabe:
«Wozu dann ihnen opfern und sie anbeten?»
Indem der Knabe die Götzen zerschlug, räumte er zunächst nur mit den religiösen Vorstellungen der ansässigen Mesopotamier auf, nicht mit denen seiner eigenen beduinischen Vorfahren, die neben dem einen unsichtbaren Gott der Höhe – der Name «El» weist auf Höhe hin – noch die Gestirne angebetet hatten.

Aber auch diesen beduinischen Gestirnsgottheiten gegenüber erwies sich Abraham als konsequenter Purist. Die Sage berichtet nämlich weiter, daß er nach Zerschlagung der Götzen der Reihe nach zu Sonne, Mond und Sternen betete, daß er aber an ihrer Omnipotenz zu zweifeln begann, als sie mit wechselnder Tageszeit vom Himmel verschwanden.
Übrig blieb der unsichtbare und gestaltlose Stammesgott El. –

C.G. Jungs «Rettung» der Religion

Bevor wir aber vom historisch-berichtenden Teil zu einer näheren und detaillierten Untersuchung der biblisch-religiösen Fragen übergehen, muß die Einstellung unserer Untersuchung zur Religion kurz erörtert werden:
Dieses Buch ist kein theologischer Traktat. Wir gehen einzig dem Zusammenhang zwischen bestimmten Rassen mit ihren Kulturformen nach, zu denen auch die Religion gehört. Für unsere besonderen Probleme können wir gerade die religiösen Grundfragen nach dem Sein oder Nichtsein Gottes und nach der Gültigkeit seiner Gebote offenlassen. Es ist hier für uns gleichgültig, ob es so ist, wie die Frommen glauben, wonach eines Tages ein realer Gott Elohim oder Jahwe oder Adonai sich aus der Menge der Völker dieses eine auserwählt und für seinen Dienst bestimmt hat; oder ob umgekehrt, wie die Agnostiker annehmen, dieses eine, vielleicht auf religiösem und ethischem Gebiet besonders begabte Volk sich eines Tages einen solchen Gott geschaffen hat; oder ob das Volk ihn nicht geschaffen, sondern gefunden hat, wobei es abermals gleichgültig ist, ob und welche Form der Realität hinter dieser Gottesvorstellung steht.

Keine dieser Annahmen ändert etwas am Sinn unserer Untersuchung. Denn es geht hier, soweit wir religiöse Fragen berühren, wie gesagt nur um die stilistische und vielleicht auch wesensmäßige Zuordnung eines bestimmten Volkes zu seinem Gott.

Ausgeschlossen bleibt nur eine einzige Variante der Interpretation einer solchen Zusammengehörigkeit zwischen einem Volk und seinem Gott: jene von C. G. Jung. Zwar würde auch sie nichts am Ergebnis unserer Untersuchung ändern. Aber von der heillosen Vermischung psychologischer und religiöser Kategorien, die durch Jung und seine Schule aufgekommen ist, möchten wir uns hier ausdrücklich distanzieren.

Bekanntlich wirft Jung seinem Lehrer Sigmund Freud die Rückführung der religiösen Inhalte auf psychische Elemente vor. Demgegenüber will Jung die Religion wieder «gerettet» haben.

Diese «Rettung» sieht so aus: Gott oder die Götter sind nach Jung nicht etwa real – diesen Ausdruck meidet er vorsichtig –, sondern «objektiv».

Es fragt sich also, was er unter Objektivität versteht. Zum Glück erklärt er es ganz genau. «Objektiv» ist demnach im Gegensatz zu «subjektiv» jeder Vorstellungsinhalt, der nicht einem nur individuellen und privaten, sondern einem kollektiven Unbewußten entquollen ist.

Es ist dies ein ganz ungewöhnlicher Gebrauch des Wortes «objektiv». Gewöhnlich nennt man so etwas «kollektiv» oder «intersubjektiv». Aber die Umdeutung des Begriffes der Objektivität möchte noch angehen, wenn Jung offen zugeben würde, daß diese Art von Objektivität nichts zu tun hat mit Realität, das heißt mit einem Sein unabhängig vom Erkenntnisprozeß, mit einem metaphysischen Ansichsein also; daß demnach ein in diesem Jungschen Sinne «objektiver» Gott um nichts realer ist als jener Sigmund Freuds.

Jung behauptet jedoch weiter, daß auch der Gläubige seinen Gott nur in diesem Sinne als objektiv auffasse und erlebe. Vermutlich schweben Jung hierbei gewisse tibetanische Extremformen der Mystik vor, bei denen Gott und sein Adept in ihrer Existenz aufeinander angewiesen sind. Doch selbst in dieser Radikalmystik ist nicht die Abhängigkeit eines kollektiven Phantasiegottes von einer kollektiven Phantasie gemeint, sondern ein Angewiesensein eines realen Gottes auf den Gläubigen, der sich mit ihm in der Ekstase vereint.

Es ist schwer zu verstehen, wieso dies eine Rehabilitation der Religion gegen deren Abwertung durch Freud sein soll. Zumal die Vergottung des kollektiven Unbewußten bei Jung in den Hitler-Jahren fast zwangsläufig zur Bejahung der hysterischen nationalsozialistischen Massenausbrüche führte, in denen er den Ausdruck germanischer Tiefe sah und den Beweis, daß das Unbewußte nicht, wie Freud gemeint habe, der «Kehricht» kindlicher Konflikte sei. Die Kontroverse G. Ballys und anderer gegen Jung in jenen Jahren betont zuwenig die Identität von Jungs Politik und Religionstheorie.

Jung hat damals übrigens auch die kulturelle Sterilität des jüdischen Volkes behauptet. Dennoch hatte und hat er jüdische Schüler und Anhänger. Wir erwähnten ja schon, daß gegen geistige Anfälligkeit für fragwürdige Ideologien nicht einmal die Tatsache zu schützen vermag, daß man selber zu jenen gehört, die durch diese Ideologie an Leib und Leben gefährdet sind.

Für unsere Untersuchungen also sind die theologischen Grundfragen ausgeklammert. Wir fragen nur nach der gegenseitigen Zuordnung bestimmter Rassen oder Rassenmischungen zu bestimmten Gottesvorstellungen und stellen fest, wie die sich wandelnde Rassenkomposition eines Volkes auch zu einer Wandlung seiner Gottesvorstellung führt. Die Frage nach der Realität dieses Gottes ist für unsere Untersuchung ausgeklammert. –

Re-Primitivierung und Blutopfer

Abraham hatte also den Eingott seiner Väter wiederentdeckt. Und diese Entdeckung hatte ihn in die Steppe und Wanderschaft zurückgetrieben. Gott schließt mit Abraham einen ewigen Bund, und dieser Bund soll durch Beschneidung – eine uralte semitische Sitte – an allen männlichen Nachkommen Abrahams besiegelt werden. Gott wird später sein Volk, sooft es sündigt, furchtbar strafen. Mit seinem ersten beduinischen Adepten jedoch ist er auch in schiefen Situationen solidarisch. Immer wieder kommt es vor, daß Abrahams schöne Gattin Sara von den ansässigen Herren begehrt wird. Abraham fürchtet, sie könnten ihn erschlagen, um sich der verlockenden Frau zu bemächtigen. Er gibt sich daher vorsichtshalber als Saras Bruder aus. Sara wird wiederholt in den Harem eines solchen Fürsten aufgenommen – der dann für seinen unbewußten Frevel von Gott schwer bestraft wird. Regelmäßig endet die Episode damit, daß der Fürst Sara ihrem Manne zurückgibt und ihn außerdem noch mit Sühnegeschenken überhäuft.

Noch härter und ungerechter als das, was diesen Fürsten angetan wird, ist das Schicksal Hagars, der Kebsfrau Abrahams, und ihres Söhnchens Ismael. Als Sara in unwahrscheinlich hohem Alter doch noch einen Sohn bekommt, befiehlt sie ihrem Gatten, Hagar und deren Kind in die Wüste zu vertreiben, damit Isaak, ihr eigener Sohn, nicht eines Tages das Erbe mit Ismael teilen müsse. Sie benimmt sich also um nichts humaner als die Stiefmütter im germanischen Märchen. Abraham zögert zunächst – welcher Beduine gäbe gern einen leiblichen Sohn dem Verderben preis? –, aber Gott selber unterstützt die Bitte Saras, und Abraham gehorcht.

Beduinisch aber ist Abrahams ganze Haltung. Großzügig wie jeder beduinische Scheich übt er Gastfreundschaft. Wir wissen es aus der Episode mit den drei Fremden, die zu ihm ins Zelt kommen und in denen er ja unmöglich die Abgesandten Gottes erkennen kann.

Königlich ist auch seine Haltung jenem Stadtkönig in Kanaan gegenüber, dem er gegen den gemeinsamen Feind zu Hilfe kam und der ihm dafür einen Teil der Beute überlassen will. Abraham lehnt ab, denn er ist als Fremder ins Land gekommen:

«Du sollst nicht sagen, Abraham habe sich an dir bereichert.»

Bei aller Solidarität mit Abraham hat Gott, dieser Gott des Beduinen, mit seinem Knecht dennoch wenig Mitleid: Er befiehlt ihm, den einzigen Sohn, der ihm nach der Vertreibung Ismaels noch geblieben ist, auf dem Altar zu opfern.

Zwölfhundert Jahre später sollten Propheten im Lande Israel ihrem Zweifel darüber Ausdruck verleihen, ob es überhaupt eine gottgefällige Tat ist, Blutopfer darzubringen. Von einer solchen sublimen und humanen Auffassung Gottes ist aber der junge beduinische Purist noch weit entfernt. Es scheint sogar, daß dieses erste Auftreten des Mono- oder einstweilen noch Henotheismus eher mit einer Re-Barbarisierung der religiösen Bräuche Hand in Hand ging. Denn man weiß heute aus Ausgrabungen, welche milden und humanen Sitten zur

Zeit Abrahams – etwa zweitausend Jahre vor der Zeitenwende – im südmesopotamischen Raume herrschten. Ob es Menschenopfer hier in prähistorischer Zeit dennoch gegeben hat, ist unbekannt. Zur Zeit Abrahams waren sie nicht üblich. Und auch sonst findet man in diesem ganzen vorderasiatischen Raume Menschenopfer nur bei stark orientalisch geprägten Völkern. –

Allerdings kommt es nicht zur Opferung des Knaben. Im letzten Augenblick wird dem unglücklichen Vater die Tat erspart; er darf statt des Sohnes ein Böcklein schlachten.

Es gibt aber Bibelkritiker, welche diese Substitution des Knaben durch das Böcklein für eine spätere, mildernde Abwandlung des Urtextes halten. Sie stützen sich dabei auf die Tatsache, daß im Bibeltext zunächst, nachdem Abraham den Berg Moria – wo das Opfer dargebracht wurde – wieder verläßt, nur von Abraham allein und nicht von Abraham und Isaak die Rede ist. Das Fortleben der Sippe wäre auch durch die Hinopferung Isaaks nicht zum Problem geworden, denn wir wissen aus der Bibel selber, daß Abraham nach dem Tode seiner Frau Sara mit einer Kebsfrau namens Ketuba noch viele weitere Kinder gezeugt hat.

Wir brauchen aber nicht so weit zu gehen wie diese Bibelkritiker: Die Forderung Gottes an den Vater bleibt auch in der überlieferten Form grausam genug.

Ich weiß auch, daß manche Theologen gerade in dieser Bereitschaft Abrahams, den schrecklichen Befehl auszuführen, das Wesen, den Kern des religiösen Verhaltens erblicken wollen. Tatsache bleibt aber, daß hier zunächst einmal von einem Vater gefordert wird, seinem Kind die Kehle durchzuschneiden.

Auch dagegen gibt es allerdings Argumente: Nirgends

steht wörtlich geschrieben, daß Isaak geopfert werden soll. Immer ist nur von seiner «Akejda», seiner Fesselung, die Rede. Aber im Grunde ist das Wortspielerei. Aus der Opferung des Böckleins ersehen wir ja, daß hier wirklich getötet werden sollte.

Sehr viel später, unter kanaanitischem Einfluß, wird dieser selbe Gott, wie gesagt, durch den Mund seiner Propheten verkünden, daß ihn der Blutgeruch der Tieropfer ekelt. Und nach der Zerstörung des Tempels von Jerusalem wird die Sitte des Tieropfers nicht etwa an einen andern Ort verlegt, sondern radikal aufgegeben.

Aber es ist ein ebenfalls eindeutig semitischer Gott, Baal (= der Herr), dem andere orientalische Invasoren in Kanaan und weiter nördlich Menschenopfer darbringen. Blutopfer – tierische und menschliche – erwecken das Wohlgefallen des beduinischen Gottes. Gleich aus den ersten Kapiteln der Bibel ersehen wir es bereits: Gott lehnt Kains Früchtegabe ab und neigt sich gnädig dem Bruder zu, der ein Lamm darbringt. Zwar hat der Talmud später versucht, hier einen ethischen Sinn hineinzudeuten. Der fromme Abel – so erzählt die talmudische Legende – habe das erlesenste Tier seiner Herde geopfert, Kain jedoch nur Abfälle dargebracht. Indes berichtet die Bibel nichts dergleichen.

Und auch viel später kommen bei den Juden sogar noch menschliche Blutopfer vor: Das war nicht lange nach dem Einbruch der Söhne Israels in das Gelobte Land, als der Richter Jefta, verwickelt in schwere Kriege, als Dank für einen Sieg das erste Lebewesen zu opfern versprach, das ihm bei seiner Heimkehr über den Weg laufen würde.

Es ist seine Tochter, sein einziges Kind.

Das konnte er zwar nicht voraussehen, aber er mußte

diese Möglichkeit mit einrechnen. Was hat er sich denn bei seinem Gelübde überhaupt gedacht? Wäre ihm sein Hund entgegengekommen, dann hätte er ihn gar nicht opfern dürfen, denn nur ein Tier, das als rituell rein gilt und auch zum Genuß erlaubt, das also «kaschejr» ist, darf geopfert werden. Ziegen und Ochsen pflegen ihrem Herrn jedoch nicht entgegenzurennen.
Zwar hat auch hier die milde talmudische Agada versucht, die Episode ins Humane umzudeuten. Aus der Bibel selber wissen wir nämlich, daß die Tochter, ein unberührtes Mädchen, sich als letzten Wunsch ausbedang, mit ihren Freundinnen in den Bergen einen Monat lang darüber klagen zu dürfen, daß sie als Jungfrau und kinderlos dahingehen müsse. Aus diesen Bergen – so meint die talmudische Agada – sei das Mädchen nicht mehr zurückgekehrt. Anstatt zum Tode habe der Vater es nur zur Ehelosigkeit verurteilt. Aber der Bibeltext läßt keinen Zweifel darüber offen, daß das Mädchen wieder heruntersteigt und von ihrem Vater geschlachtet wird.

Der harte Beduinengott der Hebräer

Aus allem dem ersehen wir: Der Beduine Abraham hat zwar die Vielfalt der Götzen annulliert. Der Gott aber, der als einziger zurückbleibt und den er anbetet, ist so hart und grausam wie die Beduinen selber. So erleben und erfahren ihn die Hebräer während der ganzen Zeit, da sie als Nomaden und Halbnomaden herumschweifen, das heißt also bis zu ihrem vierhundert Jahre dauernden Aufenthalt in Ägypten, und auch nachher wieder, während der Wüstenwanderung und in der ersten Zeit ihrer Landnahme in Kanaan.
Beweise finden wir, wo immer wir die ersten Teile der

Bibel aufschlagen. Eines einzigen Ungehorsams wegen verwandelt Gott Adam aus einem glücklichen, müßigen Unsterblichen in ein Geschöpf, das im Schweiße seines Angesichts sein Brot erarbeiten muß und Krieg, Tod und Krankheit kennt. Den Hochmut der babylonischen Turmbauer – sie werden wohl eine Sternwarte errichtet haben, die zugleich heidnisch-kultischen Zwecken dienen sollte – bestraft Gott mit ewiger Sprachverwirrung. Und als die Sünde allgemein überhand nimmt, werden alle Menschen, mit Ausnahme der Sippe Noahs, wahllos ertränkt.

Auch hier hat eine spätere Interpretation, vor allem die der jüdischen Philosophen im frühen Mittelalter, mildernd und korrigierend eingegriffen. Zwar wird die Pauschalstrafe gegen das menschliche Geschlecht weder angezweifelt noch als ungerecht angesehen. Denn die Juden leben jetzt ja schon lange im Exil. Und wenn sie es ertragen und überdauert haben, so nur, weil sie von allem Anfang an gewöhnt und bereit waren, jeden schweren Schicksalsschlag als verdiente kollektive Strafe für ihre Sünden zu empfangen. Warum also hätten sie die sündigen Zeitgenossen Noahs bedauern sollen? Wenn etwas an der Sintflut als störend empfunden wurde, so nur, daß die unschuldigen Tiere mit ertränkt wurden.

Und hier eben setzt die mildernde Korrektur ein. Um diese Zeit glauben die Juden längst an ein Jenseits. Im Jenseits – so erklären jetzt etliche von ihnen – werden alle Lebewesen, nicht nur die Menschen, für ihr Leid auf Erden entschädigt werden.

Indes kennt der Pentateuch, wie gesagt, noch keine Unsterblichkeit. Der Gedanke ist vorderasiatischen Ursprungs. Erst bei den Propheten des babylonischen Exils finden sich erste Hinweise, und in größerem Ausmaß hat sich der Glaube erst während der Leidenszeit der seleukidischen Besatzung im vierten Jahrhundert vor Christus durchgesetzt. Aber nach wie vor wurde er vom traditionsgebundenen Teil des Volkes verneint. Erst das Exil hat hier eine Änderung gebracht.

Es ist auch keine Rede davon, daß die Nachkommen Abrahams, solange sie als Beduinen leben, sich anders, das heißt viel humaner, verhalten hätten als andere beduinische Stämme bis auf den heutigen Tag.

Zwar: Greuel über Greuel verüben die Söhne Israels auch noch später, lange nach ihrer Landnahme und Vermischung mit den Kanaanäern. Da aber wird ihr Verhalten von den Propheten gerügt, und Gottesstrafe wird ihnen angedroht.

In dieser Frühzeit jedoch ist es noch nicht so. Ungehorsam gegen Gott wird zwar auch jetzt schon hart gestraft. Aber die Maßstäbe liegen anders. List und Betrug gelten nicht als Sünde. Man braucht nur an die Art zu erinnern, wie Jakob sich mit Hilfe seiner Mutter das Erstgeburtsrecht über seinen Bruder Esau erschleicht.

Zwar hatte die Mutter sachlich recht. Esau war ein primitiver Mann, und nie hätte er vermocht, den Bund mit Gott und die sich daraus ergebende Verantwortung zu tragen. Tatsächlich schied er später ganz aus dem Kreis der Jahwe-Anbeter aus, obwohl er sich mit seinem Bruder Jakob längst versöhnt und von ihm reiche Sühnegaben erhalten hatte. Bis heute gilt das Wort «Esau» den Juden als gleichbedeutend mit «Nichtjude».

Und schließlich hatte er durch sein albernes Angebot, das Erstgeburtsrecht gegen ein Gericht Linsen einzutauschen, den Segen des Vaters schon Jahre vor dessen Sterben verkauft und verspielt. Dennoch fällt es auf, daß die Bibel nirgends den Betrug an ihm rügt.

Den Pogrom der Söhne Jakobs an den Einwohnern von Sichem haben wir bereits in anderm Zusammenhang erwähnt. Auch sie trifft nie eine Gottesstrafe. Und auch die barbarische Art, wie sie sich aus Eifersucht ihres Bruders Joseph durch Verkauf nach Ägypten entledigen, wird von der Bibel fast kommentarlos berichtet. Allerdings war die Untat durch Jakobs blinde Bevorzugung des Lieblingssohnes durchaus provoziert. Aber auch für diese unvernünftige Provokation findet die Bibel kein tadelndes Wort.
Und Joseph selber zahlt zwar später seinen Brüdern den bösen Streich heim, als sie zu ihm, der inzwischen Ernährungsminister von Ägypten geworden war, zum Getreideeinkauf kommen und ihn nicht erkennen. Und einer der Brüder – es ist Juda – wirft in diesem Augenblick die Frage auf, ob dies nicht am Ende die Strafe dafür sei, daß sie ihren Bruder Joseph seinerzeit so schlecht behandelt haben. Aber es siegt schließlich doch das beduinische Sippengefühl über den Streit: Joseph veranlaßt den Pharao, dem noch lebenden Patriarchen Jakob und seinen Söhnen im wasserreichen Norden Ägyptens, im Lande Gosen, fruchtbare Weiden für ihr Vieh anzuweisen. –

Exil-Prototyp Ägypten

Den Aufenthalt der Hebräer im Lande Ägypten brauchen wir für unsere Zusammenhänge nicht ausführlich zu behandeln. Er hat den beduinischen Charakter des Volkes noch nicht wesentlich verändert. Und wenn es doch geschah, so wurden die Spuren der Vermischung und Seßhaftigkeit während der nachfolgenden vierzigjährigen Wüstenwanderung weitgehend wieder getilgt.

Aber in anderer Hinsicht ist dieser ägyptische Aufenthalt für die jüdische Geschichte wichtig und maßgeblich: Er ist der Prototyp aller späteren Versuche einer Symbiose der Juden mit einem Wirtsvolk; er nimmt das Exilschicksal der Juden voraus, fünfzehnhundert Jahre ehe es seinen wirklichen Anfang nimmt und Jahrhunderte bevor man im eigentlichen Sinne von einem «Exil» bei ihnen sprechen kann. Denn einstweilen haben sie ja noch nirgends ein Land, aus dem sie exiliert werden könnten.

Es beginnt damit, daß einer der Söhne Jakobs, Joseph, am Hofe eines Pharaos zum Ernährungs- und Wirtschaftsminister aufgestiegen ist. Zwar fehlen bis heute außerbiblische Belege über seine Existenz, und man wird wahrscheinlich auch in Zukunft keine finden. Es besteht auch keinerlei Chance, daß man je sein Grabmahl entdecken könnte. Denn die Bibel berichtet ja, daß er vor seinem Tode den ausdrücklichen Wunsch geäußert habe, die Söhne Israels möchten bei einer Rückkehr nach Kanaan seine Gebeine mitnehmen. Er selber betrachtete demnach den Aufenthalt in Ägypten, trotz seiner hohen Staatsstellung und seiner für das Land oder doch für die Pharaonen wertvollen Dienste, als Provisorium. Seine Nachkommen mögen zum Teil anders gedacht haben.

Man hat aus der Tatsache, daß Joseph in ägyptischen Dokumenten nirgends erwähnt ist, auch schon geschlossen, es hätte ihn nie gegeben. Indes trägt seine Gestalt überhaupt keine legendären Züge. Daß er nicht erwähnt wird, mag verschiedene Gründe haben. Auch Tausende andere Minister des Landes sind nirgends erwähnt. Zudem mochte dieser Landesfremde, der so rasch aufgestiegen war, vielen verhaßt sein. Außerdem gibt es eine These, wonach seine Wirkungszeit in jene Jahre fiel, da die ebenfalls landesfremden Hyksos über Ägypten herrschten. Man wird hierüber kaum je Definitives erfahren.

Sicher ist nur, daß Joseph unruhige, erregte Zustände im Lande vorfand. Es muß sich damals zwischen dem Pharao und dem ägyptischen Adel eine ähnliche Auseinandersetzung abgespielt haben wie in der Neuzeit zwischen dem König von Frankreich und der Fronde. Wir wissen aus der Bibel, daß Joseph im Kerker zwei Adelsherren begegnete, die, sei es zu Recht oder zu Unrecht, unter der Anklage standen, sie hätten den Pharao vergiften wollen.

Offenbar richtete sich die Opposition des Adels gegen die wachsende Zentralisierung der Regierungsmacht. Es geht aus Josephs späteren ministeriellen Maßnahmen hervor. Durch seine vorsorgende Getreidewirtschaft arbeitete er bewußt auf eine solche Zentralisierung zu.

Zwar war Joseph ursprünglich Beduine und Feind jeder Zentralgewalt. Aber offenbar war er klug genug, zu erkennen, daß die gleiche Zentralmacht, die in der Steppe als sinnlos und lästig empfunden wurde, gerade hier im Niltal ihren guten Sinn hatte. Sie war die Voraussetzung für eine planmäßige exakte Bewässerung und Bepflanzung des Landes. Große Kanalisationsprojekte erfordern nun einmal zentrale Planung und erhebliche Mittel.

Joseph scheint diesen sehr fortschrittlichen Maßnahmen gründlich nachgeholfen zu haben. Seine Mittel waren sehr einfach. Als ehemaliger Beduine wußte er nur allzu genau, was es bedeutet, wenn Dürre und Mangel eintreten. So ließ er gewaltige Getreidemengen in staatlich erbauten Silos lagern, und in Jahren der Not verkaufte er das Korn, wie wir aus der Bibel wissen, gegen hohe Preise, zum Teil wohl auch gegen Preisgabe von Privilegien des Landesadels. Es mag ihm, dem Landesfremden, dabei leichter gefallen sein, radikale Maßnahmen zu planen und durchzuführen, als einem Eingesessenen; denn ihn lähmte keine alte Tradition, und er hatte keinen Grund, auf irgendwelche Interessengruppen Rücksicht zu nehmen.

Für das einfache Volk änderte sich durch Josephs Maßnahmen wohl nicht viel. Immerhin wirkten sich die weitblickenden Ernährungsdispositionen für den einfachen Mann wohl eher positiv aus. Der Adel aber wird mit Erbitterung reagiert haben. Einzig der Pharao war seinem Minister und dessen Sippe dankbar und gewogen.

Aber es kamen andere Pharaonen. Sie hatten nun – vielleicht dank Joseph – die volle Macht in Händen. Die Einwohner – und mit ihnen die freiheitsliebenden Hebräer im Lande Gosen – waren jetzt nur noch Sklaven der Krone. Der Pharao setzte die Kinder Israels beim Frondienst ein. Sie wurden zu Bauarbeiten abkommandiert.

Und was jetzt folgt, ergab sich fast zwangsläufig: Die Hebräer waren vital und kinderreich. Zudem dürften sie, die ehemaligen Beduinen, kaum ideale Sklaven geworden sein. Vermutlich schwelte hier, stärker als bei den armen ansässigen Fellachen, eine deutlich spürbare revolutionäre Wut. Sie wurden als Gefahr empfunden. Man begann sie zu hassen. Daß bei diesem Haß auch religiöse Motive mitgespielt haben, ist nicht wahrscheinlich, jedenfalls wird es in der Bibel nicht erwähnt. Der alte Beduinenglaube an den Gott, der seinem Volk verbunden ist und immer und überallhin mit ihm zieht, mag während der langen Seßhaftigkeit und Vermischung mit Ägyptern ziemlich verwischt worden sein.

Jetzt kam es zu Verleumdung und zu Verfolgung. Plötzlich hieß es, die Hebräer wollten sich zu Herren des Landes aufwerfen. Vorsichtshalber ordnete man die Tötung aller neugeborenen Knaben an. Auf die Dauer lief das auf Genozid hinaus, genau wie zur Nazizeit.

Solche Bedrängnis hätte bei jedem andern Volke zu radikaler, überstürzter Vermischung mit den Eingeborenen geführt und damit zum Erlöschen der Eigentradition, oder aber zum Aussterben in wenigen Dutzend Jahren.

Was sich aber in der Zukunft immer neu wiederholen sollte, geschah hier zum ersten Male: Die Hebräer besannen sich auf ihr altes Beduinenerbe, sie ergriffen den Wanderstab und zogen davon.

Dennoch wären sie damals vielleicht untergegangen. Sie wären zu einem Nomadenstamm geworden wie viele andere, in nichts von jenen unterschieden. Daß es anders kam, ist vermutlich ausschließlich oder weitgehend auf die Initiative eines einzelnen Mannes zurückzuführen, den wir unter dem ägyptischen Namen Mose kennen.

Die Re-Beduinisierung Moses

Von Mose gilt, was wir schon von Joseph sagten. Seine historische Existenz wird von manchen bestritten. Andere wieder – unter ihnen Sigmund Freud – nehmen zwar an, er habe gelebt, sei aber kein Hebräer, sondern ein Ägypter gewesen.

Nun ist zwar seine Gestalt, wie die aller großen Propheten und Religionsstifter, dicht von Legenden umsponnen. Dennoch bereitet es nicht allzuviel Mühe, den historischen Kern herauszuschälen.

Die Geschichte seiner Aussetzung durch die Mutter und Adoption durch die Prinzessin können wir gleich von Anfang an ausklammern. Zwar ist diese Aussetzung in der Bibel durch das pharaonische Tötungsgebot aller hebräischen männlichen Säuglinge durchaus begründet. Aber Ähnliches wird von zu vielen legendären Gestalten erzählt, und auch dort fehlt es nicht an plausiblen Begründungen.

Auffällig ist an dem Bericht von der Aussetzung Moses nur, daß es hier, umgekehrt als üblich, nicht ein Prinz ist, der seiner Aussetzung wegen in einer armen Hütte aufwächst, sondern umgekehrt der Sohn eines geknechteten Volkes, der dann als Prinz aufgezogen wird.

Man hat aus dieser Umdrehung der üblichen Fiktion auch schon darauf schließen wollen, daß Mose in Wirklichkeit einfach Ägypter war. Was aber hätte ihn dann veranlassen können, sich zum Führer einer verwilderten Horde aufzuwerfen und Jahrzehnte hindurch mit ihr in der Wüste herumzuziehen?

Auch darauf gibt es allerdings eine Antwort. Bekanntlich regierte einmal, eine kurze Zeit hindurch, in Ägypten ein Pharao, Echnaton, der die alten polytheistischen Kulte durch Sonnenanbetung ersetzen wollte, also durch eine Variante des semitischen Monotheismus und Gestirnkultes. Mose – so heißt die These – war ein Anhänger dieser pharaonischen Reform, und nach dem frühen Tode seines Herrn mußte er, als die Priester im Lande rasch und radikal die alten Religionsformen wieder einführten und jede Spur der pharaonischen Ketzerei – und vielleicht auch jeden Anhänger – austilgten, aus dem Lande fliehen.

Das klingt plausibel, aber dann hätte er als verwöhnter Herr vom Hofe doch wohl eher bei einem befreundeten ausländischen König Schutz gesucht, anstatt sich eine so übermenschlich schwere Aufgabe aufzuladen.

Zwar gibt es auch darauf eine Antwort: Er wollte missionieren. Und daß er bei den Fellachen Ägyptens mit seinen Bemühungen nicht weit käme, wußte er wohl. Der ehemalige Nomadenstamm mit seinen noch lebendigen Erinnerungen an den unsichtbaren und allmächtigen Himmelsgott El, Il oder Allah bot da ganz andere Chancen. Zumal, wenn es gelang, diesen Stamm wieder in die Steppe zurückzuführen.

Aber all das klingt nicht sehr wahrscheinlich. Man kommt entschieden weiter, wenn man annimmt, daß Mose, genau wie die Bibel berichtet, ein Hebräer oder doch wenigstens ein Halbhebräer war. Manche seiner Vorfahren mochten eine Ägypterin zur Frau gehabt haben. Sicher ist jedenfalls, daß er nicht als Fronknecht heranwuchs, wie seine Stammesbrüder, sondern im nahen Kontakt mit dem pharaonischen Hofe. Ähnlich gab es ja auch im 17. und 18. Jahrhundert in Deutschland einzelne privilegierte reiche Juden an den Fürstenhöfen, während ihre Glaubensbrüder im tiefsten Elend rechtlos dahinvegetierten. Nur aus solcher Stammesverwandtschaft heraus erklärt sich jedenfalls mühelos, warum Mose einen Fronvogt, der einen Hebräer schlug, umbrachte und zu den Midianitern floh.

Aus der Bibel wissen wir, daß Mose eine hohe ägyptische Bildung genossen hatte, die ihm die Unterhandlungen mit dem Pharao ermöglichte. Seinem Volke aber, den verwilderten Sklaven, war er längst entfremdet. Er beherrschte nicht einmal mehr die hebräische Sprache seiner Stammesbrüder. Wir können dies indirekt aus dem biblischen Bericht erschließen, wonach Mose immer nur durch Aaron zum Volke Israel sprach.

Die Bibel spricht zwar von Moses «schwerer Zunge», und der Midrasch erzählt Wundergeschichten darüber, wie es zu dieser schweren Zunge kam. Danach hätte man dem Pharao zur Zeit, da Mose als Kind am Hofe weilte, prophezeit, in diesem Knaben steckten ungewöhnliche Fähigkeiten, und der Hof werde eines Tages Scherereien mit ihm haben. Der Pharao wollte die Prophezeiung überprüfen, und er ließ dem Kind glühende Kohlen und Gold vorlegen. Das Kind begriff die Gefahr, in der es schwebte, und es griff bewußt nach den Kohlen, steckte sie in den Mund und verbrannte sich die Zunge. Der Pharao war jetzt beruhigt, Mose aber lispelte von da an.

Es ist eine reizende, aber offenkundig märchenhafte Anekdote. Sehr viel wahrscheinlicher ist, daß Mose, der jüdische Assimilant aus dem höfischen Milieu, Hebräisch nur sehr mangelhaft verstand und sprach.

Ähnlich war ja auch der Wiener Publizist Theodor Herzl seinem Volke entfremdet, als er, aus einem ähnlichen Schock heraus, den Weg zu seinen verfolgten Stammesbrüdern wieder suchte und auch zum gleichen Schluß kam wie vor fast dreitausend Jahren der biblische Prophet: daß man nämlich solcher Verfolgung nur entgehen konnte, wenn man auf eigenem Boden hauste und nicht inmitten eines mächtigen Wirtsvolkes, dem man gnadenlos ausgeliefert war. Beide organisierten die Heimkehr in den kanaanitischen Küstenstreifen, wo schon ihre Vorfahren gewohnt hatten. Die gleiche Situation gebiert so über die Jahrtausende hinweg bei den Juden immer wieder die gleiche Reaktion.

Doch kehren wir zu Mose zurück. Nachdem er den Aufseher erschlagen hatte, floh er zu dem arabischen Hirtenstamm der Midianiter, der, wie einst die Hebräer, am

Wüstenrande hauste. Dort heiratete er eine der Töchter des midianitischen Priesters Jitro und hütete die Herden seines Schwiegervaters.
Das aber bedeutet: Er kehrte, vermutlich ganz bewußt, zu den beschwerlichen halbnomadischen Lebensformen seiner Vorfahren zurück, genau wie es seinerzeit auch Abraham getan hatte. Und hier, in der kahlen Steppe, offenbarte sich ihm, dem einstigen Beduinen, der Eingott seiner Väter, den er im polytheistischen Ägypten vermutlich schon fast völlig vergessen hatte.
Natürlich hatte dieser Gott jetzt nicht mehr die gleichen unerbittlichen Züge wie seinerzeit Abraham gegenüber. In Ägypten herrschten mildere Sitten als in der Wüste. Das färbte auch auf die Gesinnung der einstigen Beduinen ein wenig ab. Die Zehn Gebote sind zum Teil nicht mehr aus der beduinischen Lebenssphäre heraus erklärlich, sondern setzen die Kenntnis des seßhaften Lebens voraus. Und sie beweisen vor allem, daß die Hebräer, anders als die meisten Völker vor und nach ihnen, aus dem erlittenen Leid gelernt und Folgerungen gezogen hatten. Ausdrücklich befiehlt das neue Gesetz den Hebräern die humane Behandlung des Fremden im Lande, mit dem Hinweis darauf, daß auch sie selber einmal als Fremde im Lande Ägypten gesessen und gelitten hätten.

Die Re-Beduinisierung der Hebräer

Mose begriff: Den Söhnen Israels konnte nur geholfen werden, wenn sie das Land Ägypten verließen und in ihre alte Heimat zurückkehrten. Er begriff aber außerdem noch: Die religiöse Läuterung, die Rückkehr zum Henotheismus, war nur in der Leere und Weite der Steppe zu erzielen. Es galt also, die einstweilen formlose

Horde möglichst lange auf der Wanderung festzuhalten.

Jedoch werden es nicht nur religiöse Motive gewesen sein, die ihn veranlaßten, volle vierzig Jahre in der Steppe herumzuziehen. Es kamen sicher auch strategische Überlegungen hinzu: Die gleiche Frist, die dazu nötig war, das Volk religiös umzuerziehen, war wohl auch nötig, die verkommenen Sklaven wieder in wilde Beduinen zurückzuverwandeln, mit denen man es wagen konnte, Kanaan zu erobern. Daß es nicht einfach sein würde, wußten die Hebräer. Denn dort gab es schwerbefestigte Städte.

Zudem hatte sich den Juden, wie die Bibel berichtet, bei ihrem Exodus ein «erew raw», zu deutsch: ein großes Gemisch, angeschlossen. Vielleicht darf man sogar übersetzen: der Abschaum des Landes. Immerhin mögen auch einige besonders wertvolle, freiheitsliebende Elemente ebenfalls mitgekommen sein.

Von den andern, dem Abhub jedoch, dürften nicht mehr viele mit dabeigewesen sein, als dann vierzig Jahre später die Hebräer die Eroberung Kanaans unternahmen. Denn bekanntlich machte Mose bei jedem Rückfall in ägyptische Götzendienerei kurzen Prozeß mit den Abtrünnigen: Er ließ sie erbarmungslos niedermetzeln. Ein rohes, aber wirksames Mittel der raschen und radikalen Auslese. Vielleicht auch das einzige Mittel, das die Wüste gestattet.

Jedenfalls darf man annehmen, daß ein Großteil der ägyptischen Mitzügler diesen Aktionen zum Opfer fielen. Aber auch ohne solche zusätzliche Dezimierung wären wohl die ursprünglichen Kleinbauern Ägyptens den Strapazen eines Nomadenlebens kaum jahrelang gewachsen gewesen.

Immerhin findet man noch heute, wenn auch spärlich, bei den Juden einen hamitischen Rasseneinschlag, der nur aus Ägypten stammen kann. Allerdings kann dieser Einschlag auch auf den späteren Aufenthalt der Juden in Ägypten zur Zeit des Hellenismus zurückgehen.
Die Hamiten sind sehr hoch und schlank gewachsen, sie haben einen zarten Knochenbau, eine bräunliche Haut, dunkle Augen und Haare und jene zart und edel gebauten Gesichter und Schädel, die wir aus manchen alten ägyptischen Porträtbüsten kennen.
In Ägypten selber gibt es heute nicht mehr sehr viele Hamiten. Man findet sie eher weiter südlich, etwa im Sudan. Meist haben sie heute, nach Vermischung mit dunkleren Rassen, eine dunklere Hautfarbe als der Urtypus des Hamiten.
Mose re-nomadisierte also die Hebräer systematisch, sowohl in moralischer und religiöser wie vermutlich auch in rassischer Hinsicht. Ob der Prozeß bei seinem Tode einigermaßen abgeschlossen war, wissen wir nicht. Wir wissen auch nicht, was er selber darüber dachte. Ja – wir wissen nicht einmal, wie und wo er gestorben ist. Denn wir besitzen zwar Angaben über die Gräber aller Patriarchen, nicht aber über das Grab Moses.
Eine alte jüdische Sage weiß zu berichten, es könne gar kein Grab geben, denn Mose sei noch bei Lebzeiten von Engeln in den Himmel entrückt worden. Aber Mose selber wußte nichts von einem Leben nach dem Tode. Dieses Element des ägyptischen Volksglaubens hat er radikal gestrichen.
Einleuchtender ist die Version, wonach Mose selber noch bei Lebzeiten Vorsorge getroffen habe, sein Grab unbekannt zu lassen, damit sich dort keine heidnisch angefärbte Kultstätte heranbilden konnte.

Nicht ganz unplausibel ist auch die bibelkritische Auffassung, wonach die Hebräer selber schließlich Mose erschlagen und an seiner Statt den kriegerischen Josua zum Anführer gewählt hätten, weil sie es satt hatten, ewig herumzuirren, anstatt endlich die Eroberung Kanaans zu versuchen.

Als sie dann schließlich, geeint durch ihren wiedergefundenen Steppengott, dessen Bundeslade sie überallhin mit sich trugen, und in der Steppe wieder zu harten Beduinen erstarkt, den Einbruch ins Land Kanaan wagten, erwies sich jedenfalls, daß die Umerziehung bereits voll wirksam geworden war.

Mose hatte viele Urelemente des beduinischen Glaubens wieder aufgegriffen, er hatte ihn aber doch humanisiert. Mord, Raub und Diebstahl hatten sich vielleicht mit der Anbetung des Wüstengottes noch vertragen, sie widersprachen jetzt dem Mosaischen Gesetz vom Berge Sinai. Dieses Gesetz erfordert keinen Heiligen, aber es gibt ausreichende Direktiven zum friedlichen und anständigen Zusammenleben der Menschen für alle Zukunft. Nicht ohne Grund wurde es später von einem Großteil der Menschheit mit übernommen.

Dennoch war Abrahams Glaube die Voraussetzung für die Mosaische Offenbarung. Mochte Abraham selber die religiösen Formen auch zum Teil re-barbarisiert haben, die Grundlagen für alles Kommende hatte er doch geschaffen.

Abraham hatte Tabula rasa gemacht, das ganze Göttergewimmel ausgeschaltet. Es gab jetzt keine Göttermythen mehr, in welchen die privaten Abenteuer der Götter untereinander und mit einzelnen Menschen berichtet wurden. Geblieben war nur dieser eine, nicht immer barmherzige Gott, nahe verbunden zunächst seinem

Volke und später der ganzen Welt, der zwar oft zürnend und strafend eingriff, der aber sehr wohl mit der Zeit auch väterliche Züge annehmen konnte.

Solche Re-Primitivierung ist überall unerläßlich, wo Neues erstehen soll. Dies gilt nicht nur für den religiösen Bereich. Ähnlich hatten auch die Griechen der Antike zunächst die Formelemente der hochentwickelten asiatischen Kunst ins Primitive und Barbarische übersetzt, und genauso zerfiel später die erhabene Kunst der Antike, als die romanisch-christlichen Bildner begannen, aus antiken Elementen einen neuen Kunststil aufzubauen.

Dieselbe Leistung hatte Abraham auf religiösem Felde vollbracht.

Für die Juden aber haben wir dies festzuhalten: Es war ihnen in Ägypten anfangs gut und später schlecht ergangen. Beides hätte zum Untergang des noch jungen Volkes führen können. Die Verfolgung aber, für jeden einzelnen von ihnen ein immenses Unglück, erwies sich für das Volk als Ganzes als Voraussetzung zur weitern Existenz. Ein Vorgang, der sich von jetzt an bei den Juden immer neu wiederholen sollte.

IV. DIE VORDERASIATEN UND KANAANITER

Rasse und Religion der Vorderasiaten

Daß die Juden wieder zu Nomaden wurden, war zunächst für ihr Weiterbestehen unerläßlich. Indes: sie blieben nicht ewig Nomaden. Es hatte das Intermezzo in Ägypten gegeben. Dort hatten sie ihre Lebensformen – soweit die Sklaverei sie nicht dazu zwang – nur wenig geändert. Soweit sie konnten, lebten sie nach wie vor als Hirten im nördlichen Nildelta. Jetzt aber, in Kanaan, lagen die Dinge anders. Diesmal kamen sie nicht als Gäste, die am Rande des Landes siedeln wollten, sondern als Eroberer. Sie wurden selber Städter, Landwirte, Weinbauern. Sie vermischten sich mit den Ansässigen, sie bildeten mit ihnen zusammen ein neues Volk und schufen mit ihnen eine ganz neue Kultur.

Wir erwähnten schon wiederholt, daß die Hochkulturen dieses ganzen vorderasiatischen Raumes ihre Entstehung solcher gewaltsamen oder auch friedlichen Vermischung der hier ansässigen Volksstämme mit den eindringenden Orientalen aus der arabischen Halbinsel verdankten. Die Juden Kanaans sind eines der so entstandenen Mischvölker.

Wir haben also zu fragen: Wen fanden die Beduinen in Vorderasien vor, als sie zum erstenmal herkamen und folglich nicht auf schon früher eingedrungene Wellen von Stammesgenossen stießen, die mit den Ansässigen bereits ein Mischvolk gebildet hatten?

Wir sagten schon: Von der Rasse der Sumerer wissen wir wenig. Die meisten andern ansässigen Völker dieses Raumes scheinen aber eindeutig der sogenannten assyroiden, armenoiden oder vorderasiatischen Rasse zugehört zu haben, die man auch heute noch in diesen Gebieten zum Teil fast unvermischt vorfindet.

Die Vorderasiaten haben, genau wie die Orientalen, dunkle Haare und Augen, jedoch eine etwas hellere Hauttönung. Im Gegensatz zu den schlanken, geschmeidigen Orientalen haben sie einen eher stämmigen, untersetzten Körperbau, ein breiteres Gesicht, einen sehr kurzen Schädel, fast ohne Hinterkopf, eine starke, im Extremfall etwas hängende Nase und fleischige, manchmal etwas hängende Lippen und Augenlider. Gerade diese schweren Augenlider steigern mitunter ungemein den Ausdruck der Augen.

Im Temperament sind sie von den Beduinen radikal verschieden. Hier finden wir keine aristokratische Ruhe und Gemessenheit, sondern lebhafte, plastische, ausmalende Gesten. Die Vorderasiaten sind glänzende Beobachter, gute Psychologen, witzige, ausdrucksvolle Erzähler, einzigartige Mimen und Interpreten.

Inmitten einer europäischen Bevölkerung fallen sie weniger auf als die Orientalen. Dennoch brachten die nationalsozialistischen Rassisten dem beduinischen Typus immer eine relative Sympathie entgegen. Ihr Haß richtete sich immer vorwiegend gegen das vorderasiatische Element in den Juden. Gegen jenes Element also, dem – wie wir noch sehen werden – das Christentum seine Entstehung verdankt. Ob es die lebhaften Ausdrucksgesten der Vorderasiaten sind, die auf den Mitteleuropäer fremd wirken, oder ihr intensives psychologisches Einfühlungsvermögen, ihre Neigung zur Dramatik, zu geschmeidigem Witz oder ihre plastische Erzählungs- und Darstellungsgabe – es ist schwer zu entscheiden. Vielleicht

spielen hierbei auch unbewußte Widerstände gegen das ausschließliche Interesse des Vorderasiaten am seelischen Ausdruck anstatt an der leiblichen Form, die von der Antike vergottet wurde, eine Rolle.
Jedenfalls stellen wir schon früh fest, daß karikierende Judendarstellungen in Mittel- und Nordeuropa fast immer vorderasiatische Züge tragen. Da findet man regelmäßig die schweren Augenlider, die fleischigen, übertrieben hängenden Nasen und Lippen. Und fast immer versucht die Karikatur, auch die plastisch-expressiven Gesten des Vorderasiaten anzudeuten.
Diese gleichen vorderasiatischen Züge sind es übrigens auch, die der mittelalterliche Bildhauer und das europäische Märchen den Teufeln und Hexen verleihen.
Eine merkwürdige Tatsache ist es jedenfalls, daß derselbe verderbliche Haß, der die Juden Europas immer wieder so furchtbar traf, im Laufe der Neuzeit auch zwei andern vorwiegend vorderasiatischen Volksgruppen zum Verderben gereichte: Während des Ersten Weltkrieges wurden die Armenier, sozusagen Vorderasiaten in Reinkultur, von den Türken – die ihrerseits allerdings seit ihrer Landnahme in Kleinasien auch schon lange vorderasiatische Züge tragen– systematisch ausgerottet. Und auch die Zigeuner, die im Zweiten Weltkrieg von den Nazis mit den Juden zusammen vernichtet wurden, sind hierher zu zählen. Zwar stammen sie sicher nicht von der hellen, ebenfalls vorderasiatischen Oberschicht der Inder ab, sondern von der dunkleren Satem-Urbevölkerung. Aber auf ihrem jahrhundertelangen, langsamen Vorrücken gegen Europa und ihren langen Aufenthalten in Persien und Mesopotamien haben sie ebenfalls viel vorderasiatisches Blut aufgenommen.
Die Vorderasiaten fürchten, im Gegensatz zu den Wü-

stensöhnen, weder Wein- noch Liebesrausch. Aus diesen Landstrichen hat der ekstatische Bacchuskult seinen Siegeszug nach Hellas angetreten. Hier gab es schon früh orgiastische Kulte. Daneben allerdings kennt Vorderasien auch die bedingungslose Askese, die dem Beduinen genauso verächtlich erscheint wie der hemmungslose Rausch.
Die Vorderasiaten sind begabte Kaufleute und manchmal leidenschaftliche Bauern. Als solche kennen sie keine creatio ex nihilo und folglich auch keinen Schöpfergott, sondern die Gottheiten des landwirtschaftlichen Jahreszyklus, vor allem eine Muttergottheit, deren Sohn oder Geliebter jährlich zur Saatzeit geopfert wird und mit der keimenden Vegetation zusammen neu aufersteht. Daß der Vorderasiate aus der Auferstehung der pflanzlichen Natur auch die Hoffnung und den Glauben an eine Auferstehung nach dem Tode geschöpft und gewonnen hat, sagten wir bereits.
Damit aber verschieben sich alle Lebensakzente. Das Diesseits ist nichts Endgültiges mehr. Die Rechnung muß also auf der Welt nicht unbedingt aufgehen. Gott braucht den Frevler nicht mehr in diesem Leben zu bestrafen, den Gerechten nicht in diesem Leben zu belohnen. Auch die Rache, ein wichtiges beduinisches Kollektivgesetz, ist jetzt nicht mehr wichtig. Man kann sie Gott überlassen.
Wesentlich ist nur noch, durch ein gottgefälliges Leben erlösungswürdig zu werden. Sünde wird unter solchen Umständen zum zentralen Begriff, und mit ihr zusammen auch die Hoffnung auf Gnade – denn wer ist schon sündenlos?
Opfer kennt man nach wie vor. Aber auch hier verschiebt sich der Akzent: Man opfert nicht mehr den an-

dern, sondern sich selbst, und man erreicht dadurch nicht nur Selbst-, sondern sogar Welterlösung.
Nächstenliebe gab es schon als Mosaisches Gebot, und zwar in genau der Formulierung, die der Christ, sofern er kein guter Bibelkenner ist, nur im Neuen Testament vermutet. Jetzt wird sie aber zur zentralen Forderung.
Nicht nur im Lande Israel keimt dieses neue, den Beduinen fremde Ethos. Wir finden es auch in Mesopotamien. Hier, in der riesigen, fruchtbaren Flußebene, die von allen Seiten durch Meer, Wüste und Gebirge so gut geschützt ist, verliert sich das beduinische Ethos sogar noch rascher. Die Beduinen werden weitgehend von den ansässigen Völkern aufgeschluckt. Sie lernen hier einen nie geahnten Wohlstand kennen, bezahlen ihn aber mit der beduinischen Freiheit. Anstelle der selbstgewählten Führer und Häuptlinge haben sie jetzt absolute Herrscher. Anstelle des einfachen Gottesdienstes in der Steppe tritt ein hochkomplizierter Tempelkult mit einer besonderen Priesterkaste, Tempeldienern, Hierodulen und berufsmäßigen Klagefrauen. Anstelle des einen oder der wenigen Wüstengötter tritt der differenzierte Polytheismus der Städter und Bauern.
Im kultischen Rausch – sei es nun Rausch der Liebe oder des Weines – keimt mystisches Erleben, das der Beduine niemals kannte. Mysterien entstehen. Eines dieser Mysterienspiele kreist um Kampf, Ermordung, Auferstehung Marduks, des Stammesgottes der Babylonier, der bei ihnen allmählich zum Weltgott aufgestiegen war. Anderwärts heißt ein ähnlicher Gott Tammuz oder Adonis – der Herr.
Nicht immer und überall siegen die einheimischen Gottheiten. Assur, der wilde Stammesgott der Assyrer, zeigt deutlich die wilden, grausamen Züge seines Volkes.

Überall jedoch – außer bei den Juden – werden die Gestirnsgottheiten der Semiten in den Kult hereingenommen. Dabei gleichen sie sich einerseits der vorderasiatischen Welt an – wir sagten schon, daß vor allem die Göttin des Venussterns zur Mutter- und Liebesgöttin wird –, anderseits werden diese gleichen Sterngottheiten bei den zur Abstraktion begabten einstigen Beduinen zum Anstoß, eine fundierte Astronomie zu entwickeln.
Als Voraussetzung der Sternkunde entsteht auch eine Mathematik: Die Babylonier kannten nicht nur alle Operationen, sie rechneten bereits nach zwei Zahlensystemen: einem mit Zehn und einem mit Sechs oder Sechzig als Grundlage. Sie kannten Wurzeln und Potenzen, komplizierte Gleichungen und Berechnung von Flächen- und Rauminhalten, sie betrieben auch Trigonometrie.
Aber auch in der Jenseitsvorstellung der Babylonier macht sich das beduinische Empfinden noch bemerkbar. Im Gilgamesch-Epos sucht der Held nicht nach einer jenseitigen Erlösung, sondern nach einem Mittel für diesseitige Unsterblichkeit. Sein Versuch scheitert. Einmal aber gelingt es ihm, seinen toten Freund aus der Unterwelt heraufzubeschwören. Was der Geist des Freundes ausmalt, ist nicht eine selige Auferstehungsvision, sondern sind die Gefühle eines lebendig Begrabenen in ewiger, hoffnungsloser Finsternis.
Daneben aber finden wir in den Hierodulen, den Tempelhuren, wieder rein vorderasiatische Elemente im babylonischen Kult.

Das Sündengefühl der Vorderasiaten

Vorderasiatisch ist auch das tiefe Wissen um Sünde und Entsühnung.

Hier sind wir an einem Punkt angelangt, der auch im Zusammenhang mit den Rassentheorien der Nazis interessant ist. Nach ihnen gibt es bekanntlich nur eine einzige Sünde: die Sünde wider das heilige «arische Blut». Jede andere Form von Sündengefühl, zumal solches auf Grund von Verfehlungen gegen die biblischen Gebote, ist Zeichen von Degeneration.

Diese «Degeneration» tritt nun aber nicht wahllos zerstreut auf der ganzen Welt auf. Der Reinrassige, vor allem der Nordrassige, kennt ein solches Sündengefühl überhaupt nicht. Wachsende Entnordung durch Rassenmischung erzeugt auch Sündengefühl, und am ausgeprägtesten ist es, auch ohne jede Vermischung, bei den Vorderasiaten, die von den Rassisten der dreißiger Jahre überhaupt – in weit höherem Grade als die Beduinen – als die eigentliche Gegenrasse, als das teuflische Element in der Welt und im Judentum empfunden werden.

Die Auffassung der Nazis, wonach nur der Verstoß gegen die biologischen Zuchtgesetze sündhaft ist und jedes andere Sündengefühl aus rassischer Verderbtheit hervorquillt, braucht man nicht weiter ernst zu nehmen. Es bleibt aber in dieser Nazithese ein realer Kern: Tatsächlich ist das tiefe und intensive Sündengefühl auf vorderasiatischem Boden gewachsen, und seine sublimste und erhabenste Ausbildung hat es gewonnen, als die Vorderasiaten sich mit den Beduinen mischten.

Es war also in der Tat das Ergebnis der Rassenmischung, denn es ist ja wirklich nicht zu bestreiten, daß reinrassige Geschöpfe eher dazu neigen, stabil und unerschüttert im gewohnten Gleis dahinzuleben. Woher soll da ein Sündengefühl kommen? Es erfordert eine ethische Empfindlichkeit und Labilität, die sich bei einem rassisch gemischten Volk eher finden wird.

Dieses Sündengefühl hat bei den Juden zunächst, in primitiver Form, zu der Sitte geführt, einen Bock – eben den Sündenbock – mit allen Verfehlungen gleichsam zu beladen und dann in die Wüste zu jagen. Eine ähnliche Sitte kannten aber schon lange vorher auch die Babylonier. Sie glaubten an Dämonen. Dämonen waren es nach ihrer Meinung auch, die Krankheit und Tod verursachten. Neben einen Kranken legte man daher gern als Ersatzopfer und Beute für die Dämonen ein Böcklein.

Es gab bei ihnen aber auch weit differenziertere Sitten der Entsühnung. Keineswegs gilt es nämlich als Zufall, wen die Dämonen befallen und krank machen. Krankheit ist in Babylon, genau wie später für die Juden in Kanaan, Folge und Strafe der Sünde. Neben dem Exorzismus, den die Babylonier wie alle frühen Völker üben, gibt es daher bereits die Sündenbeichte.

Und da man – in nichts unterschieden von der modernen Psychoanalyse Sigmund Freuds, dessen Vorfahren ja ebenfalls aus diesem Kulturkreis stammen – davon ausgeht, daß es auch unbewußte Sünden gibt, die man nicht beichten kann, weil man sie eben nicht weiß, gibt es auch eine generelle Sündenbeichte. Sie spielt übrigens auch im jüdischen Ritus später eine feste Rolle. Ein solches babylonisches Gebet lautet:

«O großer Marduk, barmherziger Gott!
Wer hat nicht gesündigt? Wer hat nicht gefehlt?
Vergib die Sünde, deren ich bewußt bin, und jene, die ich nicht kenne!
Löse mich von der Sünde, befreie mich von der Schuld!»

Und da gibt es ganz christlich anmutende Sprüche:

«Vergelte Böses mit Gutem,
tue Deinem Gegner nicht unrecht!»

Es gibt auch, neben dem Wissen, daß alles Leid die Strafe für eine – vielleicht unbewußte – Sünde ist, die demütige Ergebung in den Beschluß der himmlischen Mächte:

«Wer kann den Willen der himmlischen Götter
verstehen?»

So klagt der leidende Gerechte in einer Erzählung der Babylonier. Wir kennen die fast gleichen Worte aus dem Munde Hiobs, dessen Geschichte die Juden übrigens während des babylonischen Exils aufnotiert haben.

Der metaphysische Dualismus und das Recht der Vorderasiaten

Dieses starke Gefühl für Sünde bei den vorderasiatischen Völkern setzt ein starkes Erleben polarer Gegensätze voraus, das sich natürlich nicht nur im Sündenbewußtsein ausdrückt, sondern in der gesamten Weltkonzeption. Daß man hier einerseits strenge Askese kennt und anderseits ekstatische Sinneslust, die abwechselnd als heilig und als verwerflich, nie aber als natürlich und neutral empfunden wird, sagten wir schon.

Der gleiche Widerspruch kommt auch in den Göttergestalten, vor allem in der Gestalt der Muttergottheit, zum Ausdruck, die sowohl Göttin der Liebe wie auch Jungfrau, sowohl mütterlich wie Göttin des Massenmordes ist. Den männlichen Schöpfergott kennt nur der Beduine. Wo immer aber Vorderasiaten über Beduinen dominieren, dominiert auch solches Erleben der Weltpolarität. Hier gibt es keinen Gott, der über die Gegensätze triumphiert, vielmehr werden die Gegensätze selber als eine Urform des Seins empfunden. Aus dem fast rein vorderasiatischen Persien kennen wir die Lehre Manis von einer grundlegenden Weltpolarität zwischen Hell und Dunkel, Licht und Finsternis, Gut und Böse, Heiligkeit und teuflischer Sünde.

Dieses Bewußtsein prägt nicht nur die Religion, sondern auch die Metaphysik dieser Regionen. Spuren davon finden wir bei allen Völkern mit vorderasiatischem Einschlag, auch bei den Juden nach der Eroberung Kanaans. Die jüdische Mystik ist voll vom Wissen um eine selbständige böse Urkraft. Die Existenz dieses Urbösen steht im Widerspruch zur Annahme eines gerechten und gütigen Schöpfergottes als einzigem Daseinsgrund. Hier erwächst in voller Schärfe das Problem der Theodizee, die Frage nach dem Sein und der Rolle des Bösen in der gottgeschaffenen Welt.

Der Talmud, der in babylonischen Städten endgültig redigiert wurde, kennt den Begriff des «jézer hará», des personifizierten bösen Triebes. Aber auch schon lange vorher, im Buche Hiob, begegnet uns das personifizierte Böse, das der Pentateuch nicht kannte und für das es im Pentateuch auch keinen Raum geben kann. Auch das Neue Testament, das von allen Dokumenten des Landes Israel vielleicht am stärksten vom vorderasiatischen Bewußtsein her geprägt ist, spricht von einem Teufel und von seiner Macht.

Diese dualistische Metaphysik gibt es nicht nur bis zur Küste Kanaans, sondern ostwärts auch bis tief nach Indien hinein. Auch dort beruht sie nicht auf einem rein geistigen Einfluß vom Westen her, sondern auf einer gleichzeitigen rassischen Durchdringung des Landes, vor allem seiner nördlichen Regionen, mit Vorderasiaten. Wir sagten schon vorher, daß diese hellen Inder, die Träger der indoiranischen, also arischen Sprache Indiens und eigentlichen Schöpfer des indischen metaphysischen Schrifttums, allem Anschein nach Vorderasiaten waren, daß also die Ur-Arier identisch sind mit jenen, die von den Nazis gerade als die teuflischen Gegenspieler des Ariertums aufgefaßt wurden.

Daß die Sumerer und ihre Nachfolger, soweit sie nicht allzustark «beduinisiert» waren, ein friedliches Recht übten, sagten wir bereits. Die Todesstrafe gab es zwar, sie fand aber nur selten Anwendung. Die freien Hirten der Steppe waren jetzt zwar abhängige Angestellte, aber sie arbeiteten unter guten Bedingungen und lieferten für gute Preise Butter, Käse, Milch. Die Bauern bezahlten nur eine geringe Pacht, die ihnen ein gutes Leben ermöglichte. Die südbabylonischen Städte kannten neben Handel auch Import und Export. Der Postverkehr war tadellos organisiert, die Bürokratie funktionierte reibungslos. Es gab ein differenziertes Gewerbe.

Auf dem Land garantierte ein glänzend ausgebautes Kanalnetz die regelmäßige Ernte, und in der Stadt besorgten Kanäle den Abfluß der Abwässer. Aber obwohl solche Kanalbauten eine straffe Zentralgewalt erfordern, war die Macht der Herrscher nicht unbegrenzt.

Eine Welt mit Muttergottheiten – von denen wir die eine, Astarte, bereits erwähnt haben – wird notwendig den Frauen höhere Rechte einräumen, als die Nomaden es tun. Tatsächlich steht die Frau in Südbabylon rechtlich besser als später in dem mehr beduinisch geprägten Israel. Sie kann sich zum Beispiel scheiden lassen – bei den Juden steht damals dieses Recht nur dem Manne zu –, und sie erhält ihr eingebrachtes Gut auch dann bei der Scheidung zurückerstattet, wenn sie selber die Schuld am Scheitern der Ehe trägt. Sie kann auch selbständig Prozesse führen.

Überhaupt gilt dies als Grundregel: Je stärker die eingedrungenen Orientalen dominieren, desto härter sind

die Gesetze. Das mildeste Recht finden wir bei den Sumerern, das härteste und barbarischste bei den kriegerischen Assyrern, die Mitte halten die Babylonier.
Solche rassische Charakterisierung bleibt notwendig fragmentarisch und zum Teil auch fragwürdig. Eine Rasse ist kein geschlossener Block. Selbst bei verhältnismäßiger Unvermischtheit entwickeln sich an einzelnen Orten, sei es durch Zufall, sei es durch klimatisch oder anders bedingte Auslese, verschiedene Typen.
Es ist aber gar nicht unsere Aufgabe, bei allen Völkern des vorderasiatischen Raumes exakt das Mischungsverhältnis mit den Beduinen und seine Folgen und Auswirkungen zu untersuchen.

Die Rassenmischungen Kanaans

Wir haben hier nur die Grundregel festzuhalten: Je fruchtbarer ein Landstrich, je zivilisierter und lockender die vorgefundenen Zustände, desto rascher zerfällt das alte Beduinenethos. Kommen noch, wie in der mesopotamischen Flußebene, Grenzschutz durch Meer, Gebirge und Wüste hinzu, dann kann es geschehen, daß nach einiger Zeit die Welt der Ansässigen fast völlig siegt. Aber wiewohl die hier entstehenden großartigen Kulturen durchaus einheitlich sind und keineswegs zusammengestückt aus unorganisch aneinandergeschobenen beduinischen und vorderasiatischen Bestandteilen, kann man meist aus ihrem Profil dennoch die ursprünglich getrennten Elemente herauserkennen. Und dies, obwohl wir von diesen Kulturen nur noch Fragmente und kein vollständiges Bild mehr vor uns haben.
Es ist klar, daß in dem herberen Kanaan, das obendrein seit jeher ein politischer Wetterwinkel war und ein Durch-

zugsland für die Armeen aller Großreiche dieses Raumes, die nomadische Art stärker erhalten blieb als im südlichen Babylonien. Und innerhalb von Kanaan ist es abermals klar, daß das unfruchtbare, spröde, gebirgige Judäa «nomadischer» blieb als die üppigen Täler des Königreiches Israel im Norden.

Immer aber bleibt die Mischung die Grundvoraussetzung für das Entstehen der hohen Kulturen Vorderasiens, bei Juden wie auch bei Nichtjuden. Die beiden Hauptrassen kennen wir bereits. Natürlich gab es aber auch andere Rassenelemente in diesem Raume. Sie haben aber nie eine bedeutende Rolle gespielt. Spuren der hamitischen Rasse bei den Juden und wohl auch bei anderen semitischen Invasoren erwähnten wir bereits. Spuren von Negerblut brachten die Nomaden ebenfalls mit. Auch etwas westisch-mediterranes Blut, das seit Jahrtausenden nicht nur in Westeuropa, sondern auch in Nordafrika nachweisbar ist, werden sie in ihren Adern gehabt haben. Anderseits sind auch die Vorderasiaten vielleicht nicht die Urbevölkerung dieser Landstriche. Sie sollen – so nimmt man an, aber man weiß es nicht mit Bestimmtheit – irgendwann in prähistorischer Zeit aus dem Nordosten hier eingewandert sein. Vermutlich fanden sie bereits eine Bevölkerung vor, die sie wohl kaum restlos ausgerottet, mit der sie sich vielmehr zum Teil vermischt haben werden. Daß die Sumerer nicht vorderasiatische Züge tragen, soweit man dies aus den wenigen erhaltenen Bildwerken beurteilen kann, sagten wir schon. Aber auch in Kanaan gab es eine Urbevölkerung, von deren rassischer Zugehörigkeit wir fast nichts wissen.

Immer wieder taucht auch die Frage auf, wieweit – vom ägäischen Raume her oder vielleicht aus dem östlichen Donaugebiet – auch nordische Rassenelemente hier eingesickert sein könnten. Ausgeschlossen ist es nicht. Zwar sprechen in historischer Zeit alle Völker Kanaans semitische Idiome. Eines von ihnen scheint aber weder vorderasiatischen noch beduinischen Ursprunges gewesen zu sein: die Philister. Kulturell scheinen sie dem ägäischen Kulturkreis zugehört zu haben oder doch mit ihm verwandt gewesen zu sein. Die Sitte des genormten Zweikampfes, zu welchem der Held Goliath den tapfersten der Gegner herausfordert, scheint darauf hinzuweisen, und auch seine schwere, für Nah- und Zweikampf geeignete Bewaffnung, desgleichen die Tatsache, daß es ihm offenbar nicht einmal im Traume einfiel, der Gegner könnte ihn aus der Ferne auf Indianerart erlegen. Auch die Tatsache, daß die Philister mit Pferden und Streitwagen kämpfen, weist darauf hin. Den Hebräern ist solche Kampfweise sogar noch zur Zeit Davids so wenig vertraut, daß sie nach einer gewonnenen Schlacht allen erbeuteten Pferden die Fesseln durchschneiden, um sie für den Feind unbrauchbar zu machen. Sie kommen gar nicht auf die Idee, die Pferde für sich zu nehmen. Bei König Salomon ändert sich das allerdings: Man hat Überreste seiner gewaltigen Pferdeställe ausgegraben.

Ein weiteres Argument für die nordische Herkunft der Philister ließe sich allenfalls aus der Zeit König Salomons zitieren. Seine Leibwache bestand bekanntlich aus Kreti und Pleti, aus Kretern und Philistern also. Beide Völker werden sich in Art und Kampfsitten geglichen, beide auch gerne als Söldner gedient haben. Auch das mag auf einen kriegerischen nordischen Rassenanteil deuten.

Aber selbst, wenn es, trotz erbitterter Feindschaft, auch Vermischung zwischen Hebräern und Philistern gegeben haben mag, worauf ja auch die Liebschaft Simsons mit

Dalila, der Philisterin, hinweist, so kann dieser Kontakt doch nie sehr umfänglich gewesen sein. Außerdem werden die Philister, die ja bereits ein semitisches Idiom sprachen, zu dieser Zeit auch schon alles andere als ein rassereines Nordvolk gewesen sein. Kulturell lassen sich jedenfalls bei den Juden kaum «nordrassische» Elemente nachweisen.

Ich weiß, daß diejenigen unter den Nazitheoretikern, die das Christentum nicht in Bausch und Bogen ablehnten, versucht haben, es, im Gegensatz zum «jüdischen Geist» des Alten Testamentes, aus nordischer Denkweise abzuleiten. Indes fügt sich das Bild Jesu zwanglos in eine bestimmte Richtung der jüdischen Tradition ein, auf die wir später noch zu sprechen kommen, und es läßt sich anderseits überhaupt nicht aus nordischen Lebens- und Denkformen heraus ableiten.

Wir können also nordische Rassenelemente beim jüdischen Volke, selbst wenn es sie gab, für unsere Untersuchung vernachlässigen und uns vorläufig damit begnügen, die beiden bereits genannten Haupttrassen der Juden als Schöpfer und Träger der jüdischen Tradition in den ersten Jahrtausenden anzusehen.

Hebräer und Kanaaniter

Was also geschah mit den Hebräern in Kanaan? Sie hatten, wie wir aus der Bibel wissen, schon seit Beginn des zweiten Jahrtausends in kleinen Gruppen hier gesiedelt. Jetzt, im 13. Jahrhundert, brechen sie in riesigen Horden mit Gewalt herein. Sie sind jetzt stark genug, die Eroberung zu versuchen.

Der Augenblick ist zudem sehr günstig. Kurz vorher ist hier, wie die ägyptischen Quellen melden, ein Einbruch der sogenannten «Seevölker» erfolgt. Von diesen Völkern wissen wir nur, daß sie eiserne Waffen besaßen. Zuvor hatten hier Hettiter, Mesopotamier und Ägypter abwechselnd die Oberherrschaft ausgeübt, Tribute gefordert und dafür das Land vor Überfällen beschützt. Jetzt waren alle Großmächte gezwungen gewesen, sich vor den Seevölkern zurückzuziehen.

Auch die Seevölker bleiben nicht. Als sie sich verzogen haben, gibt es hier, neben den Altansässigen, nur noch die kriegstüchtigen Philister. Die kanaanäischen Stadtkönige sind jetzt auf sich selber angewiesen. Damit aber ist Raum und Möglichkeit für eine neue semitische Infiltration gegeben.

Allerdings waren die Hebräer nicht die einzigen, die die günstige Gelegenheit wahrnahmen. Fast gleichzeitig mit ihnen dringen die vielen in der Bibel enumerierten Stämme ein, mit denen die Hebräer später fast ununterbrochen in Fehde lagen.

Vom Einbruch der Hebräer in Kanaan wissen wir nicht nur aus der Bibel. Bei Tel el Amarna hat man Briefe aus dem 13. Jahrhundert gefunden, in denen die Hebräer erwähnt sind. Ein kanaanäischer König bittet darin den ägyptischen Pharao:

> «Es rette der König, mein Herr, sein Land vor dem Zugriff der Chabiru.»

Mit den Chabiru kann schwerlich ein anderes Volk gemeint sein als die Hebräer.

Die Bewohner Kanaans, auf die die Hebräer jetzt stießen, scheinen keine reinen Vorderasiaten gewesen zu sein. Denn als die Hebräer, noch zu Moses Lebzeiten, Kundschafter nach Kanaan sandten, sprechen diese nachher von den Riesen im Lande. Vorderasiaten haben aber keinen riesenhaften, ja nicht einmal einen hohen Wuchs.

Und von König David wissen wir, daß er nach einer gewonnenen Schlacht alle Moabiter, die ein bestimmtes Höhenmaß überragten, niedermachen ließ.
Ob dieser Riesenwuchs auf einen beduinischen, hamitischen oder am Ende doch nordischen Rassenanteil der kanaanitischen Bevölkerung zurückzuführen ist, werden wir schwerlich je eruieren. Wir wissen ja auch von den Philistern nichts Sicheres. Wir haben nur aus Goliaths Körpergröße – die aber auch ein Einzelfall gewesen sein kann – und aus der Kampfweise der Philister auf eine Verwandtschaft mit den Ägäern geschlossen.
Aus den Ausgrabungen in Ugarit und andern Städten des kanaanäischen Küstenstreifens wissen wir aber, daß hier der vorderasiatische Typus dominierte. Aus diesen Ausgrabungen erfahren wir auch vieles andere. Sie bestätigen die biblischen Berichte, nach welchen die Hebräer hier gut befestigte Städte und Festungen vorfanden, von deren Mauern herab die Einwohner sich mit den gleichen Methoden verteidigten, die wir vom europäischen Mittelalter her kennen. Manche der Küstenstädte waren so glänzend befestigt, daß es den Juden während ihres gesamten Aufenthaltes im Lande Israel nie gelang, sie zu erobern.
Durch diese neuen Ausgrabungen ist uns außerdem bekannt, daß die Hebräer hier eine gut entwickelte Kultur vorfanden, wenn sie sich auch mit der Südbabyloniens nicht messen konnte. Die bildende Kunst war hier, wie in allen stark orientalisch untermischten Gebieten, grob und fragmentarisch geblieben. Man betete zu den semitischen Gottheiten El und Baal, man kannte aber daneben auch den Kult des alljährlich sterbenden und auferstehenden Tammuz oder Adonis und der jungfräulichen Mutter- und Liebesgöttin Aschera. Es gab eine

ausgebildete Priesterhierarchie und Menschenopfer. Inspirierte Propheten waren hier, genau wie später bei den Moslim die tanzenden Derwische, eine gewohnte Erscheinung. Es gab, wie bei allen Vorderasiaten, feste Kultstätten mit Hierodulen, also Tempelhuren, und mit orgiastischen und auch andern Mysterienkulten.

Im fruchtbaren Nordteil des Landes, vor allem in der Jesreel-Senke, die quer zum Jordan verläuft, gab es Wein und Getreide. Im bergigen, unwirtlichen Süden, dem späteren Judäa, betrieben die Einwohner meist Viehzucht auf halbnomadischer Basis.

Alles in allem glich diese Welt derjenigen Babyloniens, aber sie hatte primitivere, härtere Züge. Den einbrechenden Hebräern jedoch erschienen die Festungen gewaltig und die Gaben des im ganzen eher kargen Bodens unerhört üppig. Hier floß – so erschien es ihnen, die ja nicht verwöhnt waren – Milch und Honig, und der Wein gedieh hier so herrlich, daß – so berichtet die Bibel in orientalisch-poetischer Übertreibung – zwei Männer nötig waren, um eine einzige Traube hochzuheben.

Daß aber hier die Lebensbedingungen nicht so weich und verweichlichend waren wie im südlichen Mesopotamien, war zwar für die Landwirtschaft ein Nachteil, jedoch für die einbrechenden Hebräer in gewisser Weise ein Glück oder doch eine unerläßliche Voraussetzung zur Wahrung ihrer Eigenart.

Selbst die Tatsache, daß die Hebräer hier politisch nie zur Ruhe kamen, daß sie dauernd sich gegen Invasoren aus allen Himmelsrichtungen wehren mußten, war nur sehr bedingt ein Unglück. Es brachte zwar viel Leid und schließlich die Vertreibung aus dem Lande. Anderseits bewahrten sie eben dadurch etwas von ihrem alten Beduinenethos, das ihnen später ermöglichte, auch das Exil

durch Jahrtausende hindurch zu ertragen, ohne ihre Traditionen preiszugeben.
Als die Hebräer hier einbrachen, waren sie fast rassereine Beduinen. Zudem hatten sie das Bewußtsein einer religiösen Auserwähltheit und Sendung. Sie scheuten – wenigstens zu Beginn – die Vermischung mit den Ansässigen. Oder genauer: Ihre Propheten und Führer warnten davor. Bis tief in die Königszeit hinein berufen sich israelische Feldherren und Priester auf einen Befehl Gottes, alle Feinde im Lande zu vernichten. Und später, als man bereits friedlich nebeneinander hauste, verbieten sowohl Propheten wie religiöse Erneuerer von der Art Esras und Nehemias die Vermischung. Sie versuchen sogar, bereits geschlossene Mischehen wieder zu annullieren.
Aber wann hätte das Verbot, zu fraternisieren, je auf die Dauer etwas genützt? Natürlich kam es dennoch zur Vermengung. Teils führte sie zum Abfall, zum Aufgehen der Hebräer in den vorderasiatischen Völkern und Religionen. Im üppigen Norden des Landes vollzog sich der Zerfall besonders rasch.
Teils aber kam es zur neuen Synthese. Und erst hier im Lande, nach vollzogener Mischung mit den Kanaanäern, erreichte die Religion der Hebräer jene letzte Höhe, die ihr die Weltbedeutung für alle Zukunft sicherte.

Das Problem der Beeinflussung (Babel und Kumran)

Bevor wir uns aber dieser Periode zuwenden, ist noch eine Frage zu klären: In bibelkritischen und noch mehr in antisemitischen Publikationen hat man immer wieder versucht, dem ganzen jüdischen Schrifttum – und somit auch schon der Bibel – jede Originalität abzusprechen. Es ist ja nicht schwierig, Parallelen zu der einen oder andern Bibelstelle in dem weit älteren babylonischen Schrifttum nachzuweisen und dann zu erklären, die jüdische Variante sei folglich nur Plagiat.

In Wirklichkeit liegen die Dinge doch anders. Im allgemeinen spielte solche gegenseitige Rezeption des Gedankengutes zwischen den verschiedenen orientalisch-vorderasiatischen Mischkulturen dieses Raumes keine zentrale Rolle. Vielmehr erzeugten sie, unabhängig voneinander, oft ähnliche Formen, weil sie eben selber einander rassisch glichen.

Natürlich gab es auch gegenseitige Einflüsse. Aber was will das unter solchen Umständen schon besagen? Manchmal wurde eine Idee übernommen, weil sie den eigenen Vorstellungen genau entsprach. Man wäre über kurz oder lang auch selber auf den gleichen Gedanken gekommen. Oder es kam auch vor, daß man das fremde, entliehene Element in einen neuen, eigenen Zusammenhang einbaute und ihm so einen veränderten Sinn verlieh. Ein Nachweis der Ähnlichkeit mancher Bibelstellen mit dem alten mesopotamischen Schrifttum kann daher zwar interessante Aufschlüsse geben über die rassische und kulturelle Verwandtschaft und zugleich Verschiedenheit dieser beiden Völkergruppen, führt aber kaum zum vertieften Verständnis der Bibel in ihrer Eigen- und Einzigartigkeit.

Ähnliche Debatten kamen übrigens vor etlichen Jahren auch im Zusammenhang mit der Entdeckung der Schriftrollen von Kumran auf. Eine Welle der Beunruhigung zog durch die christliche Welt, weil manche Formulierungen und sogar ganze Vorstellungskomplexe aus den Kumranrollen mit denen des Neuen Testamentes über-

einstimmten. Man befürchtete eine Erschütterung des christlichen Glaubens.
Umgekehrt hätte man in dieser partiellen Übereinstimmung der Kumrantexte mit den Formulierungen des Nazareners die Bestätigung erblicken sollen, daß die Worte Jesu historisch korrekt überliefert worden sind. Denn kein Heiliger, kein Neuerer, kein Prophet fällt aus dem luftleeren Raum in seine Umwelt hinein. Er ist in sie hineingeboren und aus ihr hervorgegangen. Er spricht in den Gleichnissen seiner Zeit und seines Volkes und teilt die Leiden und Probleme seiner Zeitgenossen, er steht in der geistigen Tradition seiner Umwelt. Nur deswegen wird er ja von seinen Adepten verstanden.
Allerdings lehrt er nicht einfach die vorgefundenen Inhalte. Vielmehr sinkt das Tradierte bei ihm zum bloßen Baustoff ab, aus dem und über dem er erst sein eigenes Gebäude errichtet. Keineswegs aber wird er dadurch, daß er Vorgefundenes als Ziegel und Baustein verwendet, zum Plagiator. An dieser grundlegenden Tatsache können auch künftige Funde solcher Art nichts ändern.
So ist es auch mit der Beziehung der Juden zu ihren mesopotamischen Nachbarn. Teils gleichen sich beide Völker so, daß sie auf die gleichen Probleme gleich reagieren und dieselben Folgerungen ziehen. Teils werden Elemente der verwandten, nachbarlichen Welt so in die eigene eingefügt, daß sich als Ganzes dann doch etwas Neues daraus ergibt. Bei soviel Kraft, Höhe und Originalität, wie sie allen Kulturen des vorderasiatischen Raumes in jener Zeit eignet, ist es sinnlos, von Plagiat überhaupt zu sprechen.

Die Synthese in Kanaan

In Kanaan also kam es zur Vermischung zwischen den eingewanderten Hebräern und den ansässigen Kanaanitern. Nach wie vor gab es zwar vor allem im unwirtlichen Judäa mit seinen steinigen Bergen den harten Beduinentypus. Daneben aber fanden sich jetzt auch Söhne Israels, die den Wein liebten und den Rausch nicht scheuten, obwohl das Alte Testament vom Weinrausch nur Übelstes zu berichten weiß. Jetzt aber wird der Weinsegen sogar in den Kult eingebaut. Welche Rolle der Wein beim Abendmahl Jesu und bei der Eucharistie spielt, darf als bekannt vorausgesetzt werden. Und sehr viel später, bei den Chassiden Osteuropas, werden wir die gleiche Bejahung des Rausches finden. Allerdings führt der Weinrausch bei den Juden meist nicht, wie bei den heidnischen Vorderasiaten, zu Raserei und Promiskuität, sondern nur zu gesteigerter Gottesnähe und zu Ekstase. Auf die seltenen Ausnahmen kommen wir noch zu sprechen.

Auch ein aufgewühltes Liebesleben erscheint nicht mehr suspekt, obwohl es doch ringsum nach wie vor die orgiastischen Kulte der Aschera gibt, gegen welche die Propheten wettern. Jetzt aber entsteht das Schir-ha-Schirim, das Hohelied, eine Folge glühender Liebesgesänge. Und diese Verse empfindet man keineswegs als eine ketzerische Entgleisung, als bedenkliche Assimilation an die Unsitten Kanaans, sondern sie werden für das Werk König Salomons ausgegeben und sogar kanonisiert. Zwar begann man schon bald, das Lied nur noch allegorisch, als Ausdruck der Liebe zwischen Gott und seinem Volke Israel, zu interpretieren. Aber solche Deutung kam doch erst nachträglich.

Man liebt jetzt nicht mehr das harte Gesetz und den

strengen, knappen Bericht, sondern das Gleichnis, die poetische Erzählung, die Legende, die Anekdote, das Märchen und den Traum.

Hier, im Lande Israel, geprägt von seinen bäuerlichen Sitten, entsteht eine der schönsten Idyllen der Weltliteratur: die Geschichte der Moabiterin Ruth, die mit der Mutter ihres hebräischen Mannes in das Land Israel zurückkehrt und dort während der Ernte ihren neuen Gatten findet, den Vorfahren Davids.

Und abermals im engen Kontakt mit der vorderasiatischen Welt entsteht, vermutlich in Babylon, das Buch Hiob, die Geschichte des Mannes, der gütig und gerecht war und dennoch vom Schicksal furchtbar verfolgt wird, der sich aber selbst im schrecklichsten Leid nicht gegen den Ratschluß Gottes auflehnt. Diese Gottergebenheit und Demut weist auf den nichtbeduinischen Ursprung der Geschichte hin. Noch deutlicher geht er aus dem Auftreten Satans hervor, den der Pentateuch nicht kannte. Hier spielt die dualistische Weltkonzeption der persischen Manichäer herein.

Die Nächstenliebe, an sich schon ein alttestamentliches Gebot, wird jetzt zur zentralen und einzigen Forderung. Es kommt eine Legende auf, die auch von den christlichen Theologen unserer Tage gern zitiert wird. Danach hätten die ersten Gebotstafeln, die Mose in seinem Zorn zerschmetterte, überhaupt nur dieses eine Liebesgebot enthalten. Aber beim Anblick der Horde, die das Goldene Kalb umtanzte, sei es Mose klargeworden, daß man mit diesem einen Gebot hier nicht weit kommen werde. Daher zerschmetterte er die Tafeln und brachte das zweitemal eine detaillierte Aufstellung der unerläßlichen Minimalforderungen für ein anständiges Zusammenleben der Menschen mit.

Auf Jesus kommen wir im Zusammenhang mit dem Chassidismus noch ausführlicher zu sprechen. Wir finden aber die auch für ihn charakteristische Neigung, die Vielzahl der Gesetze auf dieses eine zentrale Grundgesetz der Nächstenliebe zu reduzieren, gleichzeitig in der talmudischen Agada.
Allerdings ist der Talmud in dieser Hinsicht nicht einheitlich. Eine Episode sei hier zitiert:
Zur Zeit Jesu lebte der große Talmudlehrer Hillel, der in Babylon geboren war, dann aber in Israel zunächst studierte und zuletzt selber lehrte. Von ihm erzählt die Legende, es sei ein Heide an ihn herangetreten mit der Aufforderung, ihm die Essenz der biblischen Lehre so kurz darzulegen, daß man während dieser Zeit auf einem Fuß zu stehen vermöchte. Mit der gleichen Zumutung war der Heide zuvor an den strengen Kollegen Hillels, Rabbi Schamai, herangetreten, und dieser hatte ihn zornig fortgewiesen. Hillel aber zitierte ihm das Liebesgebot und sagte, alles andere sei nur Kommentar und Explikation dieses einen Satzes. Daraufhin – so erzählt die Legende – bekehrte sich der Heide, wurde ein frommer Mann und schließlich selber ein gewiegter Gelehrter und Gesetzeslehrer.
Nach wie vor ist es der Eingott der Wüste und nicht eine weibliche Mutter- und Liebesgottheit, zu der die Söhne Israels beten. Aber aus der Mystik Persiens brechen neue Aspekte in den jüdischen Glauben herein. Mystik entsteht jetzt auch hier, und der Eingott erscheint den Juden nunmehr auch als Schechina, wörtlich das Ruhen, das Einwohnen, als weibliche Weltseele also.
Fünfzehnhundert Jahre später wird dann bei den Chassiden Osteuropas, deren Mystik mit der der frühen Christen viel Verwandtschaft hat, diese Schechina mitunter

als trauernde, verhüllte weibliche Gestalt auftreten, als Witwe, weinend über die Zerstörung des Tempels und die Zerstreuung ihres unglücklichen Volkes. Und manchmal weint sie nicht nur über das Exil aus dem Heiligen Lande, sondern über die Unerlöstheit der Welt.

Opferung gab es schon in der Steppe. Sie war – wir sagten es schon – Ausdruck des absoluten Gehorsams gegen Gott. Zunächst wird der Opferkult im Lande Israel sogar noch präziser ausgebaut. Es gibt jetzt nicht mehr bloß die Bundeslade, die der Stamm überallhin mit sich tragen kann und die zuletzt, im Lande Israel, noch zur Zeit des Königs David, in Silo stand. Jetzt steht sie in einem festen Tempel. Der Tempelkult ist nicht so kompliziert wie der der Südbabylonier. Aber viele Priester, mit einem Hohenpriester an der Spitze und mit Hilfsbeamten – den Leviten –, gibt es hier auch. Und Tiere werden regelmäßig als Blutopfer dargebracht.

Anderseits aber erheben die Propheten ihre Stimme gegen solche Schlachtopfer. Denn die Propheten sind nicht einfach Mahner, die sich auf das alte Recht berufen, sie sind zugleich Revolutionäre und Neuerer. Im Namen des Herrn verkündet Jesaia:

> «Das Blut der Stiere, der Lämmer, der Ziegen – ich will es nicht. Eure Hände triefen von Blut.»
> (1, 11–17)

Zwar gab es damals – und gibt es bis heute – Juden, denen die Periode, in welcher der Tempel Jerusalems stand, als der Höhepunkt der jahrtausendelangen jüdischen Geschichte erscheint. Die Zerstörung des Tempels erscheint ihnen dementsprechend als das tiefste Unglück des Volkes. Es gibt sogar einen eigenen Fasttag im jüdischen Kalender wegen der Tempelzerstörung, und es existiert außerdem ein mitternächtliches Trauergebet, das fromme Juden, wenn sie um diese Zeit noch wach sind, nicht zu sprechen versäumen. Übrigens – dies nur nebenbei – wurde der Tempel zweimal zerstört, das erstemal durch die Babylonier im Jahre 586 v. Chr., das zweitemal im Jahre 70 n. Chr. durch die Römer. Es ist nicht klar, um welchen der beiden Tempel die Juden an ihrem jährlichen Trauertag weinen. Es wird behauptet, beide seien ungefähr gleichzeitig – gegen Anfang August – gestürmt und vernichtet worden.

Der zweite Tempel wurde zwar gar nicht von einem jüdischen Herrscher erbaut, sondern von dem Halb-Nabatäer, also Halb-Araber, Herodes, dem die Juden sonst wenig Gutes nachzusagen wissen. Dennoch pflegen sie bei den Überresten dieses zweiten Tempels, bei der sogenannten Klagemauer, zu weinen, sooft ihnen der Zutritt nicht verwehrt ist.

Im Grunde jedoch widersprach ein solcher lokal festgelegter Kultort und Prachtbau der beduinischen Tradition. Mochte die Übernahme der vorderasiatischen Sitten in vielem segensreich sein – hier, beim Tempelbau, war sie sinnlos. Zum jüdischen Volk gehörte ein Gott, der mit ihm zog und dem man überall dienen konnte. Auf weite Sicht war ein solcher lokal gebundener Gott für ein kleines, politisch gefährdetes Volk, das dennoch, auch außerhalb des Landes, weiter existieren wollte und auch sollte, sinnlos. Die Zerstörung des Tempels rührte daher auch nicht an die Existenz des Volkes. Es besann sich vielmehr wieder, genau wie nach der Gefangenschaft in Ägypten, auf die Tatsache, daß Gott seit jeher mit seinem Volke mitgezogen war. Und es diente ihm, wie vorher, ohne die neuen Kultsitten.

Propheten und Heilige

Die ablehnende Bemerkung Jesaias über die Tieropfer steht nicht vereinzelt da. Seit langem wußten jetzt viele, daß das Opfern eines Tieres oder überhaupt eines Lebewesens weder sinnvoll noch auch nur statthaft war. Erlaubt und geboten war nur das Selbstopfer. Wie jedes Opfer bleibt es stellvertretend. Es erlöst nicht nur den, der sich opfert, sondern auch die andern, das ganze Volk, zuletzt die ganze Welt.

Neben jenen, die auf jede Provokation der Besatzungsmächte mit todesmutigen Aufständen reagieren, gibt es jetzt daher auch andere, die, nicht minder mutig, das Leid, das die Welt erlösen soll, auf sich nehmen wollen. «Aní m'kabéjl ba-ahawá» – «Ich empfange (das Leid) in Liebe» – das wird jetzt zur festen Formel, mit der auf den Lippen die Märtyrer und Heiligen seit damals bis auf den heutigen Tag in den Foltertod schreiten.

Neben den Propheten stehen jetzt, zum ersten Male in der jüdischen Geschichte, die Heiligen.

Aber auch ohne solche extremen Situationen gewinnt die Nächstenliebe hier in Kanaan neue, innige Farben. Sie gilt zwar allen, wendet sich aber vor allem den Armen und Gequälten, den Erniedrigten und Beleidigten zu. Denn ihrer ist das Himmelreich.

Und dieses Himmelreich, das es früher, in den fünf Büchern Moses, überhaupt nicht gab und das wir zum erstenmal bei jenen Propheten angedeutet finden, die in Babylon lebten, ist jetzt plötzlich sehr nahe gerückt.

Denn das Leben im Diesseits ist fast untragbar schwer geworden. Der Gerechte muß viel leiden. Fremde Besatzungen saugen dem Volke das Mark aus, lassen keinen zur Ruhe kommen. Das Blut Schuldloser fließt. Wo also soll dem Unschuldigen sein Recht werden, wenn nicht im Jenseits? Und wann soll dieses Letzte Gericht, diese Erlösung, kommen, wenn nicht jetzt? Verkünden doch schon die Propheten, die in Babylon lebten, dem Kommen des Messias würden wirre und bittere Zeiten vorangehen. Nun spricht man von den «Chewléj Maschíach», den Wehen des Messias, wie von einem festen Glaubenssatz. Der Talmud diskutiert an unzähligen Stellen, wie diese Wehen des Messias aussehen, welche Frevel dann geschehen werden.

Deutlich können wir verfolgen, wie sich dieses weiche, vorderasiatische Ethos besonders dort in den Vordergrund schiebt, wo die Ansässigen, die alten Bauern und Städter, mit denen das Volk der Hebräer sich vermischt hat, die Überzahl bilden. In den fruchtbaren Landstrichen im Norden Israels also und in den jüdischen Kolonien Babylons.

Es ist kein Zufall, daß Jesus aus dem Norden des Landes kam und Hillel aus Babylon. Es ist aber auch kein Zufall, daß es hier im Norden nicht nur die sublimste und mildeste Form der Nächstenliebe gab, sondern auch den radikalsten Abfall vom Judentum und die entschiedenste Übernahme der heidnischen Sitten.

Daß nach der Teilung des Landes in ein nördliches und südliches Königreich die meisten Propheten im nördlichen Israel und nicht im südlichen Judäa auftraten, ist gewiß auch kein Zufall. Manche wollen daraus auf eine tiefere Religiosität der Juden im Norden des Landes schließen. Es hängt aber wohl mit zwei andern Tatsachen zusammen. Erstens damit, daß hier im Norden der Abfall sich radikaler vollzog und daher die Prophetie buchstäblich provozierte. Und zweitens damit, daß hier im Norden der vorderasiatische Schlag stärker vorherrschte. Man weiß ja auch aus den nichtjüdischen

Landstrichen mit vorderasiatischer Bevölkerung, daß inspirierte Propheten häufig in ihr vorkamen.
Aber die Kühnheit und Selbstverständlichkeit, mit welcher diese Propheten gegen jeden Mißbrauch der Königsgewalt auftreten, ist doch auch beduinisches Erbe. Sie kämpfen einerseits am Königshofe mit dem Mute eines Löwen gegen jeden Übergriff, gegen jede Verletzung des Rechtes vor allem der Armen und Wehrlosen. Anderseits aber rufen sie nicht zur Revolution auf, sondern zur Verinnerlichung des Glaubens und zur Hinnahme des Leides als Strafe für die Sünden. Und sie verachten jede äußerliche Kultform als sinnlos und leer.
Gerade durch diese radikale Ablehnung aller Äußerlichkeiten haben sie sich übrigens das Mißtrauen der Talmudlehrer zugezogen. In solcher Ablehnung der Form liegt nun einmal eine Gefährdung der Tradition und damit, im Exil wenigstens, der Existenz des ganzen Volkes. Von ihrem Standpunkt aus hatten die Talmudlehrer recht. Die Propheten hatten in ihren Aufruf das Exil nicht mit eingerechnet.

Die Mystik der kanaanitischen Juden

Während aber die ethischen Forderungen der Propheten, wie sehr sie von der traditionellen Form und vom Ritus abweichen mögen, sich doch noch als eine, wenn auch sublime Auslegung des Mosaischen Gesetzes begreifen lassen, gibt es, wie wir bereits erwähnten, vor allem bei jenen unter ihnen, die in Babylon lebten, Vorstellungen, die den Rahmen des Pentateuch restlos sprengen.
Da haben wir die leibliche Auferstehung der Toten, von Ezechiel in unvergänglichen Bildern heraufbeschworen. Und da ist vor allem der Glaube an den Heilbringer,

welcher in tiefster Erniedrigung und in bitterstem Leid die Schuld der Welt abbüßt und alle Menschen durch seinen freiwilligen Opfertod erlöst. Solche mystische Leidensbereitschaft und Jenseits- oder Erlösungshoffnung hat mit dem harten, gesetzgebenden Intellekt der Wüstensöhne und mit ihrem strengen Gottesgehorsam überhaupt nichts mehr zu tun.

Jetzt bilden sich Klostergemeinschaften, in welchen die Männer in strenger, oft auch asketischer Abgeschiedenheit ein gottesfürchtiges Leben führen. Daß sie ihren ganzen Besitz verschenken und in freiwilligem Kommunismus leben, mag noch ein beduinischer Zug sein. Wir sagten schon: Der Bauer trennt sich nur schwer von seinem Erbe und von seiner Erde. Aber ihre Zukunftsträume lassen sich mit dem Geiste des Pentateuch kaum noch vereinen. Denn an ein Teuflisches, absolut Böses, das der Erlöser besiegen muß, glauben sie alle. Solche Aufteilung der Welt in ein absolut Gutes und ein absolut Böses ist aus dem Glauben der Patriarchen nicht ableitbar. Dies ist vorderasiatischer Dualismus, Manis Lehre.

Manchmal mischt sich der Wüstenintellekt mit hinein. Dann entstehen jene abenteuerlichen Formen einer jüdischen Mystik, wie wir sie aus der Kabbala kennen. In ihr finden wir trocken-abstrakten Intellekt, rechnerisch-rationale Deutungsmethoden, Bereitschaft zu hartem Fasten, zum Wachen und zur Selbstkasteiung, und daneben schwärmerischen Erlösungsglauben und phantastische Aufteilung der Welt, die voll ist von den Engeln und Dämonen Babylons, in Sphären und Stufen. Auf die Kabbala kommen wir im Zusammenhang mit dem Judentum Spaniens noch ausführlich zu sprechen, obwohl ihre Anfänge auf die Zeit zurückgehen, in welcher die Juden in Babylon weilten. Die volle Ausgestaltung aber hat die Kabbala erst im Mittelalter bei den re-arabisierten sogenannten Südjuden erhalten.

Hier, im Lande Israel, herrschte eine andere Form der Mystik vor, repräsentiert vor allem durch die Urchristen und die Ewioniten (Ewión = der Arme), die vielleicht mit den Judenchristen identisch waren. Und hier gab es schon Jahrhunderte vor der Zeitenwende eine Sekte, deren Anhänger sich, genau wie später im Mittelalter in Deutschland und in der Neuzeit in der Ukraine, die Chassiden nannten.

Und diese Mystik ist frei von jeder beduinischen, intellektuellen Härte. Sie ist weich, volkstümlich und voll von Demut. Wo immer sie bei den Juden unvermischt auftritt, erzeugt sie durch die Jahrtausende hindurch die gleichen Symptome und Gestalten. In der Mitte steht der Meister. Nicht ein strenger Schriftgelehrter, sondern ein Mann aus dem Volke. Er fällt nicht durch ungewöhnliche Gesetzeskenntnisse auf, sondern durch heilige Lebensführung. Nicht einer fachlichen Approbation verdankt er seine führende Stellung, sondern der Liebe, der Ergriffenheit seiner Adepten, die sich freiwillig und unaufgefordert um ihn scharen. Junge Männer vor allem, auch sie einfache, hilflose Menschen, die einen seelischen Rückhalt suchen.

Der Meister tröstet sie, betet mit ihnen, für sie. Er bricht mit ihnen sein Brot beim Liebesmahl. Er lebt in einer armseligen Hütte, wo Not und Krankheit herrschen. Oder aber er wandert mit seinen Getreuen durch das Land und hat nichts, wohin er sein Haupt legen kann. Das Volk läuft ihm zu und erwartet von ihm Wundertaten. Und er vollbringt sie. Er heilt Kranke und Besessene. Er läßt Tote auferstehen. Er ist Gast beim kargen Festmahl der Armen, das dank seiner Wundertat plötzlich zum unbeschwerten Freudenfest wird. Denn Brot, Fisch und Wein, zuvor bedrückend knapp bemessen, sind plötzlich in Hülle vorhanden. Er erhebt sich beim Gebet in die Luft, er schwebt frei über der Erde, und er schreitet über das Wasser dahin.

Er löst den reuigen Sünder, der sich ihm anvertraut, von jeder Schuld. Er trägt und büßt die Schuld jener, die nie bereuen. Er opfert sich täglich, stündlich, im Gebet und in der Tat. Nächstenliebe ist ihm gleich Gottesliebe. Und endlich gibt er auch sein Leben freiwillig für die andern hin.

Solange er auf Erden wandelt, glaubt er an baldige Erlösung. Wenn die Urchristen all ihr Hab und Gut hingaben, so geschah es nicht nur, weil sie den Besitz verneinten und die Armut bejahten, sondern vor allem auch, weil sie schon morgen das Ende der Welt erwarteten. Und von den chassidischen Zaddikim – das sind die Wunderrabbis – legten manche Nacht für Nacht Wegzehrung und Wanderstab neben ihr Lager, um beim Ruf des Messias unverzüglich aufbrechen und ihm ins Heilige Land folgen zu können. Andere stellten Wächter am Rand des Städtchens auf, die das Kommen des Messias sogleich melden sollten.

Selbst in der Extremform hat aber der Erlösungsglaube bei den Juden das Diesseits nie vollkommen negiert. Dies blieb den reinen Vorderasiaten vorbehalten. Bis nach Indien hinein kannte die außerjüdische Mystik, die Gnosis in all ihren Varianten, das absolute NEIN zur Welt und zum Leben. Nicht aber die der Juden. Auch Jesus sprach von seiner Wiederkehr, die erst die eigentliche Erlösung bringen sollte. Und anders haben die Juden das Kommen des Messias nie aufgefaßt. Dieses eine beduinische Element blieb doch immer bei ihnen erhalten.

Kennzeichnend für diese jüdische Messiasvorstellung, die selbst noch in der vorderasiatischsten ihrer Mystikformen, im Chassidismus, erhalten bleibt, ist folgende kleine Legende:
Ein chassidischer Rabbi war nach Jerusalem gepilgert. Einmal hörte er vom Ölberg her den Schall eines Schofar, einer Posaune. Ein solcher Schall vom Ölberg her wird auch das Kommen des Messias anzeigen. Der Rabbi trat aber ans Fenster, blickte hinaus und erklärte:
«Da ist keine Erneuerung.»
Im Gegensatz zu jenen hochintellektuellen späteren Mystikern, die logisch zu beweisen suchten, daß und warum das Mosaische Gesetz durch das baldige Kommen des Messias jetzt schon aufgehoben sei, ehren die Mystiker Kanaans bescheiden und fromm die Gebote. Ausdrücklich erklärt auch Jesus, er sei nicht gekommen, das Gesetz zu zerstören, sondern nur, es zu erfüllen.
Dennoch gilt die Liebe dieser demütigen Schwärmer nicht dem Gesetzesstudium, sondern dem Gebet, dem Tanz der ekstatisch ergriffenen Männer, dem frommen Lied.
Und es kann bei ihnen vorkommen, daß eine uralte rituelle Sitte zwar übernommen, jedoch neu gedeutet wird. Schon im Alten Testament ist das rituelle Reinigungsbad für ganz bestimmte Situationen fest vorgeschrieben. Für diese Mystiker gewinnt es einen neuen Sinn: Sowohl den frühen Christen wie manchen jüdischen Sektierern dieser Zeit bedeutet es radikale Erneuerung, Umkehr, Taufe. Es gab später in Osteuropa unter den Chassiden solche, die zu jeder Jahreszeit täglich an den Fluß hinabstiegen, um im Wasser unterzutauchen. Im Winter nahmen sie die Hacke mit, um das Eis hierfür aufzubrechen.

Nur selten hat sich diese unintellektuelle, demütige, ekstatische, naiv-volkstümliche Mystik bei den Juden rein verkörpert. Aber immer geschah es nur bei jenen jüdischen Gruppen, die, wie Jesus, der Galiläer, und wie später die osteuropäischen Chassiden, weitgehend vorderasiatischer und nicht beduinischer Herkunft waren. Die Mystik der re-arabisierten Juden werden wir noch kennenlernen.

Aber Mystik überhaupt gab es bei den Juden stets nur in Zeiten bitterster Not. So war es um die Zeitenwende, während der brutalen römischen Besatzung, so im Mittelalter in Spanien, nach dem Zerfall der Omajadenherrschaft in Andalusien, und so war es dann auch wieder in der Neuzeit in der Ukraine, nach den Judenmetzeleien des Kosakenhauptmanns Bogdan Chmielnizki.

Zwar lebte der Nazarener fern von allen politischen Tagesfragen. Der Versuch einiger moderner Interpreten, ihn als politischen Aufrührer zu deuten, entbehrt jeder Grundlage, widerspricht schlechthin seinem ganzen Charakter, der aus seinen Worten und Taten, durch alles legendäre Beiwerk hindurch, klar hervortritt. Ihn gingen die politischen Wirren im Lande nichts an. Er empfahl:

«Gebt dem Kaiser, was des Kaisers ist.»

Und er hätte, zur Revolte aufgerufen, nicht einmal begriffen, was man von ihm wollte. Sein Reich war ja nicht von dieser Welt, auch wenn es dennoch diese Welt war, die er durch seinen Opfertod erlösen wollte.

Aber soweit kannte er doch diese Welt und ihre Gesetze, um genau zu wissen, was ihm drohte, wenn er nach Jerusalem zog. Er zweifelte wohl keinen Augenblick daran, daß ihn dort der Opfertod erwartete, den er suchte und wollte, weil er ihm unerläßlich schien für die Welterlösung. Dies beweisen die Vorgänge in Gethsemane zur Genüge. Sie tragen zu sehr den Stempel der Wahrheit, als daß man sie als spätere legendäre Ausschmückung auffassen könnte.

Der «Gottesmord» und die Pharisäer

Man verliert heute – dies nur nebenbei – sehr viel Zeit mit der Frage, ob und wieweit die Juden schuld waren an der Kreuzigung Jesu. Zur Zeit der Kreuzzüge vor allem wurden sie unter dem Vorwand, sie seien «Gottesmörder», zu Zehn-, wenn nicht Hunderttausenden hingeschlachtet. Dabei war es nicht so sehr der Verrat Judas', der die Entrüstung gegen die Juden hervorrief. Schließlich waren ja auch Jesus und alle andern Jünger jüdischer Herkunft, und man begriff offenbar, daß sich in einer größeren Gruppe von Menschen immer einer finden kann, der für Geld, für erhoffte Vorteile oder sogar aus bloßer Bosheit einen Unschuldigen ans Messer liefern wird.

Es war daher weniger der Verrat dieses einzelnen, der die Empörung auslöste, als der weit gravierendere Umstand, daß – nach dem Neuen Testament – eine ganze repräsentative Gruppe des Volkes, die der Pharisäer, den Tod Jesu ausdrücklich gefordert haben soll.

Die Frage geht auch unsere Stil- und Rassengeschichte des jüdischen Volkes etwas an. Zwar werden wir nie eruieren können, ob und wieweit die Beschuldigung gerechtfertigt ist. Immerhin läßt sich soviel sagen: An sich paßt eine solche blutgierige Bosheit nicht zu den Pharisäern. Sie waren mild, friedlich und unfanatisch. Sie waren die eigentlichen Schöpfer und Träger der konzilianten Talmudtradition. Was hätte sie veranlassen sollen, einen wandernden Prediger und Wundertäter – mehr war er in ihren Augen nicht – zu denunzieren, weil er von seinen Jüngern entweder für den Messias oder für dessen Ankündiger gehalten wurde? Gab es doch unter den Talmudlehrern selber welche, die einen ihrer Zeitgenossen für den Messias oder dessen Vorläufer hielten. Wir wissen sogar von dem großen Rabbi Akiba, daß er, zusammen mit vielen andern, in Simon Bar Kochba, dem Anführer der Aufständischen gegen Rom in den Jahren 132–135 n. Chr., den Messias erblickte.

Warum also das Neue Testament gerade die Pharisäer belastet, ist nicht ganz klar. Vielleicht steht dahinter nichts als die Abneigung der im allgemeinen einfachen und wenig gelehrten Anhänger Jesu gegen die hochgebildete Geisteselite der Pharisäer, für die der einfache Mann nichts war als «am-ha-árez», das heißt unwissendes Landvolk.

Tatsächlich gab es zwar dennoch Konfliktstoffe. Rabbi Akibas Messiasbegeisterung ändert nichts daran, daß die Pharisäer im allgemeinen jede stark eschatologische Ausrichtung ablehnten. Sie waren auf das Weiterleben des Volkes bedacht. Sie mühten sich ja, im Talmud die Direktiven festzulegen, welche den Weiterbestand des Volkes selbst in der Zerstreuung gewährleisteten.

Dennoch wäre das noch kein zureichender Grund gewesen, für einen Unschuldigen den Tod zu fordern. Die moderne Bibelforschung neigt daher teilweise zur Annahme, daß die Pharisäer es auch nie getan haben.

Wenn aber Parallelen in der Geschichte überhaupt zählen, dann lassen sich neuzeitliche Vorgänge aus der Ukraine und aus Rußland zitieren, die eine Denunziation des Nazareners gerade durch die talmudische Bildungselite dennoch möglich erscheinen lassen.

Wir sprachen bereits von der Ähnlichkeit der Urchristen mit den neuzeitlichen Chassiden Osteuropas. Falls sich die Pharisäer wirklich den armen, demütigen Mystikern gegenüber negativ einstellten, würde ihr Verhalten in dem der hochgebildeten Rabbinen Osteuropas eine Analogie finden. Diese nahmen nämlich anfangs, als sie – irrtümlich – von der neuen Bewegung eine Gefährdung der talmudischen Tradition befürchteten, das Aufkommen des Chassidismus keineswegs still und duldsam hin. Es kam sogar vor, daß sie gegen die bescheidenen Sektierer den Bannfluch schleuderten.

Später allerdings, als die neue Sekte erstarkt war und in vielen Gemeinden das Übergewicht über die Verfechter der trockenen Gelehrtheit erlangt hatte, kam es auch umgekehrt zur Verfolgung der rationalen und vor allem der aufgeklärteren Gelehrten durch die Chassiden. Der Grund war einfach genug. Die ersten Zaddikim – Wunderrabbis – waren wirkliche Heilige gewesen. Auch später gab es noch welche unter ihnen.

Jedoch lebten sie alle, im Gegensatz zu Jesus und Paulus, nicht im Zölibat. Sie waren vielmehr, der allgemeinen Sitte entsprechend, alle schon früh verheiratet worden und hatten Kinder. Die Folge war, daß es im chassidischen Umkreis nicht nur geistige, sondern auch leibliche Nachfolger gab. Und es kam die Sitte auf, den chassidischen «Thron» zu vererben. Es konnte vorkommen, daß der Sohn die innere Berufung des Vaters geerbt hatte. Es kam aber auch vor, daß er die Position des Wunderrabbis nur der Vorteile wegen übernahm, die sie mit sich brachte. Denn ein Zaddik war jetzt nicht mehr ein armer Handwerker oder Elementarlehrer, sondern, auf Grund der Geschenke der Gläubigen, ein reicher und mächtiger Mann.

Hatten die gelehrten Rabbiner bei der Verfolgung der Chassiden vor allem die nach ihrer Meinung gefährdete Geistestradition des jüdischen Volkes und somit also echte Werte schützen wollen, so beruhte der Kampf mancher aggressiver Zaddikim gegen die rationale Bildung und vor allem gegen die Aufklärung nur auf der Furcht um die eigene einträgliche Position.

Von einem jiddischen Schriftsteller des 19. Jahrhunderts, der in seinen Werken gegen die demütige Ergebung in Leid und Elend und vor allem gegen den Wunder- und Aberglauben der Chassiden aufgerufen hatte, wissen wir, daß er von den Anhängern des ortsansässigen Zaddiks nachts überfallen und beinahe ertränkt wurde. Es blieb ihm nichts übrig, als Hals über Kopf zu fliehen.

Jedoch gab es solch massive Ausschreitungen der Chassiden gegen ihre Feinde nur vereinzelt und erst im Zerfallsstadium der Bewegung. Dagegen hatten die Chassiden ihrerseits gleich von Anfang an von ihren gelehrten Gegnern viel zu leiden. Einer der Zaddikim wurde von seinen Feinden sogar bei der zaristischen Regierung denunziert, er lasse sich von seinen Anhängern als König verehren. Er saß daraufhin lange in Kiew gefangen. Ein anderer starb auf Grund einer ähnlichen Denunziation in Petersburger Festungshaft. Nur mit großen Mühen und Kosten gelang es seinen Jüngern, wenigstens die Gebeine des Meisters herauszuretten.

Die Parallele zu den Vorgängen beim Tode des Nazareners drängt sich auf. Möglich wäre es also durchaus, daß auch Pharisäer sich, genau wie das Neue Testament berichtet, gegen den Nazarener zum Wort gemeldet haben. Eindeutig falsch aber ist die negative Bewertung des Pharisäismus, die auf Grund dieser Stellen im Neuen Testament in der christlichen Welt lange üblich war.

Die pharisäische Auslegung des Bibelgesetzes war weder formalistisch noch kleinlich noch heuchlerisch. Vielmehr brachte sie als einzige es zuwege, das Bibelgebot durch sorgfältige Ergänzung und Erneuerung so zu gestalten, daß das harte Nomadengesetz mit den gemilderten, geläuterten Sitten, die auf dem Boden Kanaans gewachsen waren, zum Einklang kam und daß der Glaube der Juden sich, mit ihnen zusammen, vom Boden des Gelobten Landes abtrennen ließ. Vor allem ermöglichte der Talmud, dessen Anfänge auf die Pharisäer zurückgehen, später sowohl die sinnvolle Symbiose des Volkes Israel mit seinen Wirtsvölkern wie auch die unerläßliche Distanz, ohne die ein Exilvolk über kurz oder lang untergehen muß.

Leider ist der Talmud, im Gegensatz zum Alten Testament, seiner ganzen Einstellung nach unhistorisch. Mag der Scharfsinn, mit welchem die Gesetzesauslegung von den Talmudlehrern gehandhabt wird, auch ein beduinisches Erbe sein – den harten, klaren Bericht der frühen Dokumente Israels vermissen wir im Talmud. In seinen erzählenden Teilen webt die Märchenluft Kanaans und die kanaanitische Freude an Legende und Anekdote. Selbst wenn der Talmud also Berichte jüdischer Zeitgenossen über Jesus enthielte, wären sie kaum sehr aufschlußreich. Die wenigen Stellen über den Nazarener im Talmud sind aber offenkundig lange nach seinem Tode entstanden, zu einer Zeit, da die Auseinandersetzung zwischen Juden und Christen bereits anfing, gehässige Formen anzunehmen, weil inzwischen die Christen erstarkt und zu gefährlichen Gegnern und Verfolgern der Juden geworden waren.

Die unfreundliche Haltung des Talmuds gegen Jesus ist unter solchen Umständen nicht verwunderlich. Offenkundig geht aber aus den wenigen Jesus-Anekdoten im Talmud hervor, daß die Juden von der historischen Existenz des Nazareners wenig wußten. Es werden da wirre Episoden von dem illegitimen Sohn eines römischen Soldaten namens Panther berichtet. Eindeutig liegt hier eine Verwechslung mit «parthenos», griechisch = Jungfrau, vor. Die Anekdoten geben ein Bild von der gereizten Stimmung der Juden gegen ihre Verfolger, nicht aber vom historischen Sein des Nazareners.

Hebräer als objektive Selbstchronisten

Doch bevor wir uns ausführlicher dem Talmud zuwenden, der auf lange Zeiten hinaus die Existenz der Juden im Exil ermöglicht und gesichert hat und der eine geglückte und solide Synthese des vorderasiatischen und orientalischen Geistes darstellt, müssen wir noch einen kurzen Blick auf die bisher vernachlässigte politische Geschichte des Volkes Israel im Gelobten Lande bis zur Zerstörung des Tempels durch die Römer werfen. Denn sie legt nicht minder beredt als die jüdische Religions- und Geistesgeschichte Zeugnis ab von der zum Teil verhängnisvollen, zum größeren Teil aber geglückten und in jedem Falle unendlich folgenreichen Rassenmischung der Hebräer mit den Kanaanitern auf dem Boden des Heiligen Landes.

Daß die politische Geschichte der Juden von der religiösen nicht abtrennbar ist, wissen wir bereits.

Wir sagten schon: Die Berichte des frühen hebräischen Schrifttums, zu dem wir auch noch die Königsgeschichte zählen dürfen, sind präzis und verläßlich. Zudem sind sie, dank der jüdischen harten Selbstkritik, die sich ganz von selbst daraus ergibt, daß alle Taten, auch die der

Könige, an den Forderungen Gottes gemessen werden, ziemlich objektiv. Wir werden hier natürlich die Geschichte der Juden im Gelobten Lande nur so weit verfolgen, als sie sich für unser Thema als ergiebig erweist. Wir werden dabei auch sorgfältig die Stellen zusammentragen, in welchen etwas über den Charakter und vor allem über das Aussehen des Volkes Israel erwähnt ist.

Leider sind solche Stellen rar. Den Beduinen fehlt der Sinn für die optische Dimension. Von den Vorderasiaten kann man dies zwar nicht im gleichen Ausmaß behaupten. Aber soweit sie Kunst besitzen, ist sie expressiv und expressionistisch und nicht eine, die liebevoll die Realität nachmalt. Bei den Juden aber fehlen Bildwerke aus jener Zeit. Wir bleiben also auf einige wenige Stellen in ihrem Schrifttum angewiesen.

Wir sagten schon: Die Berichte der Juden über ihre eigene Historie sind verhältnismäßig objektiv, viel objektiver jedenfalls als die aller jener Völker, denen die eigene Chronik nicht Sündenbeichte bedeutete, sondern Selbstverherrlichung. Natürlich gibt es aber auch bei den Juden keine vollkommen objektive historische Berichterstattung. Die zeitgenössischen Chronisten verfärben die Darstellung unwillkürlich zugunsten der Sieger. «*Vae victis*» gilt nicht nur für das leibliche Schicksal der Unterlegenen, es gilt auch für das Bild, das die Historie von ihnen entwirft. Frei von solchen Spuren ist auch die Bibel nicht.

Als Beispiel hierfür bietet sich die Auseinandersetzung des unglücklichen Königs Saul mit seinem raffinierten Nachfolger David an. Was ging damals in Wirklichkeit vor? Warum stellte sich der Priester Samuel plötzlich gegen Saul, den er doch selber zum König gesalbt hatte

und der mit solchem Eifer alle gestellten Aufgaben erfüllte?
Zwar gibt die Bibel eine Antwort auf diese Frage. Sie berichtet, Saul habe einmal nach einer siegreichen Schlacht unerlaubt Schonung geübt. Aber war das ein ausreichender Grund, ihn und seine Nachkommen für immer von der Königswürde auszuschließen? Und durfte gerade Samuel solche harten Maßstäbe anlegen, dessen eigene Söhne als Priester korrupt und bösartig handelten und dennoch ihres Amtes nicht enthoben wurden?
Offenkundig ist hier die biblische Berichterstattung verfärbt. Man stutzt an manchen Stellen. War Saul wirklich geistig umnachtet, als er den Speer nach David schleuderte? War Sauls Erbitterung gegen seinen Sohn Jonathan grundlos, als dieser sich, naiv und ahnungslos, ganz auf Davids Seite schlug?
Zwar berichtet die Bibel eine Menge rührender Episoden, welche beweisen sollen, wie treu David seinem König in Wirklichkeit war. Einmal – so lesen wir – schlief Saul bei der Verfolgung Davids in einer Höhle ein. Als er aufwachte, rief ihn David aus der Ferne an und zeigte ihm einen Zipfel des königlichen Gewandes, den er – so sagte er – abgeschnitten hatte, während Saul ahnungslos schlief. Er hätte Saul auch töten können. Saul war natürlich gerührt.
Aber war David wirklich selber in der Höhle gewesen? So, wie wir ihn aus seinen späteren Taten kennen, ist es ihm durchaus zuzumuten, daß er sich den Zipfel durch einen Diener Sauls verschaffte. Jedenfalls war er nicht der Mann, einen wehrlosen Gegner ritterlich zu schonen. Wir kennen ja aus der Bibel selber Davids Verhalten zu den überlebenden Söhnen Sauls: Sieben von ihnen – darunter zarte Knaben – lieferte er den Amoritern aus, de-

nen Sauls Sippe tief verhaßt war. Die Knaben starben, lebendig gepfählt.

Unritterlich und berechnend ist auch, wie er nach seinem Sieg Sauls Tochter Michal, die er früher einmal geheiratet hatte und die inzwischen längst mit einem andern Manne glücklich geworden war, zwingt, zu ihm zurückzukehren. Ihr Mann weint. Michal schweigt. Sie stirbt unbeachtet und kinderlos in Davids Harem.

Nur einmal hören wir noch von ihr: Als David vor der Bundeslade verzückt einhertanzt, bricht sie in Gelächter aus. Eine alte jüdische Sage will wissen, daß Gott sie eben deswegen mit Unfruchtbarkeit schlug. Aber David hätte ihr in keinem Falle Kindersegen gegönnt. Und sie wußte, warum sie lachte.

Nur einen einzigen Sohn Sauls, einen armen Krüppel, den die Amme als Säugling hatte fallen lassen und der deshalb nicht gehen und folglich politisch auch nicht gefährlich werden konnte, behielt David – scheinbar großmütig – an seinem Hofe.

Und was hat es mit der scheinbar rührenden Episode auf sich, daß David die Männer umbringen läßt, die ihm die genauen Umstände vom Tode Sauls und dessen Söhnen melden? Merkwürdigerweise erzählt die Bibel den Tod Sauls in zwei voneinander abweichenden Varianten. Hatte David am Ende Eile, gedungene Mörder, statt zu belohnen, zu beseitigen?

All das sind natürlich nur Konjekturen. Aber daß sie überhaupt aufkommen können, beweist doch, wieviel Objektivität sogar noch an solchen bewußt verfälschenden Stellen der jüdischen Geschichtsschreibung hindurchschimmert.

Solch großartige Objektivität ist kein Zufall. Sie erwächst aus der Verbindung der harten beduinischen

Selbstkritik mit dem vorderasiatischen tiefen Gefühl für Sünde. Es ist die gleiche Selbstkritik, die aus jedem Worte der Propheten spricht, das gleiche Sündenbewußtsein, das die Juden veranlaßt, nach jeder Katastrophe Klagelieder und Gebete hervorzubringen, in welchen sie die Schuld an allem bei sich selber, bei ihrer Sündhaftigkeit suchen.

Und noch in der Neuzeit bringt dieses gleiche Bewußtsein in jenen Kreisen, die – vom jüdischen Standpunkt aus – bereits der vollen Auflösung entgegengehen, eine letzte, unendlich typisch jüdische Kollektiväußerung hervor: den jüdischen Witz.

Das wird uns später beschäftigen. Aus Selbstkritik und Sündenbewußtsein allein ist sein üppiges Sprießen im neuzeitlichen Mittel- und Osteuropa nicht zu erklären. Es mußten noch andere Faktoren hinzutreten, von denen zu berichten sein wird und die es hier, im Lande Israel, noch nicht gab. –

Prophetie und Königsmacht

Daß die erste Zeit im Lande, die der Richter, noch ganz die beduinischen Züge trägt, wissen wir bereits. Die Richter sind Führer in der Not auf Abruf. Ihre Taten, ihren Charakter zeichnet die Bibel. Ein einziger von ihnen trägt legendäre, ja märchenhafte Züge: Simson. Schon sein Name, abgeleitet von Schemesch = die Sonne, weist auf einen mythischen Hintergrund. Dennoch ist ohne Zweifel auch er eine historische Gestalt. Sehen wir von seinem langen und dichten Haar (Sonnenstrahlen?) ab, mit dem seine Kraft steht und fällt, dann finden wir ihn sehr realistisch profiliert: ein Held, dem seine Schwäche Frauen gegenüber zum Verhängnis wird. Daß er, geblendet, gefesselt und verhöhnt, die Säule niederreißt, an die er angekettet ist, und sich und seine Feinde unter den Trümmern begräbt, mag sogar historisch sein. Man wird nicht fehlgehen, wenn man in ihm weniger einen Sproß der Hebräer als einen solchen Kanaans erblickt.

Die zunehmende Ent-Orientalisierung erkennen wir aber vor allem aus der Tatsache, daß die Söhne Israels eines Tages ein Königshaus auf Dauer haben wollen. Nachträglich haben sie vor allem die Herrscherzeit Salomons verherrlicht. Sie können aber unter einem absoluten Herrscher nicht sehr glücklich gewesen sein.

Dagegen haben sie sich aber später, im Exil, widerstandslos den Direktiven ihrer Gelehrten unterworfen – ein einzigartiger Vorgang in der Geschichte. Aber es waren Gesetze, denen sie da Gehorsam leisteten, und nicht ein einzelner mit seiner Willkür.

Wie schwierig sich demgegenüber die Umstellung zur Königsherrschaft vollzog, sehen wir am Auftreten der Propheten. Sie verlangen nicht nur ein neues, mildes und sublimes Ethos. Sie treten ganz einfach gegen jede absolutistisch geübte Regierungsgewalt auf. Sie können zwar das Unrecht nicht hindern. Sie können nichts dagegen tun, als König Ahab, verführt von seiner Gattin Jesebel, einer fremden Prinzessin, den Baalskult einführt und den Weinbauer Nabot steinigen läßt, weil ihn nach dessen Weinberg gelüstet. Aber sie können dem Königspaar seine Untat vorwerfen und Gottes Strafe androhen. Und oft genug mag sich eine Prophezeiung eben dadurch, daß sie ausgesprochen wurde, auch erfüllt haben. Denn solche Voraussage verwirrt den Sünder und gibt dem Rächer den Mut zur Tat.

Aber nicht nur fremde, heidnische Prinzessinnen werden angegriffen, sondern auch stammeseigene Könige,

selbst wenn sie sonst höchste Verehrung genießen. Der Prophet Nathan schweigt nicht, als David seinen hettitischen Feldherrn Uria in den Tod schickt, weil er Urias Weib Batseba für sich haben möchte. Nathan droht mit Gottesstrafe. Sie trifft auch ein, fällt aber sehr milde aus: Das erste Kind des ehebrecherischen Paares stirbt kurz nach der Geburt. Das zweite allerdings gedeiht desto besser: Es ist Salomon. Er erbt auch den Thron, obwohl er keineswegs der älteste der Söhne ist, und nach dem Tode Davids bringt er alle Halbbrüder, die ihm vielleicht eines Tages gefährlich werden könnten, unter den schäbigsten Vorwänden erbarmungslos um.
Von den politischen Vorgängen der Nachkönigszeit, zunächst unter der Leitung eines Priester- und Gelehrtenkollegiums, dann unter wechselnden eigenen und fremden Herrschern und Statthaltern, war schon kurz im Zusammenhang mit der gleichsam doppelspurigen Geistesentwicklung im Lande Israel die Rede. Auch politisch laufen die beiden Linien teils ineinander, teils nebeneinander her. Neben den Helden, die immer wieder aussichtslose Aufstände gegen die Besatzungsmacht wagen, gibt es immer wieder die Gruppen, die jedes sinnlose Blutvergießen vermeiden und anstelle der äußeren die innere Freiheit setzen wollen – die kanaanitische Haltung neben der beduinischen. Wir werden sehen, wie sich diese beiden Haltungen zunächst im Talmud vereinen, später aber, im Exil, wieder weitgehend trennen.

Rassenhinweise im hebräischen Schrifttum

Hinweisen auf Körpermerkmale begegnen wir im biblischen und nachbiblischen Schrifttum der Juden nur selten. Hie und da findet sich immerhin eine Bemerkung dieser Art. Aus der Richterzeit gibt es eine Episode, die zwar nicht über die Juden selber, aber doch über die Moabiter etwas aussagt: Der Richter Ehud ersticht den moabitischen König, dem die Juden zinspflichtig sind, indem er ihm sein Schwert so tief in den Leib stößt, daß die gewaltigen Fettmassen des Herrschers sich über dem Schwertgriff zusammenschließen und die hereintretenden Diener nachher nicht sofort die Todesursache herausfinden können. Fette Orientalen findet man selten. Wir können aus dieser Episode wohl schließen, daß auch die ursprünglich orientalischen Moabiter, genau wie die Hebräer, sich im Lande mit den Ansässigen vermischt haben.

Von König Saul wissen wir, daß er sein Volk um Haupteslänge überragte. Ob hier ein nordischer oder – was wahrscheinlicher ist – hamitischer Einschlag vorlag, bleibt fraglich.

Von David, dessen geschmeidiges Hantieren mit der Schleuder eher auf einen zierlichen, beduinischen Körper schließen läßt, wissen wir, daß er «admoni», das heißt rötlich, und sehr schön war. Aber wir wissen nicht, ob sich die rötliche Farbe auf das Gesicht oder das Haar bezieht. Und falls die Haare gemeint sind, so wissen wir nicht, ob dunkles Haar mit einem kupfernen Schimmer oder helles Haar mit einem rötlichen Goldton gemeint ist.

Es fehlt in der Naziliteratur nicht an Hinweisen auf diese Stelle und der Behauptung, David müsse nordisch ausgesehen haben, denn nur Nordrassige besäßen einen rosigen Schimmer im Gesicht. Das stimmt aber nicht. Südländer mit dunklen Haaren haben mitunter pfirsichfarbene Wangen. Und außerdem wissen wir ja nicht, ob die Stelle sich überhaupt auf die Haut bezieht.

Aus all diesen Hinweisen geht auch nicht hervor, welches der Idealtypus der Juden in der damaligen Zeit war. Es wäre aufschlußreich, ihn kennenzulernen, denn gewöhnlich deckt sich das Schönheitsideal eines Volkes entweder mit dem Rassentypus der einst oder gegenwärtig herrschenden Schicht oder, bei reinrassigen Völkern, mit der Rasse des Volkes selber.
Es liegt nahe, das Hohelied nach solchen Hinweisen zu durchsuchen. Doch ist auch hier die Ausbeute spärlich. Das Lied ist zwar voll von Gleichnissen, aber sie wirken willkürlich gewählt. Vielleicht fehlt uns auch einfach der Schlüssel zum Verständnis, weil er nur in dem einstweilen recht bruchstückhaft vorgefundenen kanaanitisch-mythologischen Schrifttum zu finden wäre.
Hierfür ein Beispiel: Die Augen der Geliebten werden mit Tauben verglichen. Darunter kann man sich wenig vorstellen. Aber man versteht den Vergleich sofort, wenn man erfährt, daß die Liebesgöttin des Vordern Orients stets mit zwei Tauben zusammen abgebildet wurde.
Von der Nase des Geliebten steht einmal geschrieben, sie gleiche dem Libanonsturm. Darunter kann man sich überhaupt nichts vorstellen.
In zwei aufeinanderfolgenden Versen lesen wir:

Sein Haupt ist Feingold,
Seine Locken rabenschwarz.

Ist mit dem «Haupt» vielleicht die Gesichtsfarbe gemeint? Oder bezieht sich Feingold auch auf die Haarfarbe? In diesem Falle müßten diese beiden Zeilen nicht nacheinander gesungen werden, sondern sie wären auswechselbar, je nach dem Aussehen des Bräutigams. Es sind ja alte Hochzeitslieder, die wir hier vor uns haben. – Einmal gleicht das Haar der Geliebten einer Herde Ziegen. Soll man folgern, daß es lockig ist?

Einmal singt das Mädchen:

Ich bin braun, aber doch schön.

Soll man daraus schließen, daß Mädchen mit der allerhellsten Haut, die Blondinen also, den Vorzug hatten? Weit eher ist hier wohl eine gewisse Vorliebe für die hellere Haut der Vorderasiatin der Beduinin gegenüber gemeint. Dafür spricht auch, daß der Leib der Geliebten mit einem Weizenhaufen verglichen wird, dessen Farbe ja nicht weißlich oder rosig, sondern hell goldbraun ist. Negroider Einschlag scheint dem Schönheitsideal also nicht entsprochen zu haben. Es muß ihn aber gegeben haben. Ganz ohne Spuren kann der lange Aufenthalt der Hebräer in Ägypten nicht geblieben sein. Sie haben etwas Negerblut aufgenommen. Man findet ja noch heute einzelne Juden mit wolligem Kraushaar und negroiden Wulstlippen.

Auch das nachbiblische Schrifttum der Juden exzelliert nicht in Beschreibung von Körpermerkmalen. Und mit den wenigen Stellen, wo leibliche Kennzeichen überhaupt erwähnt sind, verhält es sich oft genug ähnlich wie mit dem Vergleich der Augen des Mädchens im Hohenlied mit Tauben: Der Hinweis ist nicht physiologisch, sondern mythologisch zu verstehen. So etwa, wenn wir in einem alten Midrasch lesen, die schöne Königin Ester habe eine grünliche Gesichtsfarbe gehabt.

Ester war eine persische Jüdin. Sie war die Nichte und vielleicht zunächst auch Gattin Mordechais. Später, als Frau des Perserkönigs Achaschwerosch (= Xerxes), errettete sie die persischen Juden vor einer geplanten gefährlichen Verfolgung. Ohne Zweifel sind Ester und Mordechai historische Gestalten, aber die beiden Namen sind mit denen der babylonischen Götter Astarte und Marduk identisch. Und von Astarte, der Göttin der

Liebe und der Nacht, mag Ester auch die grüne Gesichtsfarbe übernommen haben.

Auch das frühchristliche Schrifttum, das ja zunächst dem gleichen Kulturkreis angehört, bringt uns nicht weiter. Über Paulus erfahren wir aus möglicherweise historischen Quellen, er sei häßlich und unansehnlich gewesen. Daraus läßt sich auf einen bestimmten Rassentypus kaum schließen.

Über das Aussehen von Jesus gibt es ebenfalls eine Anzahl Angaben. Sie stammen aber alle nicht von Zeitgenossen. Im syrischen Raume gab es eine Überlieferung. Jesus sei, genau wie Paulus, häßlich und unscheinbar gewesen. Während aber der Ausspruch über Paulus höchstwahrscheinlich auf Augenzeugen zurückgeht, ist dieser Hinweis auf das Aussehen Jesu wohl eher nur als Ausdruck der neuen Weltanschauung zu werten, für welche, im Gegensatz zur griechischen Antike, einzig die Schönheit der Seele und nicht die des Leibes zählt. «Jesus war häßlich» bedeutet wohl einfach: «Es ist gleichgültig, wie er aussah.»

Diese vorderasiatisch-beduinische Wertung ist uns heute, nach zweitausend Jahren Christentum, geläufig und vertraut. Es dauerte aber lange, bis sie sich auf dem alten griechisch-römischen Boden durchsetzen konnte. Jahrhundertelang bestand hier ja auch eine tiefe Aversion dagegen, sich den Erlösergott gemartert, erniedrigt, gekreuzigt vorzustellen. Man bildete ihn nur als Auferstandenen in seiner Glorie ab.

Anders im vorderasiatischen Syrien. Den dortigen Christen war die zentrale Bedeutung gerade dieses entwürdigenden Martyriums von Anfang an klar und selbstverständlich. Die Hellenen dagegen haben das Kreuz als Symbol des neuen Glaubens nur langsam und zögernd akzeptiert, und sie haben es anfangs zum edelsteinbesetzten, goldenen Zierstück umgewandelt. Den Kruzifixus selber haben bis zum 6. Jahrhundert überhaupt nur die vorderasiatischen Christen, die Syrer, dargestellt.

Diese rassisch bedingte und gerade die Rassenforschung an den Juden erschwerende Gleichgültigkeit gegen das leibliche Bild des Menschen bleibt bei den Juden auch später, bis tief in die Neuzeit hinein, erhalten. Auch die chassidischen Geschichten, dieses letzte rein jüdische Volksdokument auf europäischem Boden, legen in ihrer Urform Zeugnis davon ab. Wir erfahren von manchen der Zaddikim, daß sie bäuerlich aussahen und sich auch bäuerlich kleideten – sonst nichts. Und auch dieses Detail würden wir schwerlich erfahren, wenn es nicht für diese armen, volkstümlichen Prediger so kennzeichnend und außerdem für manche Anekdoten bedeutsam wäre. Immer wieder kommt es nämlich vor, daß der Zaddik für einen gewöhnlichen ukrainischen Bauernknecht gehalten wird oder sich selber für einen solchen ausgibt, wenn er unerkannt eine Wohltat ausüben will.

Daher wirkte auch Martin Bubers erste Nachdichtung der chassidischen Geschichten in deutscher Sprache auf Kenner dieser Welt befremdend. Wenn Buber etwa von einer «schönen, schlanken» Rabbinerin sprach, dann war es klar, daß die Formulierung und der Geist, der aus ihr spricht, nicht der Urfassung entstammen konnten. In einer späteren Redaktion der Geschichten hat Buber dann solche Entgleisungen vermieden.

Wie wir sehen, läßt sich eine Rassenschilderung des jüdischen Volkes nicht auf Selbstschilderungen der Juden aufbauen. Wir müssen immer wieder den umgekehrten Weg einschlagen und vom seelischen Verhalten und von der geistigen Leistung her auf das Rassenbild zurückschließen. Bei den Juden bringt uns solche Synopse am weitesten.

Nachdem wir aber festgestellt haben, welche beiden wichtigsten Rassenkomponenten das Judentum Kanaans bestimmt haben, hat es wenig Sinn, jeden einzelnen historischen oder geistigen Vorgang rassisch zu klassifizieren. Wir begnügen uns mit einigen Stichproben:

Von König Saul wissen wir, daß er stark den Stimmungen unterworfen war, zu Depressionen neigte und sich leicht rühren ließ. Wir wissen von ihm auch, daß er in der Nacht vor der letzten Entscheidungsschlacht eine Frau aufsuchte, die, trotz biblischem Verbot, zauberte und Tote beschwor. All das und noch viele andere biographische Details des unglücklichen Königs lassen vermuten, daß er eher kanaanitischer Herkunft war, trotz seiner erheblichen Körperhöhe.

David dagegen, listig und grausam, zielbewußt und klar überlegend, glänzend begabt zum Partisanenkampfe, erscheint als das Urbild des Beduinen. Er hat auch in der Auseinandersetzung mit dem weichern Saul genauso den Sieg davongetragen wie seinerzeit die eindringenden Hebräer über die Kanaanäer.

Die rebellischen Judäer

Das Dulderethos der Kanaanäer kennen wir bereits aus der Geistesgeschichte der Juden. Es ist klar, daß die politische Geschichte von den aktiveren Beduinen getragen ist. Sie erhielten sich am längsten und profiliertesten im unwirtlichen judäischen Bergland. Hier und nicht in der sanften galiläischen Landschaft kam es immer wieder zu den wilden Aufständen gegen alle Besatzungsmächte,

und zwar vor allem, wenn diese sich religiöse Übergriffe erlaubten. Tatsächlich entweihten die syrischen Seleukidenherrscher bewußt den Tempel, und dasselbe taten später die Römer.
Es gibt zwar ein allgemeines Vorurteil, die Griechen und Römer seien, im Gegensatz zu den Juden, in religiösen Fragen tolerant gewesen. Die Annahme beruht jedoch auf einer falschen Voraussetzung. Für den Menschen der griechisch-römischen Antike gab es neben einigen Gottheiten, die von allen gemeinsam verehrt wurden, eine Unzahl von lokalen Nebengöttern. Welchen Einwand hätte er unter solchen Umständen dagegen erheben sollen, daß auch alle andern Völker ihre Lokalgottheiten beibehielten?
Griechen und Römer waren daher auch immer bereit, fremden Lokalgottheiten ihre Reverenz zu erweisen. Solche Einstellung beruhte auf Gegenseitigkeit. Die Toleranz nahm aber rasch ein Ende, wenn jemand den römischen Göttern keine Ehrfurcht bezeugte. Dann versuchten sie eben, die Anbetung ihrer Götter mit Gewalt zu erzwingen.
In Judäa bedeutete das Partisanenkämpfe und dann regelrechten Krieg. Erstaunlich oft trugen die Juden, die mit bedingungslosem Todesmut kämpften, gegen überwältigende Übermacht den Sieg davon. Es gelang ihnen, die Seleukidenherrschaft im Jahre 168 v. Chr. abzuschütteln. Sie siegten anfänglich auch gegen die Römer. Doch Rom, damals auf dem Höhepunkt seiner Kraft und Macht, hatte den längeren Atem und trug schließlich, nach Jahren, den Sieg davon. Zehntausende von Juden nahmen sich und ihren Frauen und Kindern das Leben, um nicht in Sklaverei zu geraten. Zehntausende andere, die es versäumt hatten, sich so dem römischen

Zugriff zu entziehen, wurden ans Kreuz geschlagen. So geschah es in Jerusalem im Jahre 70 n. Chr.
Als Bar Kochba fünfzig Jahre später noch einen weiteren Aufstand wagte, wußte er daher, was es bedeutete, den Römern lebend in die Hände zu fallen: In der Festung Massada am Toten Meer nahmen sich die Aufständischen, als ihre Niederlage sicher war, das Leben.
Die Aufstände waren zum Teil aussichtslos, und die Talmudlehrer warnten immer wieder vor solchem Aderlaß des Volkes. Dennoch hatten die Revolten ihren guten Sinn. In ihnen dokumentierte sich der beduinische Mut und Starrsinn, der als Komponente zu dem vorderasiatischen Dulderethos hinzukommen mußte, um den Juden das Überleben durch die Jahrtausende hindurch zu ermöglichen. Jenes Überleben, das ihnen aber ohne den Talmud schwerlich geglückt wäre.

V. DIE ARAMÄISCHE TALMUDWELT

Die beduinische Halacha

Was ist Talmud? Nach Meinung vieler Nichtjuden ist der Talmud – sofern sie das Wort überhaupt je gehört haben und seine Bedeutung zu wissen meinen – eine Anhäufung kleinlicher Spitzfindigkeiten, unfruchtbarer Debatten und gezielter Bosheiten gegen die Nichtjuden. Publikationen aus den letzten Jahren haben diesen Irrtum vielleicht da und dort behoben. Manche wissen heute, daß der Talmud ein nachbiblisches Kompendium ist, das im Laufe von etwa tausend Jahren – vom Jahre 500 vor bis zum Jahre 500 nach der Zeitenwende – entstand und in ziemlich unsystematischer Abfolge Kommentare zum Bibelgesetz, erweiterte und neue Ritualgesetze, belehrende und anekdotische Erzählungen und jüdische Sagen enthält.

Es gibt seit einiger Zeit eine kleine deutsche Auswahl aus dem Talmud, die aber von dem Kompendium kein angemessenes Bild gibt, weil sie die homiletische Seite im Verhältnis zur gesetzgebenden zu stark berücksichtigt. Man begreift nach der Lektüre dieser Auswahl nicht, warum die Juden selber ihrem Talmud eine solch fundamentale Bedeutung beimaßen und warum er von kirchlicher Seite im Mittelalter und sogar noch später immer wieder mit Schärfe angegriffen wurde. Man begreift auch nicht, weshalb anderseits die jüdische Sekte der Karäer, auf die wir noch zu sprechen kommen, den Talmud so radikal ablehnte.

Die positive wie die negative Bedeutung des Talmuds

kann man nur aus der jüdischen historischen Situation heraus verstehen. Er entstand, wie gesagt, erst nach der Kodifizierung der biblischen Bücher. Dennoch behaupten manche Talmudgläubigen, er sei dem Volke Israel gleichzeitig mit der Thora – das ist der Pentateuch – als sogenannte «mündliche Lehre» schon am Berge Sinai übergeben worden. Anfangs wurde der Talmud nämlich nur mündlich überliefert. Insofern mag an dieser Annahme etwas daran sein, als zweifellos das eine oder andere Talmudgesetz auf uraltes Brauchtum zurückgehen und sogar aus vorbiblischer Zeit stammen mag. In der Hauptsache aber ist der Talmud erst entstanden, nachdem die Bibel kodifiziert und kanonisiert war.

Zuerst entstand, noch im Lande Israel selber, die sogenannte Mischna, das heißt Wiederholung. Sie repetiert, erläutert und kommentiert das Bibelgesetz.

Bald aber war die Mischna ihrerseits ebenfalls kommentarbedürftig. Es entstand nun, geschaffen durch viele Generationen von Gelehrten, die sogenannte Gemara, zu deutsch Abschluß oder Vollendung. Ihre Entstehung fällt in die Zeit nach der Zerstörung des Tempels von Jerusalem durch die Römer. Der kleinere Teil der Gemara, der sogenannte «Jerusalemer Talmud», wurde im Lande Israel abgefaßt, der weit umfassendere Teil aber, der «babylonische Talmud», verdankt seine Entstehung Dutzenden von Dozenten an den großen Talmudakademien der mesopotamischen Städte Sura, Pumbedita und Nehardaa.

Der Ausdruck Talmud wird entweder für Mischna und Gemara zusammen gebraucht oder nur für die Gemara allein. Wir benützen in unserem Buche den Begriff in der weiteren, vor allem bei christlichen Theologen üblichen Bedeutung.

Der Talmud repräsentiert, wie wir schon sagten, teils eine Mischung und teils eine Synthese der kanaanäischen und hebräischen Geisteshaltung. Die Gesetze sind scharfsinnig und präzis, aber zugleich humanisiert. Von Talionsrecht ist hier keine Rede mehr.

Das Recht ist im Talmud auch gründlich ausgebaut: Man hatte es ja nicht mehr mit Wanderhirten zu tun, bei denen nur einige wenige, einfache Delikte in Frage kamen. Es hatte sich inzwischen, vor allem in Mesopotamien, bei den Juden eine vielschichtige Gesellschaft entwickelt. Es gab jetzt neben Viehzüchtern auch Grundbesitzer, Lohnarbeiter, Gewerbetreibende, Kaufleute und Gelehrte. Klar und detailliert wird jede nur irgend denkbare juristische Situation bis ins letzte durchdebattiert. Dutzende von Seiten beschäftigen sich zum Beispiel allein mit der Frage, wieweit und in welcher Form der Besitzer eines stößigen Ochsen verantwortlich ist für den Schaden, den das Tier anrichtet, und wie es sich mit der Verantwortung und Schadenersatzpflicht verhält, wenn der Schaden oder Unfall angerichtet wurde, während das Tier an jemanden ausgeliehen war.

Es ist klar, daß es, trotz zunehmender Humanisierung, vornehmlich die beduinischen Gehirne waren, die sich auf dem Gebiet der Gesetzesdeutung auszeichneten. Tatsächlich beschäftigt sich der Jerusalemer Talmud vorwiegend mit Gesetzesinterpretation, während im üppigen Babylon Sage und Anekdote wuchern und das homiletische Schrifttum blüht. Indes lassen sich solche Behauptungen nicht verallgemeinern: Auch auf palästinensischem Boden gab es Publikationen dieser Art.

Die Mischnalehrer jedoch waren alle streng rational eingestellt. Von Symmachos, dem Schüler des Rabbi Meir, einem Mischnalehrer im Lande Israel, wissen wir, daß er 48 Argumente für und ebenso viele gegen die Kaschrút, das heißt die rituelle Reinheit und Tauglichkeit, ein und derselben Sache vorbrachte. Ein anderer stellte sogar 150 Argumente dafür auf, daß die nach Mosaischem Gesetz als Speise verbotenen Kriechtiere dennoch kaschéjr, also rituell erlaubt, seien.

Solche Debatten waren keineswegs eine sinnlose Spielerei, welche höchstens dazu taugen konnte, den spitzfindigen Verstand zu wetzen. Sondern es war dies eine sinnvolle Form, das gültige Gesetz langsam aus allen nur irgendwie denkbaren Einwänden herauszuschälen und es abzusichern.

Am schönsten kommt diese Neigung, jeden Gedanken streng rational zu Ende zu denken, in einer entzückenden Talmudlegende zum Ausdruck.

Rabbi Josua und Rabbi Elieser konnten sich über eine halachische Streitfrage nicht einigen. Da sprach Rabbi Elieser, offenbar ein Sohn jener lieblichen Märchenluft Kanaans, in der nicht die Debatte, sondern die Legende und die Wunder blühten:

«Wenn ich recht habe, soll dieser Johannisbrotbaum ein Stück weit zurückrücken.»

Der Baum rückte auf der Stelle zurück. – Rabbi Josua aber erklärte, durchaus logisch:

«Das ist kein Beweis.» – Darauf begann ein Bächlein aufwärts zu fließen, um dadurch für Rabbi Elieser zu zeugen. Rabbi Josua aber blieb bei seiner Meinung.

«Das ist kein Beweis», wiederholte er.

Aber Rabbi Elieser hatte noch stärkere Fürsprecher: Die Wände des Lehrhauses neigten sich vor, und aus der Höhe erschallte eine Stimme und bestätigte seine Meinung. Da aber wurde Rabbi Josua ernstlich böse; er schrie die Wände und die überirdische Stimme an, in

Gesetzesfragen hätten die Mehrheit des Gelehrtenkollegiums und die Logik zu entscheiden und nicht irrationale Wunder.

Die vorderasiatische Agada und die Sprache des Talmuds

Der babylonische Talmud aber ist voll von rührenden und erschütternden Anekdoten aus dem Leben einzelner Talmudlehrer. Hier spüren wir in den zauberhaften Wundererzählungen die Luft des Neuen Testamentes und des neuzeitlichen Chassidismus. Allerdings tritt uns keiner der Talmudlehrer so profiliert entgegen wie der Nazarener und einige der späteren chassidischen Rabbis. Hier finden wir auch – nicht in den Gesetzen, wohl aber in den Erzählungen – jene fast bis zur Karikatur gesteigerte vorderasiatische Demutshaltung, die zwar den Heiligen kennzeichnet, im banalen Alltagsleben jedoch zu unsinnigen und untragbaren Konsequenzen führt.

Zwar glauben die Talmudlehrer keineswegs so, wie die frühen Christen und etliche jüdische Sekten derselben Zeit, an ein unmittelbar bevorstehendes Weltende. Aber der Glaube an ein Leben jenseits des Grabes ist jetzt zur Selbstverständlichkeit geworden. Wir finden im Talmud sowohl den Glauben an das Weiterleben der individuellen Seele nach dem Tode wie auch an die leibliche Auferstehung aller Toten beim Kommen des Messias. Und die vor allem aus dem babylonischen Raume kommende Auffassung, es würden dem Kommen des Messias böse und bittere Zeiten vorangehen, wird von fast allen Talmudlehrern geteilt, geht später auch in den Volksglauben der Juden Osteuropas ein und spielt in den

Konzeptionen fast aller jüdischen Mystiker aus sämtlichen Zeiten eine grundlegende Rolle.
Es gibt jetzt bei den Juden auch Aberglauben. Bannsprüche an der Wand sollen gegen die Macht der Dämonen schützen, Amulette und Talismane, von Frommen geweiht, sollen das Unheil fernhalten. All dies sind Elemente, die wir später im Chassidismus unverändert wiederfinden.
Fast unverändert finden wir später in der Ukraine auch die Anekdoten wieder, die sich in talmudischer Zeit um das Leben der Frommen spinnen. Nur einzelne davon tragen historisches Gepräge. So etwa der Bericht über die Todesstunden des Rabbi Akiba, der von den Römern lebendig geschunden wird und während der Folter betet und singt. Die Jünger wundern sich, daß der Rabbi unter solchen Qualen noch Gott zu preisen vermag. Er aber sagt:

> «Schon immer empfand ich Kummer darüber, daß ich Gott meine volle Hingabe nicht beweisen konnte. Jetzt endlich, in meiner Todesstunde, ist es mir vergönnt!»

Andere, mehr legendäre Anekdoten und solche, die das vorderasiatische Dulderethos zum Teil ins Groteske übersteigern, werden wir im Zusammenhang mit dem ostjüdischen Chassidismus aufgreifen.
Hier haben wir noch festzuhalten: Der Talmud brachte neben Religiösem, Gesetzlichem und Homiletischem buchstäblich alles, was die jüdischen Dozenten der mesopotamischen Akademien lehrten, gleichgültig, ob sie ihr Wissen aus den eigenen Traditionen geschöpft, von den Ansässigen Babylons übernommen oder auch mit ihnen zusammen erarbeitet hatten. Wir finden daher im Talmud auch viel über Medizin, Hygiene, Kalender-

wissenschaft, Sternkunde und überhaupt exakte Wissenschaften.
Zur Zeit, da der Talmud niedergeschrieben wird, sprechen die Juden längst nicht mehr das biblische, harte, strenge Hebräisch, sondern das weiche, volkstümliche Aramäisch. Nur die Mischna ist noch in hebräischer Sprache abgefaßt. Die Gemara jedoch greift nicht mehr auf die alte Kultsprache zurück, sondern bedient sich des Aramäischen, das jetzt schon seit Jahrhunderten die allgemeine Landessprache nicht nur Israels, sondern des gesamten Vordern Orientes ist. Es spielt hier um die Zeitenwende und noch lange darüber hinaus eine ähnliche Rolle wie im 19. Jahrhundert Französisch im Umgang der Diplomaten und noch heute Englisch im Verkehr der Kaufleute.
Dieses Aramäisch, das die Juden damals in zwei Varianten sprachen – einer syrischen im Westen und einer mesopotamischen im Osten –, ist, genau wie das Hebräische, eine semitische Sprache, jedoch weicher, poetischer, dabei zugleich kürzer und schlagfertiger. Nicht ohne Grund ist es schon oft mit dem Jiddisch der neuzeitlichen Juden verglichen worden. Insofern hinkt der Vergleich allerdings, als das Jiddisch, trotz seiner starken hebräischen Elemente, im wesentlichen dennoch ein indogermanisches, nämlich deutsches Idiom ist. Es trägt aber deutlich den gleichen Stempel Vorderasiens wie das Aramäische, ist wie jenes weich und farbig, melodisch und volkstümlich, zugleich poetisch und witzig. Es ist kein Zufall, daß diejenigen jüdischen Gruppen, die im Altertum und bis in die Neuzeit hinein stärkere orientalische Züge bewahrten, nie ein ähnlich liebenswertes Idiom hervorgebracht haben. Wir werden das noch erfahren.

Indes: Wie bedeutsam der Talmud auch sein mochte, sowohl für sich allein genommen wie für den Fortbestand des jüdischen Volkes – den genialen großen Atem der Propheten suchen wir hier vergeblich. Der fruchtbare Augenblick, in welchem die Begegnung der Steppenvölker mit den Kanaanitern zu einer der großartigsten Kulturperioden der Geschichte geführt hatte, war endgültig vorbei. Geblieben war eine recht geglückte Vereinigung von Eigenschaften, die, für sich allein schon wertvoll, sich in der Verbindung immer wieder befruchteten und lebendig erhielten. Geblieben war, als gemeinsames Erbe aus beiden Rassengruppen, die intensive Hinneigung zu geistigen Werten, mochte es auch auf der einen Seite mehr das abstrakte und exakte Wissen, auf der andern mehr die Freude an Phantasie und Legende sein, die im Vordergrund standen.

Die Talmudlehrer und der Tempelkult

Diese starke geistige Ausrichtung ermöglichte der jüdischen Gemeinschaft im Augenblick der Zerstörung des Tempels die rasche Ablösung von Kultort und sogar Heimat. Und dies, obwohl die Juden, wie wir schon wissen, immer wieder bedenkenlos ihr Leben geopfert hatten, wenn es galt, den Tempel gegen Entweihung durch Ungläubige zu schützen, und obwohl sich auch später, im Exil, Erinnerungen, Heimwehträume und unzählige rührende Legenden um den Tempel und seine Ruinen rankten. Fortan beteten die Juden bei den Resten der Tempelmauern, sobald es ihnen wieder erlaubt war, Jerusalem zu betreten. Die Römer hatten es ihnen nämlich zunächst einmal nach der Zerstörung von Stadt und Tempel verboten.

Die Liebe der Juden zu ihrem kanaanitischen Kultort ging so weit, daß sich ihnen sogar die Vorstellung vom Messias mit der Erwartung verband, sie würden mit ihm zusammen in das Gelobte Land zurückkehren und den Tempel wiederaufbauen. Offenbar störte es die an der Klagemauer betenden, träumenden, weinenden Juden nicht einmal, daß dieser Tempel von einem ihrer erbarmungslosen Bedrücker erbaut worden war, dem grausamen Halbaraber Herodes, dem jüdisch-nabatäischen Mischling. Der Prachtbau, den König Salomon tausend Jahre zuvor errichtet hatte, war ja von den Babyloniern zerstört worden, und der Neubau durch Esra und Nehemia nach der Rückkehr der Juden aus Babylon wird im jüdischen Schrifttum nirgends besungen. Vermutlich war es eine Art Notbau, in Eile ausgeführt und ohne Pracht und Kunstwert. Dies würde auch zu der ganzen puritanischen Einstellung Esras am ehesten passen. Es war wohl eher ein «protestantischer», kahler Kultraum – und nicht viel mehr.
Tatsächlich träumt die jüdische Legende immer nur vom Salomonischen Prachttempel, von dem wir wissen, daß er von Künstlern und Baumeistern aus Tyrus, also von Nichtjuden, errichtet und ausgeschmückt worden war. Denn wenn auch die Vorderasiaten in der gestaltenden Kunst nie die Höhe der Ägypter oder Griechen erlangten, so waren sie doch den ehemaligen Beduinen weit überlegen.
Der Mut, mit welchem die Juden ihren Tempel gegen das gewaltige Rom verteidigten, verdient tiefe Bewunderung. Dennoch hatte Rabbi Jochanan ben Sakkai recht, als er sich während der römischen Belagerung Jerusalems in einem Sarg von seinen Schülern aus der Stadt schmuggeln ließ und den römischen Kommandanten um

die Erlaubnis bat, in Jawne, nicht weit von Jerusalem, die in der Stadt jetzt gefährdete Talmudakademie neu aufbauen zu dürfen. Der Römer erlaubte es, und er ermöglichte damit den Juden, sogar das Römische Reich zu überleben. Denn von da an begannen sie, den Talmud, der bisher nur mündlich weitererzählt worden war, aufzuschreiben. Ihnen war während der Belagerung klargeworden, wie gefährdet eine Tradition ist, die nur auf der Erinnerung beruht und folglich immer auf ein paar überlebende Gelehrte angewiesen bleibt.

Daß aber der Talmud für ein Weiterleben des Volkes vor allem im Exil unerläßlich war, wußten sie genau. Daß mit der Zerstörung des Tempels auch der ganze Tempelkult und vor allem die regelmäßigen Blutopfer ihr Ende nahmen, erschien dagegen keinem der frühen Talmudlehrer als ein vernichtendes Unglück.

Oft findet man gerade in christlichen Kreisen die Auffassung, daß die Talmudlehrer, die den Tempelkult und die Opfer durch gemeinsames Gebet an beliebigem Ort in einem beliebigen Raume ablösten, im Grunde etwas ganz Neues geschaffen hätten. In Wirklichkeit gingen sie nur auf die Urform des hebräischen Glaubens zurück.

Natürlich stimmt auch das nicht ganz exakt. Sie waren keine Urhebräer mehr. Sie wirkten ja entschieden dabei mit, daß man überhaupt keine Blutopfer mehr darbrachte. Sie folgten also trotz ihrem Mißtrauen gegen die revolutionären Propheten dennoch deren Direktiven zu einer ethisierten, vergeistigten Religion. Und erst diese Verbindung der beduinischen Urform mit der kanaanäischen Durchgeistigung brachte die unerläßliche Synthese für das Weiterleben der Juden im Exil.

Während die Talmudlehrer aber die Forderungen der

Propheten voll übernahmen, brachten sie den Propheten selber oft genug Mißtrauen entgegen. Denn zu ihrer Zeit waren die Propheten doch in ganz anderm Sinne Neuerer gewesen als jetzt die Talmudlehrer, die auf scholastische Art die Angleichung der alten Gesetze an die Gegenwart nur als Interpretation und nicht als Neuschöpfung verstanden wissen wollten und denen überhaupt der kühne Atem der Prophetie fehlte.

Am schärfsten aber traten sie – von ihrem Standpunkt aus mit Recht – gegen jeden exaltierten Messianismus auf, der dazu angetan war, das Weiterleben der Volksgemeinschaft zu gefährden. Am schönsten kommt diese talmudische Haltung vielleicht in folgendem Ausspruch eines Talmudlehrers zum Ausdruck:

> «Wenn der Messias kommt, während du gerade dabei bist, ein Reis einzupflanzen, dann pflanze es erst einmal ein, und dann erst steh auf und folge dem Messias!»

Der Talmud als Exilzentrum

Und noch in einem andern Sinne schufen die Talmudlehrer den Übergang zur Exilexistenz. Die Juden hatten politisch auf der Welt nie eine bedeutende Rolle gespielt. Zwar hatten sie eine kurze Zeit hindurch ein geschlossenes eigenes Königreich gehabt und eine Weile lang sogar vollkommenen Frieden genossen. Nachträglich erschien ihnen diese kurze Periode – zu Unrecht – in verklärtem Lichte. In Wirklichkeit waren sie unter den absoluten Herrschern sicher nie glücklich gewesen. Sie werden sich unter dem Gelehrtenkollegium, das Esra und Nechemia nach der Rückkehr aus Babylon einsetzten, weit wohler gefühlt haben. Aus diesem Kollegium entwickelte sich dann später der sogenannte Sanhedrin (ein griechisches Lehnwort: Synhedrion), der religiösjuristische Gerichtshof der siebzig Schriftgelehrten, dem sich das Volk bereitwillig unterstellte.

Im Exil gab es dann zwar keinen Sanhedrin mehr. Aber es gab jetzt in Babylon neben dem Exilarchen, der sich um Verwaltung und Steuern der jüdischen Exilgemeinde zu kümmern hatte, die hochgelehrten Dozenten der Talmudakademien. Auch ihnen unterstellten sich die Juden nunmehr freiwillig, und zwar nicht nur die von Mesopotamien, sondern alle.

Mehr als 1500 Jahre später fand ein chassidischer Zaddik – es war Jizchak von Berditschew – in Osteuropa für diese einzigartige freiwillige Unterwerfung eines ganzen Diasporavolkes unter die Direktiven einiger Gelehrter ohne jede Exekutivgewalt eine rührende anekdotische Formulierung. Um die Anekdote zu verstehen, muß man wissen, daß der Zaddik im zaristischen Rußland lebte und daß Polizei und Zollbehörden des Zarenreiches berühmt waren für ihre Schärfe und Roheit. Man muß ferner wissen, daß es einen jüdischen Festtag namens Pessach – bei Luther Passah genannt – gibt, der zeitlich etwa mit Ostern zusammenfällt und der Erinnerung an den Auszug aus Ägypten gilt. Pessach dauert acht Tage, und während dieser Zeit darf kein gesäuertes Brot gegessen werden, weil auch die Hebräer vor ihrem Auszug aus Ägypten keine Zeit mehr hatten, ihr Brot zu säuern. – «Ich ging», erzählt nun der Rabbi, «von einem jüdischen Lädchen zum zweiten, und trotz Polizeiterror fand ich in jedem geschmuggelte Waren. Aber obwohl niemand die Einhaltung der Ritualgesetze überwacht, fand ich doch in keinem dieser Häuser zu Pessach je gesäuertes Brot.»

Um die Zeit, da der Talmud an den Akademien Babylons entstand, gab es bereits jüdische Gemeinden im gesamten Römischen Reich, in Arabien, in Persien, am Schwarzen Meer. Diese vielen Kolonien waren ja überhaupt die Voraussetzung dafür, daß die Juden nach dem furchtbaren Aderlaß beim endgültigen Siege Roms über Judäa noch weiter existierten.
Aber ohne die Möglichkeit, sich von Zeit zu Zeit von maßgeblicher Stelle Weisungen in religiösen und juristischen Fragen zu holen, wären diese zerstreuten Exilgemeinden doch allmählich zerfallen und zuletzt ganz verschwunden. Anderseits kam für diese alten Wüstensöhne, die sie trotz allem in vieler Hinsicht geblieben waren, auf die Dauer nur ein Zentrum in Frage, dem sie sich freiwillig unterstellten. Und zudem kam ja jetzt, im Exil, ohnehin keine politische Zentralstelle in Frage, sondern nur eine geistig-religiöse.
Eine solche Stelle war eben durch die Talmudakademien gegeben. Zu ihnen kamen Abgesandte aus der ganzen Diaspora, von hier brachten sie neue Regeln und Informationen für die Gestaltung ihres Lebens in der Fremde.
Daß diese neuen Geisteszentren sich gerade in Babylon heranbildeten, war kein Zufall. Schon im sechsten vorchristlichen Jahrhundert hatten die Babylonier nach der Zerstörung des Tempels von Jerusalem die gesamte jüdische Oberschicht nach Babylon mitgenommen. Dies entsprach ihrer Gewohnheit besiegten Völkern gegenüber, und es erfüllte einen doppelten Zweck: Indem man das Volk geistig dekapitierte, sicherte man sich ohne Krieg und Blutvergießen gegen weitere Aufstände. Und indem man gerade die wirtschaftliche und geistige Elite zu sich nach Hause brachte, förderte man außerdem noch Wissenschaft und Wohlstand im eigenen Lande.

Zwar wurden die Babylonier ihrerseits schon vierzig Jahre später durch den Perserkönig Kyros besiegt, der den Juden die Heimkehr erlaubte. Es kehrten aber lange nicht alle zurück. Gerade die reichsten und angesehensten blieben. Man weiß es unter anderm aus den sehr beachtlichen Spenden, die von nun an, genau wie später aus Alexandria, aus Mesopotamien an den Tempel in Jerusalem flossen.
Zu diesen jüdischen Exilgemeinden stießen immer weitere Gruppen von Flüchtlingen und Auswanderern nach jeder Verfolgungswelle und nach jedem mißglückten Aufstand im Gelobten Lande. Kein Wunder also, daß sich in diesen Kolonien nach dieser ersten Zerstörung Jerusalems auch ein neues religiöses und geistiges Zentrum heranbildete, das allmählich die Führung aller Juden der Diaspora übernahm.

Der «Segen» der Wanderung und Vertreibung

Der Vorgang ist exemplarisch und wird sich von nun an in der jüdischen Geschichte regelmäßig wiederholen. Jede Verfolgung und Vernichtung einer bisher bedeutsamen Judengruppe hat zur Folge, daß ein Teil der Überlebenden sich über immer weitere Territorien zerstreut, bis es dann zuletzt – nach den Massakern der Nazizeit – buchstäblich auf der ganzen Welt einzelne Juden oder auch ganze jüdische Gemeinden gibt. Diese Zerstreuung – ein unermeßliches Unglück für die Betroffenen selber – hat oder hatte doch bisher immer zur Folge, daß an irgendeiner Stelle der Welt, weit entfernt vom Herd des bisherigen Unglücks, der Keim zu einem neuen biologischen und geistigen Zentrum der Juden gelegt wurde. Denn solche Wanderung war ja immer auch mit Aufnahme neuer Elemente in den jüdischen Kreis verbunden, die im günstigen Falle eine neue geistige Belebung zur Folge hatte. Die halb freiwilligen und halb durch die Lebensumstände erzwungenen Wanderungen der hebräischen Nomaden und die späteren, durch politische Vorgänge erzwungenen Wanderungen der Juden im Exil hatten in dieser Hinsicht immer die gleiche Auswirkung:

Der Rassenmischung der hebräischen Nomaden mit den Kanaanitern entsprangen im Lande Israel als Frucht bald das prophetische Schrifttum und etwas später die Heiligenlegenden. Hätte es zu dem Zeitpunkt, da die Römer Jerusalem zerstörten, keine ausländischen Judenkolonien gegeben, so hätte dieser Aderlaß vielleicht das Ende des jüdischen Volkes bedeutet. Aber auch längeres Verweilen der Juden im Lande Kanaan, wo sie jetzt seit etwa tausend Jahren siedelten, hätte möglicherweise nur noch geistige Stagnation und Erstarrung gebracht. Äußerer Untergang und innere Erschöpfung wären dann Hand in Hand gegangen. So aber vollzog sich im richtigen Augenblick, wiewohl für die einzelnen unter unendlich schmerzlichen Umständen, die Verlagerung nach Babylon und die neue Belebung.

Welche Rolle Mischehen in Babylon gespielt haben, wissen wir nicht. Es wird sie aber gegeben haben. Und die Kinder werden, wie das immer der Fall ist, der gesellschaftlich und finanziell stärkeren Gruppe beigetreten sein. Das aber war hier in Babylon eher die der Juden.

Den Höhepunkt, den das Schrifttum Israels in Kanaan erreicht hatte, erreichte es zwar in Babylon nicht wieder. Es hatte in Palästina jüdische Helden, Heilige und Propheten gegeben. Jetzt gab es großartige Gelehrte, die sich die weniger anspruchsvolle, jedoch unendlich schwierige Aufgabe stellten, das jüdische Alltagsleben im Exil sinnvoll zu regeln.

Wie sehr solche immer neuen Vertreibungen und Vermischungen für das geistige Leben eines Volkes bedeutsam sein können, sehen wir am besten durch einen Vergleich mit den Arabern. Niemand kann leugnen, daß sie im frühen Mittelalter, nach ihrem letzten und größten Vorstoß aus den Steppengebieten ihrer Heimat in die fruchtbaren Gegenden Vorderasiens und Südwesteuropas, mit einer buchstäblichen Genialitätsexplosion das geistige Leben der ganzen damaligen Kulturwelt auf Jahrhunderte hinaus befruchteten. Sie hatten aber das physische Glück und geistige Unglück, sich auf ihren Lorbeeren ausruhen und geistig einschlafen zu können. Im späten Mittelalter klagen arabische Gelehrte bewegt, das Volk sei nicht wiederzuerkennen. Die Fellachisierung, die inzwischen die ganze arabische Welt ergriffen hat, begann sich offenbar schon damals abzuzeichnen.

Die Araber waren bestimmt nicht weniger begabt und kulturschöpferisch als die Juden. Um es zu bleiben – dafür fehlte ihnen, im Gegensatz zu den Juden, die Peitsche der blutigen Verfolgung, die sie immer wieder aufgescheucht, weitergetrieben und am neuen Wohnort zu neuen physischen und geistigen Symbiosen mit den dort Ansässigen gezwungen hätte. Solche Mischehen führten zwar sicher auch oft dazu, daß beide Partner vom Judentum abfielen. Aber was schadete das? Sie bewiesen damit, daß sie ohnehin nicht in die Reihen dieses merkwürdigen Volkes gehörten, sie waren nur Last und Ballast.

Weit wichtiger war, daß jede neue Welle der Verfolgung zur immer engeren und strengeren Auslese jener

Elemente führte, die gewillt und geeignet waren, aus den Ideen der jüdischen Welt heraus zu leben. Es spielte dabei keine Rolle, ob es «Altjuden» oder neue Proselyten waren. Oder vielmehr: Es spielte eine eminente Rolle. Denn diese Proselyten brachten durch immer neue rassische Vermischung die frische vitale Kraft und den Impuls zu neuer genialer Kulturtat.
All dies gilt, wie wir noch sehen werden, aber nur für die Vergangenheit.

Gelehrtenzüchtung durch Heiratspolitik

Vielleicht hätte übrigens die durch Wanderung und Exil bedingte Mischung allein trotzdem noch keine immer neuen Kulturperioden erzeugt. Es kam seit dem Exil aber noch ein weiterer und wesentlicher Faktor hinzu: die einzigartige Heiratspolitik der Juden.
Es hatte bei ihnen auch früher, im Gelobten Lande, keinen Schwertadel gegeben. Die religiöse Ausrichtung schloß bei ihnen eine kriegerische Oberschicht zu jeder Zeit aus. Diese gleiche religiöse Ausrichtung – verbunden mit der beduinischen Verachtung des Grundbesitzes – ließ auch keinen Grundbesitzadel zu. Wir wissen ja bereits, daß nach Bibelgesetz der Boden alle fünfzig Jahre neu verteilt werden sollte. Selbst wenn es nicht sicher ist, ob das Gesetz je wirklich durchgeführt wurde, so ist es doch klar, daß unter solchen Voraussetzungen kein Landadel entstehen konnte. Er hätte ja seine Existenz einer permanenten Gesetzesübertretung zu danken gehabt.
Eine Geldaristokratie wäre prinzipiell denkbar gewesen. Aber die Juden Kanaans waren vorwiegend Hirten, Bauern, Gewerbetreibende. Es waren damals vor allem

die Phönizier, die als Seefahrer den Import und Export und überhaupt die großen Geschäfte im Vordern Orient tätigten. Und außerdem schloß das Bibelgesetz zwar die Entstehung von Reichtum nicht restlos aus, aber das Mosaische Zinsverbot erschwerte doch die Kapitalbildung erheblich.

Zudem wird ein Volk, das seit Jahrhunderten unter der geistigen Herrschaft eines hochgebildeten Kollegiums gestanden hat, wohl immer in erster Linie die Bildung – in diesem besondern Falle die religiöse Bildung – und nicht das Geld bewundern.

Diese Einstellung blieb den Juden eigen, wo immer sie aus ihren eigenen Traditionen heraus lebten – in der jüngsten Neuzeit also nur noch im Orient und in Osteuropa. Und diese Einstellung führte dann dazu, daß seit den frühesten Talmudzeiten eine Gelehrtenschicht systematisch herangezüchtet wurde. Die Gelehrten verheirateten ihre jungen Töchter ausschließlich mit begabten Studenten, die ihrerseits meist auch schon die Nachkommen vieler Generationen von Gelehrten waren. Inzucht war nicht zu befürchten. Denn erstens wurden begabte junge Männer auch dann in den Kreis aufgenommen, wenn sie zufällig nicht einer alten Gelehrtendynastie entstammten. Und zweitens stießen an jedem neuen Exilort neue Proselyten zu den Juden, und dies noch lange, nachdem die Juden es restlos aufgegeben hatten, zu missionieren.

Anderseits war eine Infiltration unbegabter Elemente sozusagen ausgeschlossen. Denn man kannte die Liebesehe mit ihren auflösenden Folgen noch nicht. Man kannte sie – dies nur nebenbei – in der traditionsgebundenen geistigen Oberschicht der Ostjuden bis auf den heutigen Tag nur in sehr beschränktem Grad. Einzig die Angehörigen des Proletariats wählten frei und aus Liebe ihren Ehepartner. Dies spiegelt sich deutlich sogar in den ostjüdischen Liebesliedern. Sie erzählen immer zugleich auch von der bitteren Armut der Liebenden, die meist irgendein bescheidenes Handwerk ausüben. Minnelieder einer sozial gehobenen Schicht gab und gibt es bei den Ostjuden überhaupt nicht.

Immerhin wurde diese strenge Begabtenauslese durch geplante Heiraten doch an einem einzigen Punkte durchbrochen. Da reiche Leute ohne Bildung und Herkommen nicht geachtet wurden, setzten sie ihren Ehrgeiz darein, für ihre Töchter gelehrte Männer zu gewinnen. Ein hungernder Student konnte auf diese Weise immer reich heiraten und sich damit die Möglichkeit verschaffen, sein ganzes Leben bei seinen Büchern zu verbringen. Das glich den Nachteil ein wenig aus, der sich durch Heirat mit einer vielleicht weniger begabten Frau ergab.

Jedoch: das alles garantiert nur einen begabten, nicht einen genialen Nachwuchs. Genialität ist nicht das Resultat einer ruhigen Kontinuität. Hierfür mußten noch die immer neuen Kreuzungen mit andern begabten Völkern hinzukommen. Doch ist eine solche begabte und gebildete Schicht, die sich durch die Jahrtausende hindurch intakt erhält, vielleicht eine der Voraussetzungen dafür, daß bei geeigneter Kreuzung neue Genialität entflammen kann.

Zunächst waren die Talmudakademien für den Weiterbestand der Juden im Exil und für ihre geistige Tradition am wichtigsten gewesen. Hier hatte sich, im ausgehenden Altertum, bereits eine voll ausgebildete mittelalterliche scholastische Geisteswelt herangebildet. Und dank der erwähnten klugen Heiratspolitik der Talmud-

lehrer hatten sich die Akademien jahrhundertelang auf einem exzellenten Niveau gehalten.
Schließlich machten sich aber dennoch Erschöpfungszeichen bemerkbar. Der Talmud war zwar teils eine Sammlung von Legenden und Sagen mit stark vorderasiatischer, phantastischer Prägung gewesen, teils war er aber doch immer auch eine lebendige, scharfsinnige Gelehrtendebatte geblieben. Autoritäten, denen man nicht hätte widersprechen dürfen, gab es hier nicht. Auch als man den Talmud schließlich kodifizierte, schaltete man keineswegs widersprüchliche Meinungen aus ihm aus. Man ließ sie nebeneinander stehen.
Jetzt aber, fast dreihundert Jahre nach dem Abschluß des Talmuds – zur Zeit Harun al Raschids also, in der zweiten Hälfte des achten Jahrhunderts –, war von einer lebendigen Forschung kaum noch die Rede. Sie wurde durch starren Autoritätsglauben abgelöst. Bedeutende Gelehrte wurden immer seltener. Die vorderasiatische Dämonologie triumphierte. Die Talmudlehrer debattierten nicht mehr, sondern weihten Amulette und Talismane und übten Exorzismen aus. Kurz: es trat allmählich eine spätmittelalterliche Erstarrung mit dem unvermeidlich dazugehörenden Niveauzerfall ein.
Tausend Jahre hatten die Juden im Lande Israel gelebt, ehe sich ihre kulturelle Schöpferkraft zu erschöpfen begann; rund tausend Jahre – die Hälfte davon überschneidet sich noch mit dem Aufenthalt im Gelobten Lande – hatten sie, vor allem in Mesopotamien, am Talmud gearbeitet. Neben die Propheten und Heiligen waren schon längst die Gelehrten getreten. Nun war auch diese Periode vorüber. Sollte es weiterhin ein lebendiges Judentum geben, dann war es an der Zeit, daß ein neuer Impuls sichtbar wurde.

VI. DIE RE-ARABISIERTEN SÜDJUDEN ARABIENS UND SPANIENS

Der Auftakt in Alexandria

Tatsächlich bahnte sich auf der arabischen Halbinsel und in Nordafrika eine neue jüdische Geistesperiode an. Ihr Auftakt lag aber um fast tausend Jahre zurück, nicht in Mesopotamien, sondern in der großen jüdischen Kolonie der nordägyptischen Hafenstadt Alexandria. Hier, wo die Griechen den Juden nicht, wie im Gelobten Lande die Seleukidenherrscher, als feindliche Besatzungsmacht gegenübertraten, gestaltete sich der Kontakt zum Teil freundlicher und vor allem fruchtbarer.

Die Umgangssprache der alexandrinischen Juden war nicht Aramäisch, sondern Griechisch. Die Kenntnis der hebräischen Kultsprache war hier allmählich sowenig selbstverständlich wie im aramäischen Sprachraum Vorderasiens. Da wie dort sah man sich genötigt, die Bibel in die neue Landessprache zu übersetzen. In Palästina war schon lange die Sitte aufgekommen, jeden Sabbat außer dem hebräischen Originaltext auch den Targum, das heißt die Übersetzung (gemeint: ins Aramäische), vorzulesen und zu interpretieren. Merkwürdigerweise drukken die Juden in ihren Bibelausgaben noch heute meist diesen Targum an den Rand des hebräischen Originaltextes.

In Alexandria jedoch galt es, die Bibel ins Griechische zu übertragen. Siebzig Schriftgelehrte wurden gleichzeitig mit der Aufgabe betraut, daher der Name Septuaginta (griechisch = siebzig). Die Legende berichtet, alle siebzig hätten einen wörtlich genau übereinstimmenden

Text geliefert, obwohl sie während des Schreibens keinen Kontakt miteinander hatten. Sie hätten sogar alle siebzig an einer einzigen Stelle am Bibeltext die gleiche winzige Änderung vorgenommen, weil sonst der Landesherrscher hier eine bösartige Anspielung auf seine Person hätte herausdeuten können.

Aber auch sonst blieb der Kontakt mit der griechischen Welt in Alexandria für die Juden nicht ohne Bedeutung. Es ergaben sich bei ihnen buchstäblich alle Varianten und Abstufungen der geistigen Haltung, vom streng-jüdischen Konservativismus bis zur totalen Preisgabe der Eigentradition und restlosen Assimilation an die griechische Kulturwelt. Es wurde zum ersten Male von einzelnen Juden auch ganz bewußt der Versuch gemacht, eine Synthese der eigenen Welt mit einer ihr wesensfremden zu schaffen.

Wir brauchen hier für unsere Zusammenhänge das hellenistisch-jüdische Schrifttum nicht bis in die Einzelheiten hinein zu verfolgen. Es genügt, wenn wir den bekanntesten aus der Reihe dieser «Synthetiker» nennen, dessen Werk sowohl für die Juden wie vor allem für die Christen später Bedeutung erlangte: Philon von Alexandrien. Er hat als erster versucht, den jüdischen Offenbarungsglauben mit den neuplatonischen Ideen der Griechen zu verschmelzen. Sein eigener Glaube ist voll von aramäischen, vorderasiatischen Elementen. Er baut sie in seine religionsphilosophische Konzeption ein, indem er zum Beispiel den Logos der Griechen mit den Engeln gleichsetzt.

Die späteren Versuche einer solchen Synthese durch die re-arabisierten Juden der islamischen Welt und vor allem Spaniens fielen weit strenger, abstrakter aus. Aber wichtig ist bei Philon nicht so sehr, ob ihm die Synthese

gut geraten ist und wie sie im einzelnen aussah, sondern die Tatsache, daß er sie überhaupt versuchte und durchführte. Denn Philons Versuche wurden zunächst für die Kirchenväter bedeutsam und später, auf dem Umweg über die jüdisch-arabische Philosophie, die zum Teil auf Philon zurückgriff, auch für die christliche Scholastik des Mittelalters.
Die jüdische Gemeinde Alexandriens, deren philosophische Impulse tausend Jahre später für die jüdisch-arabische Welt Bedeutung erlangen sollten, war längst in blutigen Pogromen untergegangen, als die Kulturkraft der Juden Babylons zu erlahmen begann.
Inzwischen aber hatten sich, weit von hier entfernt, wieder neue jüdische Kolonien herangebildet, in denen ein völlig anderer jüdischer Schlag lebte: in Arabien.

Die arabischen Juden

Man weiß nicht mit Bestimmtheit, seit welcher Katastrophe im Lande Israel die Juden in den arabischen Raum zurückgewandert waren, aus dem ein Teil von ihnen – die nomadisierenden Hebräer – ursprünglich stammte. Um die Zeitenwende herum waren sie jedenfalls schon lange zwischen den Arabern seßhaft geworden. Nach einer alten Überlieferung sollen es die Juden gewesen sein, welche die Dattelpalme zu den Arabern brachten. Jedenfalls gab es schon sehr lange vor Mohammed sowohl in Mekka wie in Jatrib – dem späteren Medina – große jüdische Gemeinden. Und in Nordafrika lagen die jüdischen Kolonien wie Perlen einer Kette nahe beisammen.
Im Süden, in Jemen, trat sogar ein ganzer arabischer Stamm zusammen mit seinem Stammesoberhaupt zum

Judentum über. Im Jahre 530 – also vierzig Jahre vor der Geburt Mohammeds – wurden diese judaisierten Jemeniten allerdings in einem Kriege mit den äthiopischen Christen weitgehend aufgerieben.

Aber auch in anderen Landstrichen Arabiens waren viele Araber zum Glauben der Juden übergetreten. Außerdem muß man auch annehmen, daß viele arabische Frauen Aufnahme in den Harems der Juden fanden. Die Kinder solcher Frauen wurden hier ohne Zweifel als Juden erzogen. In kulturell rückständigen Gebieten war das die Regel, wenn jüdische und nichtjüdische Ehepartner sich zusammenfanden.

Aber auch unabhängig von solcher Blutsmischung kam es zu kulturellem Einfluß der Juden auf die Araber. Diese übernahmen zum Beispiel, lange vor Mohammeds Lebenszeit, den jüdischen Mondkalender.

Diese Juden bezeichnet man als die «Südjuden». Den Teil von ihnen, der später mit den Arabern zusammen nach Spanien übersetzte und dort seßhaft wurde, nennt man auch die Spaniolen oder «Sefarden». «S'farád» ist ein unbekanntes Bibelland, das die Juden später aus irgendeinem Grunde mit Spanien identifiziert haben. Ähnlich haben sie ein anderes unbestimmtes Bibelland, Aschkenas, mit Deutschland in eins gesetzt. Den Namen Sefarden und Aschkenasen behielten diese Juden auch dann noch bei, als sie bereits seit Jahrhunderten aus Spanien und Deutschland vertrieben waren. Allerdings waren sie nach wie vor an ihrer Sprache, alten spanischen oder deutschen Idiomen, durchsetzt mit hebräischen Elementen, als Abkömmlinge ihrer alten Heimat identifizierbar.

Die Schicksale der Südjuden verliefen völlig anders als die ihrer Glaubensgenossen weiter östlich und nördlich.

Aber auch in ihrem ganzen Aussehen und Auftreten und in ihrer geistigen Haltung unterscheiden sich die beiden Judengruppen stark voneinander.
Äußerlich sehen die re-arabisierten Juden wieder den orientalischen frühen Hebräern ähnlich. Sie bewegen sich auch, wie alle Beduinen, ruhig, aristokratisch, gemessen. Sie sind nicht weiche, demütige Träumer, sondern harte, kristallklare Denker. Vor allem aber: Sie haben weder damals noch später viel europäisches Blut aufgenommen, dies ganz im Gegensatz zu ihren vorderasiatisch geprägten Glaubensbrüdern weiter östlich.
Man sollte denken, daß gerade diese Südjuden für den Antisemitismus der Nazizeit die bevorzugte Zielscheibe abgaben. Sie lassen sich ja in einer mittel- und nordeuropäischen Umwelt weit leichter aus ihren Wirtsvölkern herauserkennen als die östlichen Juden, von denen noch die Rede sein wird.
Tatsächlich verhielt es sich umgekehrt. Temperament, Haltung und geistige Einstellung der Südjuden erweckte auch bei ausgesprochenen Judenfeinden eher Sympathie. Mag sein, daß hierbei eine entfernte Rassenverwandtschaft eine Rolle spielte. Jedenfalls haben die Südjuden, genau wie die Nordrasse, schmale, lange Schädel, hohen Wuchs, kriegerischen Stolz und eine wilde Freiheitsliebe. Für das sublime Demutsethos der Vorderasiaten, das auch an das Christentum übergegangen ist, hatten sie nie viel Verständnis.
Diese auch geistige Spaltung der Juden in eine östliche und eine südwestliche Gruppe läßt sich bis in die Formen der Mystik hinein verfolgen. Diese beiden Mystikformen – die Kabbala der Südjuden und der Chassidismus der Ostjuden – werden uns noch beschäftigen.
Doch kehren wir zurück zu den re-orientalisierten Ju-

den des arabischen Raumes. Sie lebten hier also schon Jahrhunderte vor Mohammed, und sie hatten sich in jeder – außer in religiöser – Hinsicht arabisiert. Sie standen auch in intimem und reibungslosem Kontakt mit den Arabern. Ein altes beduinisches Heldenlied erzählt von einem Araber, der bei seinem jüdischen Freunde, einem Feudalherrn auf einer befestigten Burg, Schutz sucht gegen Verfolger. Der Sohn des Juden fällt den Verfolgern des Arabers in die Hände. Sie bieten dem Juden den Sohn zum Tausch gegen den Araber an – der aber hält dem Freund die Treue, und der Sohn wird vor den Augen des Vaters enthauptet.
Vermutlich beruht die Sage auf einem wirklichen Vorkommnis. In jedem Falle aber zeugt es von einem nahen und guten Verhältnis zwischen zwei Volksgruppen, wenn sie sich in ihren Heldenliedern gegenseitig preisen. Sicher ist jedenfalls, daß sie sich beide in vieler Hinsicht glichen. In ihrer kriegerischen Kühnheit, ihrer Neigung zur Abstraktion und zur gläsernen Härte.

Mohammed und die Juden

Zunächst aber schien es dennoch, als ob sich das Schicksal der so nahe verwandten Brüder feindlich gestalten sollte. Und das kam so: Mohammed, genialer Volksführer und Visionär, jedoch ein ungebildeter Mann und vielleicht sogar Analphabet, empfand zwar zunächst Sympathie für Juden und Judentum. Er wollte sogar wesentliche Elemente des jüdischen Glaubens in den Islam einbauen. Die gemeinsame Herkunft und Denkform der beiden Volksgruppen erleichterten ihm den Plan. Einen allgemeinen und gestaltlosen Gott namens Allah kannten ja auch die arabischen Wüstenstämme schon seit langem. Man brauchte ihn nur mit dem El, Jahwe oder Adonai der Hebräer in eins zu setzen und gleichzeitig die paar andern semitischen Gottheiten – die der Gestirne und der Steine, Quellen und Bäume – zu eliminieren, dann war der Hauptschritt bereits vollzogen. Nur bei dem einen schwarzen Kultstein in der Kaaba zu Mekka machte Mohammed eine Ausnahme.

Aber auch in vielen Einzelheiten übernahm er jüdische Glaubenselemente, darunter auch das Mosaische Bildverbot. Da er es zunächst nur mit Orientalen zu tun hatte, bedeutete der Verzicht auf Abbildung der Realität ohnehin kein Opfer. Und später, als die bildbegabten Perser und Inder dem Islam beitraten, durchbrachen sie eben dieses Gesetz.

Hier aber, in Arabien, hatte es ohnehin nur eine fragmentarische, grobe und primitive Kunst gegeben. Und als die Araber dann später, auf dem Höhepunkt ihrer Kultur, eine zauberhafte Architektur und Ornamentalkunst schufen, kamen sie leicht mit dem abstrakten Spiel von mathematisch exakt angeordneten Farben und Flächen aus.

Mohammed war zunächst, wie gesagt, bereit, den jüdischen Glauben bis in die Einzelheiten hinein nachzuahmen. Er führte das jüdische Versöhnungsfest, den Jom Kippur, mit dem strengen ganztägigen Fasten ein und die Gebetsrichtung nach Jerusalem, die heute noch in den Synagogen der Juden sogar architektonisch zum Ausdruck kommt und auch an der Ostwand frommer Privathäuser oft deutlich sichtbar gemacht ist. Auch übernahm er als wöchentlichen Ruhetag den Sabbat, obwohl es damals doch auch schon den christlichen Sonntag gab. Er tat das alles allerdings nicht ganz ohne Berechnung: Er zweifelte gar nicht daran, daß unter solchen Umständen nicht nur die heidnischen Araber, sondern auch die Juden sich ihm kollektiv anschließen würden.

Aber da erlebte er die gleiche Überraschung wie tausend Jahre später auch Luther: Die Juden erwiesen sich als renitent. Mohammed reagierte genauso gereizt wie später der deutsche Reformator. Er war aber kein Mann der Feder wie der hochgebildete deutsche Mönch. Ihm stand nicht die großartige sprachliche Ausdruckskraft Luthers zur Verfügung. Luther verfaßte bekanntlich Schmähschriften gegen die Juden, die sich bis in die Nazijahre hinein verhängnisvoll auf die Haltung mancher protestantischen Geistlichen in Deutschland auswirkten. Mohammed dagegen griff zum Schwert. In wildem Ansturm und harten Kämpfen wurden viele der jüdischen Gruppen, die im ganzen arabischen Lebensraum verstreut lebten, vernichtet.

Gleichzeitig machte Mohammed die Angleichungen an die jüdische Religion zum Teil wieder rückgängig. Anstelle des Fasttages Jom Kippur wurde der uralte heidnisch-arabische Fastenmonat Ramadan erneut eingeführt. An die Stelle des Sabbats trat jetzt der Freitag, und die Gebetsrichtung wurde von Jerusalem nach Mekka umdirigiert.

Mohammeds Zorn kostete zwar jüdisches Blut und hatte auch einige Abänderungen im moslimischen Ritualgesetz zur Folge – auf die Dauer aber war die Blutsverwandtschaft zwischen den beiden Völkern wirksamer als der Zorn des neuen Propheten. Sie fanden sich schon nach kurzer Zeit zu einer Symbiose, die sowohl in der Geschichte der Araber wie der der Juden einzigartig dasteht.

Die rassebedingten Übereinstimmungen zwischen Arabern und Juden

Wir haben bereits bei der Ähnlichkeit zwischen der babylonischen und der jüdischen Geisteswelt darauf hingewiesen, daß es falsch ist, bei verwandten Volksgruppen mit ähnlicher Begabungshöhe von Plagiat zu sprechen, wenn das jüngere der beiden Völker im einen oder andern Punkt zu ähnlichen Resultaten gelangt wie das ältere. Die gemeinsame Wurzel treibt ähnliche Blüten.

Ähnliches wiederholt sich jetzt zwischen Arabern und Juden. Zwar übernahmen die Araber von den Juden einige religiöse Grundsätze. Es war aber weder Zufall noch mangelnde Originalität, wenn sie nicht, wie die Christen, sehr bald schon ihrem jungen Glauben Elemente einfügten, die dem Judentum vollkommen fremd waren. Beim Christentum waren es, wie man weiß, vor allem spätantike Vorstellungen, die zum jüdischen Monotheismus hinzutraten. Zu ähnlich radikalen Abweichungen vom Glauben der Hebräer kam es bei den Arabern nie. Auch war es kein Zufall, daß die Juden in der neuerstehenden arabischen Kultur eine bedeutende, zeitweise sogar zentrale Rolle spielten. Welche kulturelle Potenz die jungen Wüstenstämme aus Arabien in sich bargen, bewies die rasch aufblühende arabische Hochkultur zur Genüge. Juden und Araber blieben einander ähnlich, weil sie gleicher Herkunft waren und ihre neu entfachte Schöpferkraft derselben Mischung orientalischer Völker mit vorderasiatischen Gruppen verdankten. Denn auch die Araber, die jetzt aus ihrer Heimat siegreich über ganz Vorderasien hinwegfegten, mischten sich natürlich mit den dortigen Völkern.

Bei beiden aber, den Arabern wie den Juden – und vor allem den re-arabisierten Juden –, behielten die Wüstenzüge doch die Oberhand über den Charakter der Vorderasiaten. Beiden hatte sich der gestalt- und bildlose Gott offenbart, der die Welt aus dem Nichts geschaffen hatte und sie auch wieder ins Nichts versinken lassen konnte. Sie kannten beide keine Mittler zwischen Mensch und Gott, keine Priester im katholischen Sinne. Der Nazarener und die chassidischen Rabbis sind, von der eigentlichen Tradition der Juden her gesehen, Randerscheinungen geblieben, bei denen die vorderasiatischen Züge dominieren. Sonst aber gilt für Juden wie für Moslims: Alle «geistlichen» Funktionen, wie etwa das Vorbeten, kann jeder Laie, jeder männliche, erwachsene Gläubige übernehmen.

Sie haben beide wenig Mythen und keine Dogmen. Da wie dort lernen die Knaben schon im zarten Alter direkt aus dem heiligen Text – Bibel und Koran – lesen und schreiben. Beider Religionsbuch ist zugleich das Buch ihres Gesetzes. Die Schriftgelehrten – hier die Rabbis, dort die Kaddis – sind daher gleichzeitig Religionsgelehrte, Deuter des Gesetzes und Richter.

Bei beiden entstanden schon früh die notwendigen Kommentare zur Heiligen Schrift – bei den Juden die Mischna, bei den Moslims die Sunna. Sie ergänzten diesen ersten Kommentar schon bald durch einen subtilen, scharfsinnigen zweiten, einen Kommentar zum Kommentar also: die Gemara der Juden, die Scharia der Moslims.

Beide hatten eine ähnliche, semitische Sprache, wenn auch die der Juden im Vordern Orient im Laufe der Jahrhunderte mehr fremde, unsemitische Merkmale und Elemente aufgenommen hatte. Sie schrieben beide in einer ähnlichen, von rechts nach links laufenden Schrift, die im wesentlichen ein Gerüst aus Konsonanten ist.

Es hatten sich bei beiden Gruppen im Laufe der langen

Nomadenexistenz auch die gleichen Sitten und Talente entwickelt. Sie dachten bildlos, logisch, abstrakt. Es war auch klar, daß sie beide bei Erlangung einer höheren Kulturstufe sich intensiv der Philosophie, Mathematik und allen exakten Naturwissenschaften widmen würden. Ihre Neigung, selber die Dinge zu Ende zu denken und sich nicht an Autoritäten fromm und ergeben anzulehnen, gab später auch ihrer gesamten Kultur die Prägung. Und es war vorauszusehen, daß ihre Stärke nicht im breit ausmalenden Epos liegen würde, sondern in der straffen, streng geformten Lyrik.

Es war nun klar, daß hier, anders als später im deutschen Raume, durch brüderliche Blutsnähe der Haß besiegt werden konnte. Die Verwandtschaft wirkte stärker als Mohammeds augenblicklicher Zorn. Die Gemordeten waren nicht mehr zum Leben zu erwecken. Die Überlebenden aber genossen während der Hochblüte der arabischen Kultur im gesamten moslimischen Riesenreich Duldung und sogar Achtung. Sie mußten nur, im Gegensatz zu den wahren Gläubigen, genau wie auch die Christen, eine Kopfsteuer entrichten. Erst später, als die arabische Kultur aus Gründen, die uns hier nur zum Teil angehen, zerfiel und erstarrte, änderte sich auch das Verhältnis der Araber zu den Juden.

Die Symbiose zwischen Arabern und Juden und die Anfänge der gemeinsamen Kultur

Zunächst aber nahm die einzige voll geglückte Symbiose der Juden mit einem ihrer Wirtsvölker ihren Anfang. Zwar spricht man heute auch viel von einer einstigen Symbiose der Juden mit den Deutschen. Dies aber beruht auf einem Mißbrauch des Begriffes der «Symbiose». Und zwar nicht etwa deshalb, weil das Ende blutig war – das war es teilweise auch im arabischen Raume –, sondern weil die Voraussetzungen zu einer Symbiose hier nie erfüllt waren. Denn von Symbiose kann man nur sprechen, wenn zwei Völker oder Individuen sich zusammenfinden, ohne daß eines von beiden seine Lebens- und Geisteshaltung aufgibt, wenn also die beiden ihre Verschiedenheit bewußt bewahren und sich gerade dadurch gegenseitig befruchten und ergänzen.

Anpassung und Selbstpreisgabe hingegen, wie sie von den Deutschen den Juden abgefordert und von jenen Juden, die man heute die «Assimilanten» nennt, auch geleistet wurde, ist alles andere als Symbiose. Die Liebe der Juden zu Deutschland war einseitig und wurde nur ganz ausnahmsweise durch eine Liebe einzelner Deutscher zur jüdischen Tradition erwidert.

Daß es hingegen hier, im arabischen Raume, eine Symbiose in ihrer vollen Bedeutung durch Jahrhunderte hindurch geben konnte, daß sie hier so vollendet harmonisch ausfiel, ist ohne Zweifel zum Teil darauf zurückzuführen, daß Juden und Araber eines Stammes waren. Was Wunder also, daß ihr Geist sich aneinander entzündete, als sie einander zuerst in Arabien selber und dann im gesamten moslimischen Großreich von Andalusien bis tief in den Orient hinein begegneten. Zusammen legten sie die verschütteten Quellen der Antike frei, die ihnen über die byzantinische Welt zugänglich waren. Zusammen schufen sie eine neue Synthese zwischen monotheistischer Offenbarung und griechischer Wissenschaft und Philosophie. Jahrhunderte später stützte sich die christliche Scholastik auf die Konzeptionen der Juden und Moslims aus dieser Periode. Und auch die Wissenschaft und Philosophie der Renaissance ist in weit höherem Ausmaß von dieser arabisch-jüdischen Welt her bestimmt, als man im allgemeinen weiß. Bekannt ist, daß jeder Vorstoß der Beduinenstämme in die vorwiegend vorderasiatisch besiedelten Gebiete eine neue Kultur entzündete. Die Zündkraft dieses letzten, des moslimischen Vorstoßes war genauso gewaltig wie die aller früheren Wanderwellen. Während die Antike zerfiel und das christliche Abendland erst ganz langsam erwachte und einstweilen noch alle Symptome einer frühen, sehr jungen, erst beginnenden Kultur aufzeigte, entfachte sich bei diesen Wüstenstämmen, deren Ausgangsposition nicht minder primitiv war als die der Mittel- und Nordeuropäer, eine reife Hochkultur mit zum Teil so geschwächter religiöser Bindung, daß man hier ruhig von einer Neuzeit sprechen kann.

Den Juden fiel dabei eine wichtige Aufgabe zu: Sie konnten Aramäisch und Griechisch. Sie kannten die griechische Philosophie und Wissenschaft teils im Originaltext, teils in aramäischer Übersetzung. Sie übertrugen nun diese griechischen Werke ins Arabische. Sie spielten als Dozenten an den arabischen Hochschulen eine zentrale Rolle. Auch verfaßten sie selber wissenschaftliche und philosophische Bücher, auf die wir noch zu sprechen kommen. Sie gründeten mit den Arabern zusammen sogar neue Hochschulen auf europäischem Boden. Eine der ersten Universitäten Europas, die medizinische Hochschule von Salerno, ist eine solche jüdisch-arabische Schöpfung.

In Mesopotamien bestanden zwar nach wie vor die alten Talmudakademien. Jetzt erloschen sie eine nach der andern. Die Scholastik hatte sich bei den Juden überlebt, bevor die Christen weiter nördlich auch nur angefangen hatten, selber eine aufzubauen. Die Juden und

Araber betrieben jetzt eine ganz neuzeitliche, freie Forschung, eine zum Teil voraussetzungslose Philosophie, Naturwissenschaft, Medizin, eine präzis ausgebaute Philologie, Grammatik und Poetik.

Zum ersten Male nach über tausend Jahren sind die Juden auch alle wieder in einem einzigen Reiche vereint, wenn es auch nicht ihr eigenes ist, sondern das der Araber. Sie pflegen miteinander Kontakt.

Im allgemeinen weiß auch der Gebildete viel zuwenig von diesen Zusammenhängen. Noch weniger weiß er aber von einem weiteren Faktor, der damals bei den Juden – und wahrscheinlich nicht nur bei den Juden – die kulturelle Entfaltung beschleunigte: Es ist dies der Übertritt des Chasarenvolkes zur jüdischen Religion und der Eintritt dieser frisch bekehrten Gruppe in den moslimisch-jüdischen Kulturkreis.

VII. DIE KARÄER UND CHASAREN

Reich und Rasse der Chasaren

Vom Volk der Chasaren hören wir zum erstenmal aus georgischen und armenischen Quellen des zweiten und dritten Jahrhunderts n. Chr. Ihr Stammsitz liegt zwischen dem Schwarzen und dem Kaspischen Meer. Sprachlich und kulturell gehören sie zu den mongolischen Turkvölkern. Sie sind aber mit den Mongolen, die später in diesen Raum eindrangen, nicht identisch.

Sie lebten als Halbnomaden. Im Sommer weideten sie ihr Vieh in den Steppen, im Winter saßen sie in ihren Städten. Sie hatten, wie alle nomadischen Turkvölker, eine abstrakte Ornamentalkunst, wie wir sie auch heute noch auf den zauberhaften Teppichen aus jenen Landstrichen finden.

Diese rein formale, ungegenständliche Kunst ist auch hier, genau wie bei den Arabern, nicht erst durch das Mosaische Bildverbot erzwungen worden. Wir haben wiederholt auf die mangelnde Bildbegabung der orientalischen Nomaden hingewiesen. Angesichts der Tatsache, daß wir bei den nomadisierenden Chasaren, die ganz anderer rassischer Herkunft sind, eine ähnlich abstrakte Kunstform finden, müssen wir nun doch die Frage aufwerfen – und übrigens offenlassen –, wieweit solch eine vorwiegend akustisch-abstrakte Orientierung bei Steppennomaden am Ende nur ein sekundäres Rassenmerkmal ist, erworben durch allmähliche Auslese auf Grund einer Lebensform, in welcher andersgeartete Menschen entweder zugrunde gingen oder aus der Gemeinschaft ausschieden und Anschluß an andere Gruppen suchten.

Über die rassische Zusammensetzung der Chasaren wissen wir nichts Genaues. Aber es lebten noch bis in die Hitler-Zeit hinein Zehntausende von Chasaren-Nachkommen, aus deren Aussehen wir wohl auf das der Vorfahren schließen dürfen. Demnach waren die Chasaren rassisch vor allem aus mongolischen, vorderasiatischen und sogenannten ostbaltischen Elementen zusammengesetzt.

Unter «ostbaltisch» versteht die deutsche Rassenkunde seit den zwanziger Jahren etwa das, was der Laie als «slawischen Typus» bezeichnet, also Menschen mit weißblondem Haar, leicht erhöhten Backenknochen, hellen, schmalen Augen, einer eher breiten Nase mit eingesunkenem Nasensattel («Stupsnase»), breiten, ausgeprägten Kinnladen und stämmigem, mittelhohem Wuchs.

Ostbalten neigen zu weicher Gefühlsbewegtheit und sind oft musikalisch und tänzerisch begabt, was sich auch in ihren Körperbewegungen ausdrückt. Solche Menschen gibt es vor allem in den slawischen und ehemals slawischen, heute eingedeutschten Gebieten Europas.

Dennoch können wir nicht gut von einer «slawischen Rasse» sprechen. Erstens, weil wir dann, genau wie dies manchmal mit den Begriffen «semitisch» oder «arisch» geschieht, die Bezeichnung einer Sprachgruppe auf eine Rasse übertragen und mit ihr verwechseln würden. Zweitens, weil viele Ostbalten – vor allem die des Baltikums – nicht slawische, sondern finnisch-ugrische Sprachen sprechen. Und drittens, weil es, vor allem in Südosteuropa, auch viele Völker gibt, die zwar eine slawische Sprache haben, jedoch nicht «slawisch», sondern dinarisch aussehen. Wir behalten also den Ausdruck «ostbal-

tisch» bei, obwohl er, wie manche anderen unserer Rassenausdrücke, von der Nazizeit her belastet ist.
Aus diesen drei Rassengruppen waren die Chasaren zusammengesetzt.
In den frühesten Berichten erscheinen sie noch als ein unbedeutendes Volk. Im achten Jahrhundert n. Chr. aber reichte ihre Macht von der Krim bis zum Ural, vom Kaukasus bis zu den Wäldern Mittelrußlands. Sie waren jetzt stark genug, tief in den Irak und Iran einzudringen. Ihre Hauptstadt wurde Astrachan, ihre Herrscher hießen «Kaghane», ihre Gesetze waren human. Es gab jetzt im Chasarenreich auch eine gut organisierte Polizei, welche die Reisewege im ganzen Lande überwachte. Man reiste in Chasaria so sicher, daß man, analog zur «Pax Romana», auch von einer «Pax Chasarea» sprechen könnte.

Die Konversion der Chasaren zum Judentum

Einzigartig war die Religionsfreiheit im Lande. Es gab hier heidnische Schamanen, deren Glaube aber monotheistisch war. Wir erwähnten ja bereits im Zusammenhang mit den Beduinen die Neigung der Steppenvölker zum Monotheismus. Es gab daneben Christen, Moslims, Juden. Ein kaukasischer Chasarenprinz ging sogar so weit, daß er die Wochenfesttage aller drei Konfessionen mitfeierte: den Sabbat der Juden, den Freitag der Moslims, den Sonntag der Christen.
In der zweiten Hälfte des achten Jahrhunderts aber geschah hier etwas Merkwürdiges: Der Kaghan, der Adel und ein Großteil des chasarischen Volkes traten zum Judentum über. Nach einer alten jüdischen Überlieferung soll der Kaghan den Wert aller drei Konfessio-

nen zuvor in einem Streitgespräch zwischen gelehrten Vertretern der drei Glaubensformen geprüft haben. Ob eine solche Disputation wirklich je stattfand, wird man kaum mit Sicherheit feststellen können. Möglich ist auch durchaus, daß bei der Entscheidung für das Judentum nur die Opposition der Chasaren gegen ihre mächtigen christlichen Nachbarn in Byzanz und die nicht minder mächtigen moslimischen in Iran eine Rolle spielte. Jedenfalls löste der Eintritt dieser frischen, jungen Volksgruppe in den islamischen Kulturkreis Vorderasiens eine stürmische kulturelle Renaissance und eine ganz modern anmutende religiöse Reformation aus. Auch in der Neuzeit ging ja der Impuls zur Reformation im Christentum nicht von den alten mediterranen Schöpfern des Katholizismus aus, sondern von den weit «jüngeren» Christen im deutschen Norden. Selbst die neuzeitliche Renaissance Italiens entzündete sich erst aus der Symbiose der alten ansässigen mediterranen Völker Italiens mit den Germanen, die während der Völkerwanderung in immer neuen Schüben hier hereingebrochen waren.

Dies war die geistige Situation der Juden kurz vor dem Auftauchen der Chasaren: Schon lange vor Christi Geburt war bei ihnen ein Streit entbrannt zwischen den konservativen Sadduzäern, die sich nur auf das unkommentierte Bibelwort stützten und in ihrer kompromißlosen Härte am meisten von den alten Wüstenbeduinen bewahrt hatten, und den fortschrittlichen Pharisäern, die das Bibelgesetz an die Gegenwart und später auch an das Exil anpassen wollten. Dies geschah durch den Talmud, der zunächst nichts war als lebendige Gelehrtendebatte, der aber jetzt längst abgeschlossen, erstarrt und zu autoritärem Lehrstoff abgesunken war.

Noch gab es in Sura, Pumbedita und Nahardaa die alten, einst berühmten Talmudakademien. Aber im Laufe der Jahrhunderte hatten sich die Exiljuden Babylons allzusehr an die Vorderasiaten angeglichen, sich in Mischehen wohl auch mit ihnen vermischt. Sie besaßen jetzt nicht mehr die harte Brillanz im Denken und Folgern, die einst ihr Wüstenerbe gewesen war. Die Neigung zu Anekdote, Fabel, Wunderglaube, die in der Lebensschilderung des Nazareners und so mancher Talmudlehrer sichtbar wird, wirkt sich aber negativ aus, sobald es nicht um poetische Träume geht, sondern um Auslegung und Neuschaffung von Gesetzen. Man betrieb zwar nach wie vor an den Akademien Bibelexegese, aber jetzt wurde nur noch irrational, allegorisch und willkürlich ausgelegt. Man glaubte jetzt auch an Dämonen, Beschwörungen, Amulette, Talismane. Die Rabbinen, einst freie Gelehrte, waren jetzt bestenfalls autoritätsgläubige Lehrer oder phantasievolle Homiletiker.

Anans «konservative Revolution»

In diese Erstarrung brach jetzt, im achten Jahrhundert, ein frischer Wind herein. Anan aus Basra, Sohn einer vornehmen und gelehrten Exilarchenfamilie, hatte einer Intrige wegen das Amt des Exilarchen, das ihm zustand, nicht erhalten. Wir wissen nicht, ob es bei Anan diese Kränkung war, die ihn rebellisch stimmte, oder – was sehr viel wahrscheinlicher ist – ob er sich seit jeher zum Reformator berufen fühlte. Jedenfalls wurde er zum Wanderprediger.

Er forderte, genau wie die christlichen Reformatoren der Neuzeit, die Rückkehr zur Urquelle, zur Bibel. Nicht auf die Talmudkommentare sollte man sich inskünftig stützen. Und auch seine, Anans, eigene Bibelerläuterungen sollten nicht als verbindlich gelten. Vielmehr sollte ein jeder selber, durch eigenes Lesen und Forschen, notfalls anhand einer guten Übersetzung in die Landessprache, zu seinen eigenen Ergebnissen gelangen. Daher übersetzte ein Anan-Jünger die Bibel ins Arabische, genau wie Luther sie Jahrhunderte später ins Deutsche übertrug.

Sofern dennoch schriftlich fixierte Kommentare unerläßlich waren, sollten sie sich aus dem philologisch exakten Wortsinn der Bibel ergeben und nicht aus allegorischen und mystischen Umdeutungen.

Damit aber stand man zunächst wieder etwa am gleichen Punkt wie einst die Sadduzäer. Auch sie hatten, genau wie jetzt die Ananiten, sich ausschließlich am Bibeltext und nicht an späteren Kommentaren und Interpretationen orientiert. Sogar in manchen Einzelheiten kam die neue Sekte zu den gleichen Ergebnissen wie ihre Vorläufer im Lande Israel. Auch die Ananiten kamen zum Beispiel zum Schluß, daß nicht nur das Anzünden, sondern auch das Benützen einer Flamme – also auch eines Lichtes – am Sabbat verboten sei.

Die pharisäische, mildere Deutung gestattet dagegen die Benützung eines Feuers, sofern es vor Beginn des Feiertages angezündet wird. Denn es kann – so argumentieren die Pharisäer – nicht die Meinung des Mosaischen Gesetzes sein, daß man an einem freudigen Fest- und Ruhetag im Dunkeln sitzen und nur kalte Speisen essen dürfe.

Die Sadduzäer hatten auch – genau wie jetzt ein Teil der Ananiten – den Auferstehungsglauben abgelehnt, weil er sich aus dem Pentateuch nur sehr künstlich ableiten läßt.

Was Anan auslöste, war also, um Hofmannsthals Ausdruck zu gebrauchen, einstweilen nur eine Art von «konservativer Revolution». Und dabei wäre es vielleicht auch geblieben – wären nicht in diesem Augenblick die Chasaren zu den Juden gestoßen.

Die antitalmudische Reformation der Chasaren

Daß die Chasaren sich nicht zu den Talmudanhängern gesellten, sondern zu ihren Gegnern, war fast selbstverständlich. Der komplizierte Talmud mußte ihnen skurril und fremd erscheinen. Sie erlebten ja nicht mehr die aktuellen Auseinandersetzungen zwischen noch lebenden großen Gelehrten. Längst war er erstarrt und kodifiziert. Das junge Turkvolk fühlte sich einerseits zu dem gewaltigen Urdokument, der Bibel, hingezogen, anderseits zu allen aktuellen, lebendigen Wissenschaften. Die Chasaren lasen die Bibel im hebräischen Urtext und in der arabischen Übersetzung der Anan-Schüler. Bald aber übersetzten sie die Bibel auch in ihr Turkidiom, das sie jetzt aber – eine Reverenz an die Kultsprache! – in hebräischen Lettern schrieben.
Aus den gleichen Ursachen bedienen sich die christlichen Armenier der byzantinischen Lettern, die islamisierten Türken und Perser dagegen der arabischen Schrift. Am auffallendsten ist diese Erscheinung, dieses Festhalten an der Kultschrift, bei den Juden, denn sie haben im Laufe der Geschichte immer wieder die Sprache des jeweiligen Wirtsvolkes übernommen, sie aber stets in hebräischen Lettern geschrieben. Daß sie für das Aramäische und Arabische hebräische Buchstaben benützten, ist dabei noch verständlich. Denn immerhin sind beides ebenfalls semitische Sprachen, genau wie das Hebräische. Sie benützten aber auch für Texte in spanischer, portugiesi-

scher, provenzalischer, nordfranzösischer und deutscher Sprache immer nur ihre semitische Schrift, die sich zur Wiedergabe indogermanischer Idiome gar nicht sonderlich eignet.

Nur nebenbei sei bemerkt, daß dieses Kuriosum für die Sprachwissenschaft bedeutsam geworden ist. Da die Juden ihre indogermanischen Wörter phonetisch genau mit ihren semitischen Zeichen wiederzugeben suchten, kann man heute aus solchen indogermanisch-jüdischen Schriftstücken genau die Aussprache in jenem Zeitpunkt ersehen.

Zunächst nannten sich die Anan-Schüler einfach die «Anti-Rabbaniten». Einige Jahrhunderte später bezeichneten sie sich selber als die Karäer oder Karaiten. Der Name kommt von hebräisch karó = lesen, mikrá = die (Heilige) Schrift. Es ist der gleiche Wortstamm, der auch in der arabischen Bezeichnung «Koran» steckt.

Zeitgenössische Interpreten meinten aber, der Name hänge mit dem missionarischen Eifer der neuen Sekte zusammen, er bedeute soviel wie «Rufer» oder «Ausrufer». Ohne Zweifel ist er aber nur als Hinweis darauf zu verstehen, daß die Karäer sich nicht mit dem Talmud, sondern eben mit der Schrift, der Bibel selber, beschäftigten. Die Sekte breitete sich unglaublich rasch vom Iran bis nach Marokko, von der Krim bis Spanien und im Norden bis nach Litauen aus. Wie sich bei den Karäern der Prozentsatz der «Altjuden» zu den Chasaren verhielt, werden wir schwerlich je eruieren. Sicher ist aber, daß von den heute lebenden Karäern – es sind etwa 20000 – die meisten chasarischen Ursprunges sind und daß viele von ihnen im Kult und zum Teil sogar noch im Alltag ihre alte chasarische Sprache benützen.

Die Karäer sind es also, die die konservative Revolution

Anans in eine echte Reformation, Renaissance und Revolte verwandelt haben. Sie begannen, die Bibel mit philologischer Exaktheit zu studieren. El Kirkassani – also ursprünglich ein Kirkassier – im Iran war der erste, der einen philologischen Kommentar zur Bibel verfaßte. Es war höchste Zeit, daß dies geschah, denn auch konservative Rabbaniten klagten damals, die Bibelexegese werde nur noch willkürlich und allegorisch betrieben.
Die Karäer stellten das Fehlen von Bibel-Lexika und von hebräischen Grammatiken fest, und sie schufen beides. Im Bibeltext vermißten sie die Akzente und Vokale. Zwar sagten wir weiter oben, daß die semitischen Sprachen auf einem sehr festen Konsonantengerüst aufgebaut sind und daß die semitischen Schriften dem Rechnung tragen, indem sie nur den konsonantischen Anlaut der Silben aufzeichnen.
Aber erstens stammten die Chasaren ja nicht aus dem semitischen Sprachenkreis. Ihnen mußte solche Schreibweise daher befremdlich und lästig erscheinen. Und zweitens drohte um diese Zeit auch bei den Altjuden die genaue Kenntnis der Akzente und Vokale im Exil allmählich verlorenzugehen. Also machten sich die Karäer daran, die Vokale und Akzente auf eine möglichst unauffällige Weise, in Form von Pünktchen und kleinen Strichen, in die hebräische Schrift einzubauen. Acha von Babylon, und vor ihm schon Asche, waren die ersten, die ein solches System schufen.
Bald sahen allerdings auch die Rabbaniten ein, welchen Wert diese karäische Neuerung gerade für die Sicherung der Tradition hatte. Sie bemühten sich also ebenfalls um eine Vokalisierung der Schrift, und zuletzt war es dann nicht das System Achas, das sich durchsetzte, sondern das etwas spätere Mochas aus Tiberias. Aber die Idee

stammte doch zunächst einmal von den Karäern. Ihnen ist daher letztlich auch die «Massorá», der auf diese Weise ergänzte und gesicherte Bibeltext, zu verdanken.

Die Karäer waren damals auch die ersten, die Wortetymologie betrieben. Sie studierten auch alle Wissenschaften der rasch und intensiv aufblühenden arabischen Kultur. Sie wurden glänzende Mathematiker, Astronomen, Mediziner, Kalenderfachleute. Sie lernten Griechisch, Arabisch, Hebräisch, Aramäisch, später vereinzelt auch Lateinisch. Sie durchforschten alle bisher bekannten philosophischen Systeme, stellten sie in ihren Büchern nebeneinander und schufen neue Synthesen.

Starken Eindruck übte auf einige von ihnen die indisch beeinflußte arabische «Sufistaia» aus, jene philosophische Richtung, welche die Realität der Außenwelt leugnet, genau wie tausend Jahre später die Philosophie des «deutschen Idealismus» in der Goethe-Zeit. Meist aber bekennen sie sich zum Mutazilismus der Araber, jener religionsphilosophischen Richtung, die jeden Anthropomorphismus Gottes streng ablehnt und in Gott nur eine Art prima causa allen Seins erblickt. Sie fordern die individuelle Gewissensentscheidung wie Kant. Sie glauben an Willensfreiheit und gestatten, genau wie schon Anan und in der Neuzeit dann die christlichen Reformatoren, jedem einzelnen die freie Bibelforschung und -auslegung.

Der Babylonier Anan hatte bewußt das Leben eines armen Wanderpredigers gewählt, war nach Jerusalem gezogen und dort gestorben. Seine Nachfolger verkörperten aber eher den Typus des strengen Gelehrten oder Philosophen. Im neunten Jahrhundert fügte Nahawendi aus Iran griechische Elemente in sein philosophisches System. Wie schon vor ihm Philon in Alexandrien, nahm er an, daß Gott und die Welt völlig getrennt seien und daß selbst bei der Schöpfung der Kontakt nur durch dynameis (Kräfte), Logoi oder Engel stattgefunden hätte. Wie sehr man solche gewaltsame Klitterung antiker und jüdischer Elemente als unorganisch und willkürlich empfinden mag – sie wurde dennoch sowohl für die Philosophie der Juden wie für die der Christen im Mittelalter eminent fruchtbar.

Dem Gedanken an die Auferstehung standen manche karäische Philosophen skeptisch gegenüber. Manche von ihnen glaubten, wie die Inder, an die Seelenwanderung. Auch die manichäische Vorstellung des Licht–Finsternis-Dualismus dringt tief in die karäischen Konzeptionen ein. Sie verachten, wie alle Reformatoren, jeden formalistischen Kult. Und sie stützen sich hierbei ausdrücklich auf Jeremias und Jesaia. Es ist kein Zufall, daß die Talmudlehrer umgekehrt den Propheten immer ein leises Mißtrauen entgegenbrachten.

Die Karäer waren rationale Köpfe und systematische Denker. Einer von ihnen, Josef el Bassir im 11. Jahrhundert, war nicht nur der bedeutendste Philosoph der damaligen Juden, sondern überhaupt seiner Zeitperiode. Meist schrieb er arabisch, manchmal auch neuhebräisch, voll von hart und unorganisch eingefügten griechischen und arabischen philosophischen Fachausdrücken. Er setzte sich mit allen ihm bekannten Philosophien und Sekten des Morgen- und Abendlandes auseinander und gab dabei einen glänzenden Überblick über sämtliche philosophischen Strömungen der Inder, Araber und Griechen.

Ein anderer, Schadghan, kam zur Überzeugung, daß die messianische Endzeit nahe sei. Nun ist es für die messianische Erlösungszeit wesentlich und charakteristisch, daß es dann den Tod und das Böse nicht mehr geben wird. Folglich konnte es – so folgerte Schadghan vollkommen richtig – dann auch nichts rituell Unreines mehr geben. Also hob er im Namen der baldigen Erlösung alle biblischen Speise- und Reinheitsgesetze gleich jetzt schon auf.

Chawi el Balchis Schwarzer Humor

Wieder ein anderer Karäer, Chawi oder Chiwi el Balchi, ging noch weiter. Er lebte in der zweiten Hälfte des neunten Jahrhunderts, und seine chasarische Herkunft ist sozusagen sicher. Denn sein Geburtsort Balch oder Bilch liegt in Nordpakistan, nicht weit von der heutigen russischen Grenze. Er übersetzte die Bibel ins Arabische und kommentierte sie auf eine völlig moderne, rationale und freigeistige Art. Zweihundert Argumente brachte er gegen verschiedene Bibelstellen vor. Seine Methode war sehr einfach. Er maß das Verhalten Gottes in den biblischen Erzählungen an den ethischen Forderungen, die dieser selbe Gott an den Menschen stellt, und kam so zu einer Art «Schwarzem Humor» modernster Prägung.
Den gewöhnlichen und selbst den Galgenhumor, der darin besteht, daß aus einem ernsten, wenn nicht tödlichen Vorgang die Gefühlskomponente gestrichen wird, kann es im Rahmen einer jeden Weltanschauung geben. Der «Schwarze Humor» aber, hinter dem nichts als Grauen und Entsetzen gähnt, hat ganz bestimmte Voraussetzungen: Es muß erstens ein Glaube an eine sinnvolle, von einem höchsten und erhabenen Zentrum aus dirigierte Welt noch in letzten Spuren vorhanden sein, und es muß überdies die Überzeugung keimen, daß die

scheinbar gottgewollte Welt von Grund auf nicht in Ordnung ist.
Es kann demnach einen solchen Humor weder in der Antike gegeben haben, die nie an eine zentrale Steuerung und Sinnerfülltheit des Weltganzen glaubte, noch in einer Zeit mit intaktem Gottesglauben. Daher ist es kein Wunder, daß diese besondere und unheimliche Art von Humor seit etwa zweihundert Jahren im Abendland immer üppiger hochschießt. Ihren Vorläufer findet sie aber bei den Karäern in der islamischen Neuzeit, die mit dem europäischen Frühmittelalter zeitlich zusammenfällt.
Sogar den freidenkenden Karäern selber war Chawi ein wenig unheimlich. Sie fanden ihn begabt, meinten aber, er sei vom Satan beeinflußt. So wurden seine zweifellos hochinteressanten Schriften weniger oft kopiert als die mancher lange nicht so brillanter Karäerphilosophen. Sie gingen verloren, und wir kennen nur etliche seiner Thesen aus den Streitschriften eines der bedeutendsten Gegner des Karäertums: Saadia aus Fajium in Oberägypten. Er wird uns noch beschäftigen. Doch zunächst einige Kostproben aus Chawi el Balchis Argumentationen:
Was ist Manna? fragt er zum Beispiel. Vom Himmel fallen – so meint er – keine Lebensmittel. Es muß also – so schließt er – ein Pflanzensaft gewesen sein.
Ähnliches vermuten übrigens auch einige heutige Bibelinterpreten. Manna ist nach ihrer Meinung der ausgetrocknete honigartige Saft, der durch Stiche von Schildläusen an den Blättern der «Manna-Tamariske» austritt und den man tatsächlich, wie Mose befahl, gleich am Morgen einsammeln muß, weil er im Laufe des Tages von andern Insekten weggefressen wird.
Und was bedeutet die biblische Behauptung, Mose hätte

Hörner gehabt? Auch das läßt sich nach Chawi natürlich erklären: Mose hatte ja zuvor volle vierzig Tage auf dem baumlosen Berg Sinai in der prallen Sonnenhitze gesessen. Kein Wunder, daß ihm da eine Hornhaut wuchs und er nachher so häßlich aussah, daß sich die Leute scheuten, zu ihm aufzublicken.

Und wozu braucht Gott Opfer, da er ja keine Nahrung zu sich nimmt? Opfer sind überflüssig. Und Blutopfer, wie sie die Bibel vorschreibt, sind darüber hinaus barbarisch.

In diesem Punkte war allerdings Chawis Meinung nicht so ketzerisch, wie er vielleicht selber glaubte. Auch die Propheten hatten ja nicht viel von den Blutopfern gehalten, und hierin waren sogar die sonst eher prophetenfeindlichen Talmudlehrer der gleichen Meinung.

Am schärfsten argumentiert Chawi natürlich gegen die Vorschriften, die sich rational überhaupt nicht deuten lassen und vermutlich auf uraltes, noch heidnisches Brauchtum zurückgehen.

Was soll, so fragt er, das Gerede von einer roten Kuh, die den Unreinen rein und den Reinen unrein macht? Das hat doch gar keinen Sinn. Und was soll man von der Vorschrift halten, bei unabgeklärtem Mord die Gemeinschaft von der Blutschuld dadurch zu reinigen, daß man einem Kalb das Genick bricht? Ebenso entbehrt auch die Sitte, den Sündenbock in die Wüste zu jagen, jeder Vernunft. Sühne kann man nur auf moralischem Wege leisten.

Auch gegen das jüdische Grundgebot der Beschneidung – einen uralten Brauch semitischer Völker – hat Chawi ernstliche Einwände: Der Mensch ist an sich schon unvollkommen genug. Wie soll ihn da ausgerechnet eine Verstümmelung vollkommener machen?

Besonders scharf rechnet Chawi aber mit Gott selber ab: Wozu braucht ein allmächtiger Gott zur Welterschaffung volle sechs Tage und dann obendrein noch einen Tag Ruhe? Und wieso sagt er zu Adam: Wo bist du? Das weiß er doch, oder er sollte es als Allmächtiger doch wissen.

Und warum ertränkt er in der Sintflut alle Tiere, die doch sicher unschuldig sind?

Diese Frage haben zwar auch die Rabbaniten immer wieder aufgeworfen. Sie waren zu dem Schluß gekommen, daß es, da Gott nicht ungerecht sein kann, auch für Tiere und nicht nur für Menschen ein Leben im Jenseits geben muß. Gott wird die Tiere nach ihrem Tode für ihr Leid entschädigen. Das ist rührend, aber Chawi ist kein Märchendichter. Er geht nur von dem aus, was im Alten Testament selber geschrieben steht.

Überhaupt mißfällt ihm die Sintflut, nicht nur der Tiere wegen. Wieso bereut Gott, den Menschen geschaffen zu haben? Er mußte doch vorauswissen, wie dieser Mensch ausfallen wird. Und er hätte auf Grund seiner Allmacht doch gleich schon den ersten Sündenfall, den Adams, verhindern können. Wozu hat er dem Menschen, den er doch selber schuf, den Trieb zum Bösen eingepflanzt?

Diese Frage haben allerdings viele jüdische Denker vor und nach Chawi ebenfalls aufgeworfen. Das Problem der Theodizee wird alle wahrhaft Gläubigen immer wieder beschäftigen. Während aber Chawi die Frage – ohne Zweifel bewußt – offenläßt, haben andere, vor allem jüdische Mystiker, immer wieder eine Antwort versucht.

Karäische Bräuche

Diese wenigen Proben mögen genügen, damit man begreift, warum sogar die Karäer selber über Chawi ein wenig erschraken. Obwohl doch bei ihnen ein jeder frei war, die Bibel nach seiner Façon zu interpretieren.

Nie gab es bei ihnen Autoritäten von der Art der Rabbinen. Ihren Tempel nannten sie Knessa – das ist das hebräische Wort für Synagoge, also Versammlungsort, und ihr Priester hieß nicht Raw oder Rabán, was soviel heißt wie großer Herr oder Erhabener, sondern Chachám, der Weise, der Gelehrte.

Es ist klar, daß diese Chachamím, auch wenn sie die Freigeisterei nicht so weit trieben wie der Pakistaner Chawi, jeden Aberglauben und jede Phantasterei angriffen. Kein Wunder, daß sie auch über die komplizierten mystischen Vorstellungen des Buches Jezirá (= Schöpfung) spotteten, eines der frühesten mystischen Werke der Juden noch aus babylonischer Zeit. Der Sohar, das Hauptwerk der Kabbala, der jüdisch-mittelalterlichen Mystik, war um diese Zeit noch nicht erschienen.

Anderseits war es auch klar, daß die Karäer bei ihrer Rationalität und Vorurteilslosigkeit den andern Konfessionen gegenüber eine ganz andere Toleranz entfalteten als die Altjuden. Christus galt ihnen als Prophet, wenn auch nur für die Nichtjuden, und ähnlich dachten sie auch von Mohammed.

Natürlich erwies sich der Entschluß, nur nach dem alten Bibelgesetz zu leben, dann doch als undurchführbar. Anstelle der Mischna der Altjuden schufen sie daher die Maschma (von schamóa = hören), und ihre Gesetze waren zum Teil sogar strenger als die der Talmudisten. Dies trifft nicht nur für die Sabbatgebote zu, sondern zum Beispiel auch für die karäische Auffassung vom Inzest.

Manche Abweichungen sind allerdings ohne große Bedeutung. So zum Beispiel in Kalenderfragen. Ursprünglich haben die Hebräer – man weiß es aus der Bibel – das Jahr im Frühling begonnen. In Kanaan nahmen sie dann die bäuerliche Sitte an, den Jahresanfang nach der Ernte im Herbst zu feiern, und diese Gewohnheit blieb bei den Talmudgetreuen bis auf den heutigen Tag erhalten. Die Karäer griffen aber natürlich auf die biblische Urform zurück.

Waren sie in mancher Hinsicht konservativer als die Altjuden, so waren sie in andern Zusammenhängen wieder «fortschrittlicher»: Nur bei ihnen gab es eine Erbgleichheit der Söhne mit den Töchtern, die in dem patriarchalischen Hebräerrecht der Bibel benachteiligt sind.

Wichtig sind aber nicht die Einzelheiten, sondern die Tatsache, daß die Fragen neu aufgeworfen und auf rein biblischer Grundlage neu durchdiskutiert worden sind.

Saadias «Gegenreformation»

Und die rabbinischen, die talmudgläubigen Juden, was sagten sie dazu? Anfangs horchten sie auf, spürten den frischen Wind in den Karäerschriften, griffen mit Freude die karäischen Anregungen in Philologie, Philosophie und exakten Naturwissenschaften auf. Auch der bedeutendste jüdische Philosoph im Mittelalter, Mosche ben Maimon, auch Maimuni oder gräzisiert Maimonides genannt, ist ohne seine karäischen Vorläufer kaum denkbar.

Aber sehr bald wurden sich die Talmudanhänger darüber klar, welche Gefahr dem traditionellen Judentum hier drohte. Und einer von ihnen, der Gaon Saadia von Fajium im neunten Jahrhundert, übernahm zwar eben-

falls von den Karäern ihr wissenschaftliches und philologisches Rüstzeug; er übersetzte auch gleich ihnen die Bibel in die arabische Landessprache, aber zugleich griff er die Karäer in Streitschriften systematisch an.
So wurde er gleichsam der Ignatius von Loyola des «katholischen» Talmudjudentums. Er befreite es vom mittelalterlichen, irrationalen Ballast und von jedem Aberglauben. Er lehrte zwar in Mesopotamien – der Titel «Gaon», etwa Exzellenz, wurde allen führenden Gelehrten an den Talmudakademien dieser Epoche zuteil –, aber er beeinflußte maßgeblich auch die geistige Renaissance in der frisch entstehenden jüdischen Welt Andalusiens. Er schuf die neuen Grundlagen, auf denen der Talmud jetzt rational und wissenschaftlich studiert werden konnte.
Ohne Saadia wäre die Talmudrichtung vielleicht dem Angriff der Karäer erlegen. Ähnlich weiß man ja auch nicht, was aus dem mittelalterlichen Katholizismus zur Zeit der Reformation ohne Ignatius von Loyola geworden wäre. Aber ohne den Angriff der Karäer wäre die talmudisch-jüdische Tradition vielleicht an Ermüdung und Erstarrung zugrunde gegangen.
Indirekt ist also auch die Erhaltung der von den Karäern befeindeten Talmudrichtung und die Tatsache, daß bis tief in die Hitler-Zeit hinein an Dutzenden von Jeschiwot – das sind Talmudhochschulen – Osteuropas die begabteren jungen Juden den Talmud systematisch studierten, den Karäern zu danken.
Die Karäer empfingen von den Talmudisten wenig Dank dafür. Sie galten als Ketzer, und bekanntlich ist die Ketzergeschichte nirgends auf der Welt ein Ruhmeskapitel für die siegreiche Partei. In antikaräischen Gemeinden konnte es vorkommen, daß einzelne Karäer mit dem

Bannfluch belegt, ausgepeitscht und mit schweren Geldstrafen gebüßt wurden. Einem antikaräischen jüdischen Minister in Spanien gelang es im Jahre 1130 sogar, alle Karäer durch Regierungsbeschluß vorübergehend zum Zwangsaufenthalt in eine einzige kastilische Stadt verweisen zu lassen.

Die Karäergeschichte in der Neuzeit

Mit der Zeit verloren auch die Karäer ihre frischen Impulse. Die geistige Initiative ging jetzt an die re-arabisierten Juden, vor allem Andalusiens, über, die, genau wie schon der Ägypter Saadia, die Anregungen der Karäer aufgriffen und selbständig weiterführten. Die karäischen Gemeinden schrumpften wieder zusammen.

Dennoch gibt es selbst heute noch im gesamten arabibischen Raume kleinere karäische Gemeinden. Und Zehntausende von Karäern lebten bis 1944 in der Urheimat der Chasaren, in der Krim. Das chasarische Reich zerfiel allerdings schon im zehnten Jahrhundert. Im Jahre 965 brach Herzog Swiatoslaw aus Kijew in Chasaria ein; es kamen die wiederholten Einfälle der Mongolen. Das Reich löste sich auf, die Kaghane flohen. Von einem von ihnen werden wir noch hören.

Die chasarischen Karäer suchten jetzt aber zum Teil auch außerhalb der arabischen Welt eine neue Heimat. Gruppen von ihnen wanderten nordwärts. Im galizischen Städtchen Halicz gab es bis in die Hitler-Zeit hinein noch eine geschlossene Karäergemeinde. Und als Großherzog Vitold von Litauen im Jahre 1398 über die Tartaren Südrußlands gesiegt hatte, brachte er Hunderte von Chasarenfamilien mit nach Hause. Er wußte, daß sie mutige, verläßliche Krieger waren. Darum siedelte er sie als Grenzschutz gegen den vordringenden Deutschen Orden an. Sie wurden also gleichsam die Kosaken Litauens.

In Polen erhielten sie etwa gleichzeitig unter König Jagiello Privilegien. Bis heute hat sich das Dokument erhalten, in welchem die Karäer als patriotisch und nützlich bezeichnet und direkt dem König oder Großherzog unterstellt werden. Sie gelten auch hier als besonders mutige Krieger, als treffliche Handwerker und Farmer, als tüchtige und anständige Menschen. Sie haben – wie auch alle andern Juden in Polen – ihre eigene Gerichtsbarkeit. Bis zum 15. Jahrhundert wählten sich die polnischen Könige ihre Leibärzte ausschließlich aus diesen ehemaligen Chasaren. Schon im 16. und 17. Jahrhundert haben die Karäer auch eigene Landgüter. Sie waren allgemein beliebt. Nie gab es bei ihnen Delikte. Das klingt unwahrscheinlich, wird aber in allen – auch nichtchasarischen – Dokumenten immer wieder bestätigt. Nimmt man hinzu, daß sie – wir sagten es schon – viel positiver als die Altjuden zu den andern Konfessionen standen, so begreift man, daß sie sogar im antisemitischen Zarenrußland mit seinen unmenschlichen Judenerlassen bis zuletzt volle Bürgerrechte genossen.

In Polen vertraute man ihnen gern auch diplomatische Missionen an, vor allem, wenn es galt, mit Turkvölkern zu verhandeln. Da sie neben der polnischen Landessprache nach wie vor ihren alten Turkdialekt beherrschten und – bis in die Speisen hinein – Turksitten bewahrt hatten, waren sie für solche Aufgaben wie geschaffen.

Große Philosophen brachten sie jetzt nicht mehr hervor, wohl aber noch sehr solide Kenner der Karäergeschichte und einzelne selbständige mutige Denker von der Art des Isaak ben Awram aus Troki in Litauen (1533–1594), der Hebräisch, Polnisch und Latein beherrschte und Kontakt mit christlichen Gelehrten pflegte. Sein Buch «Séfer chisúk emuná» (Buch der Glaubensstärkung) setzt sich mit christlichen Dogmen mit der gleichen Freiheit auseinander, die sich die Karäer seit jeher auch der eigenen, jüdischen Glaubenswelt gegenüber herausnahmen. Das Buch wurde von den Jesuiten heftig angegriffen. Anderseits bildete es das Entzücken Voltaires.

Literatur über Karäer

Als reine Bibelsekte erweckten die Karäer in der Neuzeit vor allem das Interesse der christlichen Reformatoren. Johannes Buxtorf und Hans Ludwig Frey in Basel, Trigland in Leyden schrieben über die Karäer, nahmen Kontakt mit ihnen auf. König Karl XI. von Schweden ließ durch den Gelehrten Peringer 1690 karäische Chachamim nach Uppsala einladen.

Um die Jahrhundertwende lebte in Polen ein chasarischer Karäer namens Simon Kobecki, ein hochgebildeter Mann und zugleich Poet, der im alten Turkdialekt seines Volkes Lieder schrieb und unter dem Titel «Irlar» herausgab. Ein anderer, vielleicht der letzte Karäerpoet, Aleksander Mordkowicz, starb in Polen im Jahre 1944. Allerdings schrieben diese letzten Poeten ihre Turkdichtung nicht mehr in hebräischen, sondern in lateinischen Buchstaben. Der Zerfall der religiösen Bindungen brachte es eben mit sich, daß die Kultschrift gegen die bequemere europäische Schreibweise eingetauscht wurde. Ähnlich bedienen sich ja auch die moslimischen Türken jetzt nicht mehr der arabischen Schriftzeichen.

Heute sind die Karäer dezimiert. Zwar genossen sie überall die Gunst der Könige. Aber gegen Judenmassaker, die nicht von der Regierung selber angeordnet waren, gab es auch für die Karäer keinen Schutz. Die älteste Karäergemeinde, die in Jerusalem, die noch auf Anan selber zurückging, war schon den Kreuzritterpogromen bei der Eroberung Jerusalems zum Opfer gefallen. Erhalten blieb nur die Jerusalemer Knessa der Karäer. Sie liegt mehr als zwanzig Stufen unter der Erde und weist sich schon dadurch, wie jede Katakombe, als das Bethaus einer verfolgten Religionsgruppe aus.

Beim Untergang des Chasarenreiches verloren abermals Zehntausende von Karäern ihr Leben. Im 17. Jahrhundert wurden sie in der Ukraine von den Horden des Hetman Chmielnizki mit den andern Juden zusammen erbarmungslos niedergemetzelt.

Daß sie unter den Zaren rechtlich den andern Juden gegenüber bevorzugt waren, sagten wir schon. Ebenso blieben sie von den Nazi-Okkupanten zunächst verschont. Ob rassische Erwägungen hierbei eine Rolle spielten oder die – für die Okkupanten sicher positiv gewertete – Tatsache, daß die Karäer mit den andern Juden in Feindschaft lebten, weiß man nicht. Es ist letztlich auch gleichgültig. Denn im Jahre 1944 änderten die Okkupanten von einem Tag auf den anderen ihre Meinung und ließen alle Karäer umbringen.

Wenn wir heute dennoch ziemlich viel von den Karäern wissen, so ist dies vor allem einem karäischen Chacham in der Krim zu danken, Abraham Firkowicz (1785 bis 1875), der den ganzen vorderasiatischen und nordafrikanischen Raum bereiste und überall systematisch nach karäischen Dokumenten suchte. Er fand sie in den sogenannten Genisót der karäischen Knessot. Unter einer Genisá versteht man den synagogalen Archivraum oder das ummauerte Grab, in welchem die Juden nach ur-

altem Brauch alle ihre religiösen Schriften aufbewahren, die aus irgendeinem Grunde nicht mehr gebraucht werden oder unlesbar geworden sind. Denn heilige Schriften dürfen nicht vernichtet werden.
Mitunter gerieten auch weltliche Bücher in hebräischer Schrift in eine Genisá, und in einer von ihnen, in Kairo, fand man unter anderm die älteste Fassung des Gudrunliedes, die offenbar dem Repertoire eines aus Deutschland bis hierher geflüchteten jüdischen Spielmanns entstammte.
Die Ausbeute von Firkowicz war beträchtlich. Einen Teil der Schriften hat er bearbeitet und ediert. Er übergab sie alle der Petersburger Staatsbibliothek, wo sie heute noch auf eine weitere Bearbeitung warten.
Das schlechte Verhältnis der Karäer zu den Altjuden hat sich übrigens bis in die jüngste Zeit hinein nicht geändert. Wo immer sie vereinzelt zwischen altgläubigen Juden lebten, ging es ihnen schlecht. Die andern Juden mieden den Kontakt mit den Karäern fast noch strenger als mit Andersgläubigen.
Es gibt einen Roman, geschrieben von der christlichen Polin Eliza Orzeszkowa im Jahre 1878, betitelt «Meir Ezofowicz» oder «Das Licht in der Finsternis», in welchem das Schicksal zweier karäischer Überlebender inmitten einer Gemeinde von Talmudanhängern geschildert ist. Die Autorin, eine begnadete Erzählerin mit Herz, Verstand, Bildung und einer Kenntnis der jüdischen Lebens- und Geistesformen, wie man sie auch bei jüdischen Schriftstellern nicht oft findet, stellt einen jungen Juden, Meir, aus aufgeklärtem, aber talmudgläubigem Hause ins Zentrum der Erzählung. Der Gegenspieler der Familie und vor allem des aufrührerischen jungen Mannes ist Rabbi Todros, Nachkomme von Flücht-

lingen aus der spanischen Inquisition, ein strenger Asket und Kabbalist, Freund und Helfer der einfachen Leute, genau wie auch die chassidischen Rabbis des Ostens und genau wie sie harter Gegner jeder Aufklärung. Diese Verbindung von Mystik und starrer Reaktion war weder bei den Juden noch bei den Moslims etwas Ungewöhnliches. Ketzerisches Verhalten gab es bei den Juden immer nur von seiten der Freidenker und Aufklärer.
Der junge Mann pflegt Kontakt mit einem Karäermädchen, der verwaisten Enkelin eines alten Korbmachers, das ganz in der poetischen Welt der biblischen Dichtung lebt. Das Mädchen zahlt in der fanatisierten Umwelt für diese Liebe mit ihrem Leben. Den Jüngling, der unter anderm auch mit Kameraden zusammen heimlich die philosophischen, von Todros verbotenen Schriften Maimunis studiert, trifft der Bannfluch des Rabbi Todros.
Es ist dies einer der schönsten Romane aus der jüdischen Welt, und es ist schwer zu verstehen, warum gerade er seit Jahrzehnten in deutscher Sprache nicht mehr neu aufgelegt wurde.

Die Karäer und der Islam

In der zweiten Hälfte des achten Jahrhunderts, zur Zeit des Kalifen Harun al Raschid, hatten sich die Chasaren zum Judentum bekehrt. Genauer: sie hatten sich nicht dem Judentum, sondern der Bibel zugewandt, von deren Studium aus sie ihre eigenen, neuen Wege einschlugen. Sie breiteten sich zunächst vor allem im Iran und Irak aus. Ganz von selber ergab sich hier ein intensiver Kontakt mit dem Islam.
Tatsächlich hat zwar die karäische Philosophie manchen arabischen Philosophen beeinflußt, ihrerseits ist sie

aber ohne diesen nahen Kontakt mit den Moslims nicht denkbar. Bagdad im 10. Jahrhundert: das war Neuzeit, und zwar in weit konsequenterer und reinerer Form, als wir sie je bei uns in Europa erlebt haben. Hier gab es zum Beispiel einen öffentlichen Debattierklub für Anhänger aller Religionen, in welchem man schlechthin jede These vertreten durfte, sofern man sich dabei auf die reine Vernunft berief und nicht auf Autoritäten oder feste Traditionen.

Die islamischen Araber stellten damals einen Katalog aller Religionen auf, sie sprachen sich auch für eine – wenn auch nur relative – Anerkennung sämtlicher Religionen aus. Wichtig seien – so meinten sie – nur die in allen Religionen enthaltenen ethischen Forderungen, die sich im wesentlichen deckten. Daher sei auch jede Konversion, jeder Übertritt von einer Religion in eine andere, sinnlos und überflüssig. Mochte jeder bei der Religion seiner Väter bleiben. Oder mochte er ungläubig sein – wenn er nur die Forderungen dieser im neuzeitlichen Sinn autonomen Ethik anerkannte und erfüllte.

Allerdings war vom einfachen, ungebildeten Volk nicht zu erwarten, daß es sich an solche absoluten, autonomen ethischen Gesetze hielt. Darum waren Religionen dennoch sinnvoll. In ihnen waren diese gleichen Forderungen populär und einfach ausgedrückt.

Der Gebildete dagegen, dessen Moral keiner religiösen Stütze bedurfte, mochte nach Belieben an einen Offenbarungsgott glauben, wenn ihm dessen Gesetze mit den Gesetzen der Vernunft vereinbar schienen, oder an einen Gott der Philosophie, der nur durch Vernunft erschlossen und nicht in der Offenbarung erlebt wird, oder er mochte auch Agnostiker sein und annehmen, daß es einen Gott überhaupt nicht gab.

Tatsächlich ist das Ausbrechen des «Schwarzen Humors» beim Karäer Chawi el Balchi im 9. Jahrhundert nur in dieser Luft und in diesem Raume zu verstehen.

VIII. DIE ARABISIERTEN SPANIOLEN

Die Juden in Spanien

Die Anfänge der großartigen arabischen Kultur sind bis heute viel zuwenig durchforscht. Die Höhepunkte, die große arabische Poesie und auch die Philosophie der Araber, in welcher zum Teil die Hegelsche und sogar die marxistische Dialektik voll vorweggenommen ist, sind dagegen ausreichend bearbeitet und auch in europäische Sprachen übersetzt. Daß diese Explosion von Begabung und Genialität zum Teil auf ein neues rassisches Zusammenspiel der Beduinen mit den Vorderasiaten zurückzuführen ist, sagten wir bereits.

In unserem Zusammenhang interessiert uns aber nur die Rolle der re-arabisierten Juden in der islamischen Welt. Die jüdisch-arabische geistige Symbiose beginnt im frühen Mittelalter und erlischt etwa im 13. Jahrhundert. Ihr Schwerpunkt lag in Andalusien.

Wir haben uns also die Frage zu stellen: Seit wann gibt es überhaupt Juden auf spanischem Boden? Genaue Daten lassen sich heute nicht mehr herausfinden. Sicher ist nur, daß es hier, am äußersten Südwestzipfel Europas, lange vor den Einbrüchen der Westgoten und Mauren jüdische Kolonien gab. König Salomon soll aus Spanien Silber importiert haben. Möglich ist also durchaus, daß sich schon damals einzelne jüdische Gruppen an den Küsten der Iberischen Halbinsel festsetzten.

Andere vermuten, die Juden hätten sich zur Zeit der Makkabäeraufstände, also im zweiten vorchristlichen Jahrhundert, in spanischen Hafenstädten niedergelas-

sen oder sie auch selber gegründet. Die These bleibt unbewiesen. Sicher dagegen ist, daß Kaiser Hadrian nach dem verzweifelten Aufstand der Judäer unter Bar Kochba im Jahre 135 n. Chr. eine Anzahl jüdischer Gefangener hierher deportieren ließ.
Zu dieser Zeit gab es an den Küsten Nordafrikas und Spaniens schon lange semitische, nämlich phönizische Kolonien. Ohne Zweifel waren, zusammen mit den stammverwandten Phöniziern, auch viele Juden hierher gezogen. Man sprach ja sogar die gleiche aramäische Sprache. Karthago (aramäisch kartá chadaschá = die neue Stadt) war eine phönizische Gründung, desgleichen Cadiz (aramäisch gadejrá = der Zaun) im südlichen Spanien, am Atlantik.
Sicher ist, daß die Juden schon lange im Lande saßen, als die Römer und später die Westgoten das Land besetzten und beherrschten. Die christianisierten Westgoten behandelten die alteingesessenen Juden aber so schlecht, daß diese sich in ihrer Verzweiflung an ihre Glaubensbrüder und die stammverwandten Moslims an der afrikanischen Nordküste wandten. Es gelang den spanischen Juden, die Moslims zu überzeugen, daß eine Expedition in das fruchtbare Andalusien sich lohnte. Eine große Armee aus Arabern, Berbern und Juden setzte nach Europa über und landete an jenem Felsen, der heute noch nach dem arabischen Feldherrn Tarik Gibraltar (Dschebel al Tarik = Berg des Tarik) heißt. Im Jahre 711 wurden die Westgoten besiegt und zunächst aus dem südlichen Teil Spaniens vertrieben. Araber und Juden siedelten sich ihrerseits auf der Pyrenäenhalbinsel an und gaben ihr kulturell bis ins fünfzehnte Jahrhundert hinein ihr Gepräge.

Die jüdisch-maurische Symbiose in Andalusien

Hier, auf andalusischem Boden, entwickelte sich sehr rasch zwischen den Juden und den Mauren jene enge kulturelle Symbiose, die ihresgleichen weder in der jüdischen noch in der arabischen Geschichte findet. Diese jüdisch-arabische Kultur Andalusiens bewahrte bis zuletzt deutliche Beduinenmerkmale – in der kanaanäischen Heimat und in Babylon waren sie bei den Juden längst den vorderasiatischen Merkmalen gewichen. Hier aber dominierte bis zuletzt das harte, strenge Denken über Traum, Legende und Erzählung. Dichtung gab es da nur als straff gebundene, formvollendete Lyrik, nicht als Epos und Roman. Hier blühten alle strengen Naturwissenschaften. Aber auch die geisteswissenschaftlichen Disziplinen wurden jetzt nach Möglichkeit in harte Regeln eingefangen. Man betrieb systematisch Philologie, Grammatik, Lexikographie und sogar Wort-Etymologie. Vor allem aber erblühte die Philosophie.

Wir sagten schon, daß die Juden Spaniens, anders als die später an Deutschland assimilierten jüdischen Kreise, nie aufhörten, aus ihren eigenen geistigen Inhalten heraus zu leben, und daß gerade dies eine der grundlegenden Voraussetzungen für diese fruchtbare geistige Symbiose war. Sie blieben sogar, obwohl sie hier eine Art aristokratische Oberschicht bildeten, glühende Zionisten, erfüllt von Sehnsucht nach dem Lande Israel, aus dem man sie längst vertrieben hatte. Obwohl es ihnen hier zeitweise besser ging als je in der alten Heimat, faßten sie ihren Aufenthalt in Spanien dennoch als Provisorium auf, und sie brachten dies auch bildhaft zum Ausdruck, indem sie an allen ihren Häusern und Synagogen eine ungetünchte Stelle an der Mauer ließen, um damit anzuzeigen, daß sie zu jeder Zeit bereit waren, wieder aufzubrechen. Dabei waren sie treueste Diener ihrer Sultane.

Die Grundlagen zu dieser andalusisch-semitischen Geisteswelt waren in der arabischen Umgebung des Vordern Orients gelegt worden. Dort hatten Araber, Karäer und schließlich auch andere Juden gemeinsam antike, indische und persische Quellen erschlossen. Die Anregung kam also aus dem Osten.

Es ist hier aber nicht unsere Aufgabe, die faszinierenden Leistungen der Araber jener Epoche ausführlich zu schildern, und auch die jüdisch-maurische Periode in Andalusien können wir nur kurz darstellen. Denn es geht für uns nur um den Nachweis, wie fruchtbar eine Symbiose ausfallen kann, wenn zwei auch rassisch nahe verwandte, begabte Volksgruppen einander unter günstigen Umständen begegnen.

Tatsächlich waren die Mauren und Juden Spaniens in rassischer Hinsicht fast identisch. Beide waren beduinischen Ursprungs, aber beide hatten sich mit Vorderasiaten vermengt. Bei den Juden war dies zwar in stärkerem Ausmaß geschehen als bei den Arabern, doch diejenigen jüdischen Gruppen, die vor Jahrhunderten nach Arabien zurückgewandert waren, hatten sich längst wieder arabisiert.

Hier, auf andalusischem Boden, kam es außerdem bei beiden, Juden wie Mauren, auch zu einer leichten Vermengung mit iberischen Autochthonen, die wohl vorwiegend dem sogenannten westischen oder mediterranen Typus zugehörten. Körperlich sind die mediterranen Menschen gleichsam eine etwas verkleinerte Ausgabe der nordischen, jedoch mit dunkeln Augen und Haaren und vor allem mit einem ganz andern, eben mediterranen Temperament.

Die vorderasiatischen Merkmale waren hier bei den Juden nicht nur leiblich, sondern auch seelisch und geistig weitgehend verlorengegangen. Wir finden hier bei den Juden sowenig wie bei den Mauren ein kanaanäisches Demutsethos. Hier werden keine rührenden Heiligen geboren, die das Volk mit Legenden und Märchen umwebt.

Man kann natürlich sagen: Sie lebten ja auch mehrere hundert Jahre später als die sagenumwobenen Talmudlehrer. Daran aber liegt es nicht. Die gleiche historisch-klare Profiliertheit fanden wir ja schon bei den jüdischen Königen, die tausend Jahre vor der Entstehung des Talmuds lebten. Und umgekehrt lösen sich die chassidischen Rabbis des 18. Jahrhunderts wieder genauso in der Legende auf wie fünfzehnhundert Jahre vorher die Talmudlehrer in den agadischen Erzählungen. Bezeichnend ist zum Beispiel, daß wir gerade vom Gründer der chassidischen Bewegung, Rabbi Israel ben Elieser, genannt Bá'al Schem Tow, der «Herr des guten Namens», das heißt soviel wie Wundertäter, bis heute nicht mit Bestimmtheit wissen, wo er auf die Welt kam und wer seine Eltern waren.

Demgegenüber treten die Dichter und Philosophen der spanisch-jüdischen Periode alle glasklar konturiert vor uns.

Saadia als Philosoph

Wir erwähnten bereits den «Gegenreformator» der Juden, den Gaon Saadia aus Fajium (882–942 n. Chr.), den Gegner der Karäer, der an der Talmudhochschule von Sura in Babylon lehrte. Er war noch keine dreißig Jahre alt, als er es bereits unternahm, den jüdischen

Glauben von jedem abergläubischen Ballast zu befreien und philosophisch auf eine sichere Basis zu stellen. Um seinen Schriften eine große Verbreitung zu sichern, schrieb er, genau wie die Karäer, arabisch, obwohl er natürlich sowohl Hebräisch wie Aramäisch vollendet beherrschte. Er argumentierte nicht nur gegen die Thesen der Karäer, die ihm besonders gefährlich schienen, da sie aus dem eigenen, dem jüdischen Glaubenskreis hervorgegangen waren, sondern auch gegen den Glauben an eine Trinität und vor allem gegen den persischen Dualismus und alle jene philosophischen und kosmogonischen Thesen der arabischen Umwelt, die sich mit dem Offenbarungsglauben nicht vertrugen.

Er neigte, genau wie vor ihm und auch jetzt noch die Karäer, zum arabischen Mutazilismus, nach welchem der Gottesbegriff von allen anthropomorphen Elementen befreit werden muß. Dieser mutazilitische Gottesbegriff ist deutlich von dem der Neuplatoniker beeinflußt, der seinerseits auch nicht mehr rein griechisch, sondern der Synthese hellenischen und asiatischen Philosophierens entsprungen war. Die Mutaziliten gehen zwar nicht ganz so weit wie der Neuplatonismus, für den Gott völlig prädikatlos ist, aber sie versuchen die Einheit Gottes dadurch zu wahren, daß sie die wenigen Eigenschaften, die sie ihm belassen, nicht als hinzutretende Prädikate, sondern als Wesenselemente Gottes erklären.

Wie alle Philosophen des arabischen Raumes ist auch Saadia von Aristoteles beeinflußt. Die Frage, wie Schöpfung überhaupt möglich ist, versucht er durch die Einführung des Begriffes einer Urmaterie zu beantworten. Er will auf diese Weise die Kluft zwischen Gott und der Welt überbrücken – in Wirklichkeit schafft er dadurch nur zusätzliche Komplikationen.

Die Welt als Ganzes ist nach Saadia endlich, weil in ihr nur endliche Kräfte wirksam sind. Der Inhalt aller göttlichen Offenbarung deckt sich nach seiner Meinung mit der Vernunfteinsicht. Hierin ist er, genau wie manche Karäer und Araber seiner Zeit, streng rational eingestellt. Auf die Frage, wozu dann Offenbarung überhaupt nötig ist, hat er einfache Erklärungen: Erstens sind nicht alle Menschen fähig, auf dem Wege der Vernunft zu solchen Einsichten zu gelangen, und zweitens würden die Philosophen ohne Sukkurs von seiten einer Offenbarung uneinig und schwankend bleiben.

Das Problem der Theodizee beschäftigt ihn tief. Er löst die Frage schließlich mit dem Hinweis auf die läuternde Wirkung des Leides und mit der Annahme, daß alles Unrecht im Jenseits ausgeglichen würde. Da auch Tiere schuldlos leiden müssen, nimmt Saadia, wie schon andere vor ihm, an, es gebe auch für Tiere ein Jenseits.

Im ganzen bemüht sich Saadia also, Religion und Ratio zu vereinigen. Er folgt darin zum Teil den von ihm bekämpften Karäern und zum Teil den arabischen Mutaziliten. Auch schafft er damit die Grundlagen für den Aristotelismus Maimunis im 12. Jahrhundert, der allerdings auch stark von den zeitgenössischen arabischen Aristotelikern beeinflußt ist, vor allem von Ibn Roschd, den die mittelalterliche christliche Welt als Averroes kennt und bekämpft, mit dem aber Maimuni freundschaftlich korrespondierte.

Karäisch und später maimunisch ist auch Saadias These, daß Gottes Handeln nicht voluntaristisch zu begreifen sei. Die von Gott geschaffenen ethischen Gesetze gelten auch für ihn selber, und gut muß sein Handeln schon deshalb sein, weil er ja keine Bedürfnisse und folglich keine Ursache zur Bosheit hat.

Ebenso wichtig wie Saadias zwar karäisch inspirierte, dennoch aber antikaräische Philosophie ist, daß er die Bibel genau wie die Karäer ins Arabische übertrug und sogar mit arabischen Scholien und Kommentaren ergänzte und daß er, auch hierin den Karäern folgend, Lexika und sprachwissenschaftliche Werke verfaßte.

Chasdai ibn Schaprut und die Chasaren

Die Saat der Karäer und Saadias ging aber hauptsächlich in Andalusien und nicht in Vorderasien auf.
Die ersten maurischen Herrscher in Andalusien waren die Omajaden, ein Fürstengeschlecht, dem eine ganze Reihe hochgebildeter, geistig toleranter und dabei auch militärisch und politisch glänzend befähigter Sultane entsproß. Für die Mauren Andalusiens gehörte um diese Zeit zum Idealbild eines Mannes nicht nur Mut, sondern auch hohe Bildung, und die Sultane bemühten sich, dieses Ideal zu verkörpern. Den kulturellen Höhepunkt erreichte Andalusien unter Abd el Rahman III., der von 912 bis 962 n. Chr. herrschte und an seinem Hofe die besten Ärzte, Astronomen, Mathematiker und Poeten versammelte. Er baute eine gewaltige Bibliothek auf, für welche er alle wichtigen Werke der Weltliteratur ins Arabische übertragen ließ.
An seinem und seines Nachfolgers Hofe wirkte der jüdische Arzt, Diplomat und Staatsmann Chasdai ibn Schaprut, gleichermaßen bedeutsam als Politiker und Förderer von Kunst und Wissenschaft. Trotz seiner glänzenden Stellung blieb er aber, genau wie seine jüdischen Zeitgenossen, die sich auf allen Gebieten der Natur- und Geisteswissenschaften auszeichneten, traditionsgefestigter Jude. Auf erschütternde Weise bringt er dies in ei-

nem Briefe zum Ausdruck, der bis heute erhalten geblieben ist und den er an den damaligen Herrscher der Chasaren schreibt. In dem Briefe erzählt er zunächst, wie schön und fruchtbar Spanien sei und wie gut es den Söhnen Israels hier ergehe. Dann aber fragt er, ob es wahr sei, daß die Juden in Chasaria ein eigenes Land hätten, und er fährt fort:

> «Erfahre ich, daß es sich wirklich so verhält, dann werde ich nicht zögern, auf alle ehrenvollen Auszeichnungen zu verzichten . . ., zu Wasser und zu Lande reisen, bis ich an den Ort gelange, wo mein König weilt . . . Wir in der Diaspora lauschen gebannt, wenn es heißt: Dieses Volk hat sein eigenes Reich – uns jedoch fehlt sogar der Schatten eines solchen.»

Wir erwähnten schon mehrmals, daß solche Wahrung der eigenen Art und Tradition die Voraussetzung für jede echte Symbiose mit einem anderen Volke sei. Darüber hinaus kann man aber in dieser stolzen Haltung der andalusischen Juden auch jene für den Beduinen charakteristische aristokratische Haltung erkennen, die den vorderasiatischen Juden Deutschlands bei ihrem Assimilationswillen an die Umwelt so völlig fehlte. – Die Symbiose der re-arabisierten Juden mit ihrer Umwelt beruhte – wir haben es wiederholt betont – nicht auf Selbstpreisgabe.

Chasdai war es nicht vergönnt, nach Chasaria zu reisen. Zwar erreichte sein Brief den dortigen Kaghan. Aber ungefähr gleichzeitig brachen aus allen Richtungen Feinde in Chasaria ein, der Kaghan mußte fliehen, und Schapruts Brief mit der idyllischen Schilderung Spaniens hatte nun zur Folge, daß der Kaghan seinerseits ebenfalls nach Spanien kam. –

Ibn Gewirol und das Jenseits der Intellektuellen

Der erste, der die Philosophie und Wissenschaft der islamischen Welt nach Spanien verpflanzte, war Salomon ibn Gewirol. Sein Leben war glücklos. Die zeitgenössischen Quellen überliefern, er sei ein schwieriger, unausgeglichener Mann gewesen, der sich mit niemandem vertrug. Man kennt zwar sein Geburtsjahr, 1020, weiß aber nicht mit Bestimmtheit, ob er 1050 oder 1070 starb. Die zweite Jahreszahl ist angesichts der geistigen Reife von Ibn Gewirols Werk wahrscheinlicher. Indes hat auch Saadia viele seiner wichtigsten Bücher schon vor seinem dreißigsten Jahre verfaßt.

Über Ibn Gewirols Tod gibt es eine Anekdote, die aufhorchen läßt: Ein arabischer Dichterrivale soll ihn ermordet haben, aus Neid, weil Ibn Gewirol die besseren Verse schrieb.

Ein Mord an einem Unschuldigen bleibt in jedem Falle abscheulich. Ein Mord aus Dichterneid entbehrt jedoch nicht der Originalität und sogar eines gewissen geistigen Niveaus: Wann und wo außer im maurischen Spanien wäre es je vorgekommen, daß einer seiner besseren Verse wegen erschlagen wurde?

Diese Anekdote legt jedenfalls die Vermutung nahe, daß Ibn Gewirol auch arabisch dichtete. Meist schrieb er jedoch Hebräisch, das er wie seine Muttersprache beherrschte. Er ist der erste hebräische Dichter seit der Antike. Es gibt von ihm sowohl liturgische wie weltliche Gedichte.

Im Gegensatz zu den späteren jüdischen Philosophen dieses Raumes stellt seine Philosophie nicht die religiösen Probleme in die Mitte, sondern die Frage nach dem Sein schlechthin. Ziemlich aristotelisch führt Ibn Gewirol alles auf eine Urmaterie und eine Urform zurück

und zeigt diese Dualität von Materie und Form auf allen Seinsstufen wieder auf. Die höheren Substanzen lassen die niederen aus sich emanieren, und selbst in der allerniedersten ist noch göttliche Kraft enthalten. Es gibt demnach keinen Gegensatz zwischen einem positiv gewerteten Geist (= Form) und einer negativ bewerteten Materie (= Körper). Der Unterschied zwischen diesen beiden Ursubstanzen besteht nur darin, daß die eine, die Materie, auf das Wesen Gottes zurückgeht, der Geist oder die Form aber auf seinen Willen. Dem Willen räumt er hiermit einen größeren Raum ein als manche späteren jüdischen und islamischen Philosophen Andalusiens, und er wird dadurch zum Vorbild für die ebenfalls voluntaristischen Konzeptionen der christlichen Scholastiker Eriugena und Duns Scotus.
Emanations- und Schöpfungsgedanke gehen bei ihm ineinander über und sogar durcheinander. Es gibt bei ihm bereits auch den Gedanken des Makrokosmos und des Mikrokosmos. Der Mensch, eine Emanation Gottes, strebt zu Gott zurück. An dieser Vorstellung hakt später die jüdische Mystik Spaniens ein, die ja überhaupt, im Gegensatz zum volkstümlich-verträumten Chassidismus, eine ausgesprochene Bildungsmystik war.
Schon früh ist das arabische Original von Ibn Gewirols philosophischem Hauptwerk «Der Quell des Lebens» verlorengegangen. Das Buch war aber bereits ins Hebräische und Lateinische übertragen worden. Die christlichen Scholastiker lernten es unter dem Titel «Fons vitae» kennen und hielten seinen Verfasser, den sie Avicebron oder Avencebron nannten, für einen Christen oder Mohammedaner. Erst im 19. Jahrhundert entdeckte ein jüdischer Gelehrter ein Manuskript, betitelt Mekór Chajím, zu deutsch Lebensquell, eine hebräische Überset-

zung von Ibn Gewirols Werk aus dem arabischen Original und eindeutig identisch mit dem Fons vitae der Christen.

Ibn Gewirol spielte also im Mittelalter wieder eine ähnliche Rolle für die christliche Religionsphilosophie wie seinerzeit im Altertum Philon von Alexandrien. Beide haben durch ihren Versuch, den Offenbarungsglauben mit dem Gedankengut der Antike zu vereinen, der christlichen Philosophie den Weg geebnet. –

Ibn Gewirols zum Teil mystische Gedanken wurden von seinen Nachfolgern reich variiert. Die Vorstellung von der Seele, die eine Emanation Gottes ist und zu ihm zurückstrebt, wurde noch genauer ausgesponnen: Seelen, die im Körper ihre Vollendung nicht finden konnten, müssen sich vor ihrem Aufstieg in die überirdische Welt ziellos herumtreiben. Diese Vorstellung eines «olámhatóhu», einer Welt der Wirrnis, in der die Seelen Verstorbener herumspuken, hat später auch die ostjüdische Legendenwelt befruchtet.

Es gab aber noch andere Varianten, die für die re-arabisierten Juden typischer waren. So zum Beispiel die Vorstellung, daß die Seele nicht nur moralisch rein, sondern auch intellektuell vollkommen sein müsse, um wieder zu ihrem göttlichen Ursprung zurückkehren zu dürfen. War sie fromm und rein, jedoch intellektuell tiefstehend, dann war sie zunächst zur Seelenwanderung verurteilt.

Immerhin gingen auch die re-arabisierten Juden Spaniens nicht so weit, statt Tugend nur Intellekt zu fordern: War eine Seele intellektuell hochstehend, jedoch lasterhaft, dann war ihr nicht einmal die Seelenwanderung gewährt, vielmehr wurde sie von der Sonne versengt. Taugte sie aber weder intellektuell noch moralisch, dann ging sie kurzerhand mit dem Leib zugrunde.

Interessant ist aber in jedem Falle die dominierende Rolle, die bei den Südjuden Spaniens der Intellekt sogar im Zusammenhang mit dem Leben im Jenseits spielt. Hält man die Auffassung des Nazareners – und auch der Chassiden – daneben, nach welcher die im Geiste Einfachen, Einfältigen und die kleinen Kinder Gott am nächsten sind, dann erkennt man: Wir stehen hier am genauen Gegenpol der jüdischen Welt. Hier bricht das beduinische Ethos, philosophisch geläutert und aufgesteigert, im arabischen Raume bei den Juden voll wieder durch. Es erzeugt nicht Heilige, wie das der Vorderasiaten, sondern Denker. –

Jehuda Halevy; Mosche und Abraham ibn Esra

Als Zeitgenossen und Freunde lebten Jehuda Halevy in Toledo (1085–1141) und Mosche ibn Esra (1070–1139) in Granada. Auch von ihnen gilt, was wir schon von Ibn Gewirol sagten: Ihr Leben liegt in neuzeitlicher Klarheit vor uns. Sie wechselten miteinander Briefe, die bis heute erhalten sind.

Von Mosche ibn Esra wissen wir, daß er seine junge Cousine liebte, die aber von ihrem Vater mit einem andern Manne vermählt wurde. Sie starb bei der ersten Geburt und hinterließ eine Liebesbotschaft für Mosche. Und er, der bisher weltliche Gedichte geschrieben hatte, verfaßte von nun an nur noch Pijutim, das heißt liturgische Poesien.

Während Mosche ibn Esra sowohl arabisch wie hebräisch dichtete, gilt Jehuda Halevy als der klassische Vertreter der mittelalterlichen hebräischen Poesie. Auch er schrieb sowohl weltliche wie religiöse Verse, leichte Festgedichte und Scherzrätsel neben ernsten Elegien.

Wie eng die Berührung Jehuda Halevys zu seiner arabischen Umwelt aber auch sein mochte – auch er blieb, genau wie Ibn Schaprut, nicht nur gläubiger Jude, sondern erfüllt von Sehnsucht nach dem Heiligen Lande. Seine «Zionsklage» ist in die jüdische Liturgie eingegangen: Bis heute werden diese Verse am neunten Tag des Monats Aw, dem Trauertag wegen der Zerstörung des Tempels, vorgetragen.
Er selber starb auf einer Pilgerfahrt nach Jerusalem. Die Legende behauptet, das Pferd eines vorbeireitenden Arabers habe ihm das Haupt zerschmettert, als er sich beim Anblick Jerusalems in den Staub der Straße warf.
Jehuda Halevy hat seine Haltung zum Judentum in einer Art Lehrgespräch festgehalten: Chasaria war um diese Zeit bereits zerstört, und er scheint mit geflüchteten Chasaren Kontakt gehabt zu haben. Sein Buch «al Chasari» oder «al Kusari» geht auf die Legende zurück, wonach die Chasaren sich auf Grund einer öffentlichen Disputation zwischen den Vertretern der drei Konfessionen bekehrt haben sollen. Halevy schildert nun dieses Bekehrungsgespräch zwischen einem chasarischen Kaghan und einem jüdischen Gelehrten.
In seiner Philosophie bricht Halevy mit dem strengen Rationalismus der arabischen Aristoteliker. Er tut es aber nicht, weil er den irrationalen Glauben höher wertet als die Vernunft, sondern weil er, resignierend, die Grenzen der rationalen Erkenntnis einsieht. Gäbe es – so schließt er absolut logisch – in der Metaphysik stringente Schlüsse, dann könnte es ja keinen Streit zwischen den verschiedenen philosophischen Schulen geben.
Als höchstes und zugleich einziges Formprinzip anerkennt Halevy Gott, der dauernd durch Wundertaten in das Weltgeschehen eingreift. Platonisch ist bei ihm nur

die Scheidung zwischen Leib und Seele. Unsterblich ist aber nach ihm nur der Nous, der Geist, den er, genau wie Aristoteles, überpersönlich auffaßt.
Viel deutlicher ist die rationale Einstellung bei Abraham ibn Esra ausgeprägt, der der Überlieferung zufolge einem verarmten Zweig der gleichen Sippe entstammte wie Mosche ibn Esra. Er war ein ähnlich schwieriger Mensch wie Ibn Gewirol, in Extreme zerrissen und, wie jener, erstaunlich vielseitig begabt, ja genial. Einerseits war er tief gläubig, anderseits kritisch und skeptisch; einerseits ernst, anderseits ein sarkastischer Witzbold.
Er gilt als klassischer Bibelexeget, und seine Kommentare sind allen rabbinischen Bibelausgaben beigedruckt. Er versucht – hierin ein echter Südjude! – nie, bei schwierigen Bibelstellen in Legende und Allegorie auszuweichen. Wenn er etwas rational nicht zu deuten vermag, dann schreibt er: «Hier ist etwas, was wir nicht verstehen», oder: «Der Einsichtige schweigt.»
Er führte ein unstetes Wanderleben und war ein notorischer Pechvogel. Von ihm stammt die witzige Formulierung, daß er bloß einen Kerzenhandel zu eröffnen brauche, damit die Sonne nie mehr unterginge.
Seine Armut hat ihn aber nicht gehindert, außer auf dem Gebiete der Bibelexegese auch auf dem der Grammatik, Philosophie, Astronomie und Mathematik Bedeutendes zu leisten und, genau wie sein glücklicherer Vetter, weltliche und liturgische Verse zu schreiben.

Maimunis Rationalität und der Zerfall der jüdisch-maurischen Symbiose

Kein Poet, im übrigen aber ebenso universell begabt und genial wie seine Vorläufer, war der Arzt, Philosoph und

Talmudkodifikator Mosche ben Maimon, der 1135 in Córdoba als Sohn eines geachteten Daján – das ist ein Richter oder Beisitzer des Rabbinatsgerichtes – zur Welt kam und 1204 in Fostat in Ägypten starb. Er lebte und wirkte noch in einer moslimischen Umwelt, aber die so fruchtbare und beglückende Symbiose mit den Mauren gab es jetzt nicht mehr. Sie war aus inneren und äußeren Gründen zerfallen.

In der ersten Hälfte des 12. Jahrhunderts war es den christlichen Spaniern gelungen, den Mauren schwere Niederlagen beizubringen. Die andalusischen Araber holten in ihrer Verzweiflung die wilden nordafrikanischen Berber zu Hilfe. Diese trugen noch alle Züge der ursprünglichen, rassereinen Beduinen. Das hochkultivierte Herrscherhaus der Omajaden wurde abgelöst durch die barbarische Berberdynastie der Almoraviden, ihnen folgten die noch wilderen, grausameren und fanatischeren Almohaden.

Mit der neuzeitlichen Freigeisterei, milden Toleranz und hohen Geisteskultur war es jetzt vorbei. Die Juden, die unter den Omajaden eine aristokratische Oberschicht gebildet und höchste Staatsstellen innegehabt hatten, sahen sich plötzlich harten Verfolgungen ausgesetzt. Es kam sogar zu regelrechten Pogromen.

Die Juden flohen nach allen Richtungen, manche sogar zu den Christen, von denen sie gerade hier in Spanien vor dem Einbruch der Araber so schlecht behandelt worden waren. Es hatte sich aber bei den spanischen Christen, vielleicht dank der Nähe der zwar feindlichen, aber doch eindrucksvollen Araberwelt, inzwischen doch manches geändert. Bei ihnen herrschte jetzt – wenn auch nur für eine beschränkte Frist – im Gegensatz zum ganzen übrigen Europa eine ähnlich kosmopolitische und

freie Atmosphäre wie zuvor unter den Omajaden. Das sollte sich dann später, während der spanischen Inquisition, allerdings furchtbar ändern.
Mosche ben Maimon floh jedoch nicht zu den christlichen Spaniern, sondern zunächst nach Fez in Nordafrika. Aber auch hier war der Druck der Almohaden kaum erträglich. Es kostete das Leben, wenn man sich offen zum Judentum bekannte.
Da beschloß Maimuni, in das Gelobte Land auszuwandern, wo es inzwischen längst wieder jüdische Kolonien gab, wenn sie auch von den Kreuzrittern blutig dezimiert worden waren. Hier aber bekam er die christliche Kreuzzugsstimmung zu spüren, und es befiel ihn das Entsetzen. Allerdings lernte er nicht nur christlichen Fanatismus kennen: Richard Löwenherz, der Maimunis Ruf kannte und überhaupt Judenpogrome nie und nirgends unterstützt hatte, bot ihm die Stellung als Leibarzt an.
Maimuni aber zog es vor, nach Afrika zurückzukehren und sich in der Nähe von Kairo niederzulassen. Anfangs ging es ihm gut, denn sein Bruder David sicherte als Juwelenkaufmann der ganzen Familie ein gutes Einkommen. Doch David ertrank auf einer Geschäftsreise, und Mosche blieb mittellos zurück. Der Kummer warf ihn krank danieder; schließlich aber raffte er sich auf, wurde Leibarzt des Sultans von Kairo, betrieb zugleich eine Privatpraxis und brachte es trotz dieser Doppelbelastung, über die er immer wieder klagte, doch zustande, weiter seine Bücher zu schreiben, die für Juden und Christen gleichermaßen bedeutsam werden sollten und die darüber hinaus sozusagen klassische Dokumente südjüdischen Denkens sind.
Er war nämlich nicht nur der Abstammung nach, son-

dern auch geistig der typische Abkömmling re-arabisierter Juden. Er neigte zum harten, strengen Rationalismus der Wüstensöhne. Als erster verfaßte er einen arabischen Kommentar zur Mischna. Er ordnete und kodifizierte das Religionsgesetz und wurde durch diese Leistung für alle späteren Kodifikatoren zum Vorbild.

Sein philosophisches Hauptwerk war zunächst arabisch abgefaßt, es wurde aber schon bald ins Hebräische übersetzt. Der Titel lautet «Moré n'wuchím», «Der Lehrer der Verirrten», und die streng rationale Einstellung seines Verfassers wird in jeder Zeile spürbar. Den religiösen Glauben hält Maimuni nur für eine Form des Wissens. Aufgabe der Philosophie ist es, auch die religiösen Inhalte evident zu machen.

Einen Gott muß es nach Maimuni geben, denn ohne eine prima causa ist die Welt nicht denkbar. Gott ist jedoch nach Maimuni nichts als aktualisierendes Prinzip: ein Wesen, das bewegt, ohne selber bewegt zu sein. Im übrigen billigt er Gott nur negative Prädikate zu wie «körperlos», «ursachlos» usw.

Aristotelisch ist Maimunis Auffassung von der immanenten Zielstrebigkeit, also Entelechie alles realen Geschehens. Er läßt jedoch das teleologische Prinzip nur für die Einzelvorgänge gelten. Die Welt als Ganzes ist aus solchen immanenten Zielen und Zwecken nicht erklärbar, sondern nur aus dem Willen Gottes.

Bei einem Teil der arabischen zeitgenössischen Philosophen, bei den Anhängern Ascharis nämlich, war das voluntaristische Element Gottes noch weit nachdrücklicher betont. Maimuni neigt eher zur aristotelischen Richtung seines arabischen Zeitgenossen Ibn Roschd: Gottes Wille reicht nicht einmal dazu aus, die Gesetze von Gottes eigener Schöpfung zu durchbrechen.

Demnach kann es nach Maimuni auch keine Wundertaten geben. Folgerichtig interpretiert er sie als «prophetische Phantasie». Und die Tempelopfer faßt er als eine Konzession an heidnische Gebräuche auf.
Man kann sich vorstellen, was er bei solcher Einstellung etwa von Abrahams Bereitschaft, seinen Sohn zu schlachten, gedacht haben mag. Jede Form von Blutopfer schien ihm im religiösen Zusammenhang sinnlos, auch das eines freiwilligen Glaubensmartyriums. Bei Todesdrohung ist Konversion nach seiner Meinung gestattet. Das Problem war, wie wir bereits wissen, zu Maimunis Lebzeiten auch im arabischen Raume bereits aktuell geworden. Im 14. Jahrhundert sollte es dann für die Juden im christlichen Spanien eminente Bedeutung erlangen.
Maimuni glaubte an eine persönliche Unsterblichkeit. Aber bei solch starker Betonung von Vernunft und Ethik allem Irrationalen gegenüber wundert es kaum, daß für ihn die Erkenntnisfähigkeit eine Voraussetzung für das Leben nach dem Tode ist. –
Mag sein, daß Maimuni nicht die frappierende Originalität und Tiefe eines Ibn Gewirol hat. Aber es ist ihm gelungen, die Aristotelische Weltkonzeption mit dem Offenbarungsglauben der Juden fast fugenlos zusammenzuschweißen, ohne dabei die Probleme zu verwischen. Kein Wunder, daß die christlichen Scholastiker später auf ihn zurückgriffen.
Anderseits ist es aber auch kein Wunder, daß die traditionsgebundenen jüdischen Kreise ein leichtes Unbehagen empfanden. Dennoch stieß Maimuni bei den meisten Südjuden noch auf volles Verständnis. Dieses Verständnis nimmt aber ab, je weiter wir uns vom südjüdischen Rassenbereich entfernen. Schon in der Provence, wo auch andere jüdische Elemente vom Nordosten her

eingesickert sein werden, entbrannte ein wilder internjüdischer Streit um die Philosophie Maimunis. Die Rabbinen belegten sich gegenseitig mit dem Bannfluch. Und sie riefen sogar das Urteil christlicher Theologen an.
Angesichts der unguten Kreuzzugs- und Inquisitionsluft, die um diese Zeit hier nördlich der Pyrenäen herrschte, war das zum mindesten unklug. Hier hatte die Kirche mit der Ausrottung der Albigenser doch eindeutig bewiesen, welche Methoden sie bei religiösen Streitfragen anzuwenden gedachte. Maimuni konnte von Glück reden, daß ihn sein Schicksal nicht hierher in den Norden verschlagen hatte. Sein Werk aber, aus dem die christlichen Scholastiker so bald schon reichlich schöpfen sollten, wurde von der Kirche öffentlich verbrannt.
Bei der jüdischen Orthodoxie Mittel- und Osteuropas jedoch setzte sich der Widerstand gegen Maimunis Philosophie bis fast in die Gegenwart hinein fort. Im Bereich der arabisierten Südjuden hatte die Majorität der Gebildeten Maimunis Denkform als angemessen empfunden. Das kulturelle Zentrum verlagerte sich aber nach der Vertreibung, Zwangsbekehrung und Ausrottung der Juden Spaniens, teils durch die Mauren, hauptsächlich aber durch die Christen, zunächst nach Mittel- und dann nach Osteuropa. Die führenden Köpfe entstammten jetzt wieder, wie zur Zeit des Nazareners, der «kanaanäischen» Gruppe der Juden. Man braucht nur die Aussprüche und Legenden des Nazareners oder mancher Talmudlehrer neben die rational unterkühlten, trockenen Gedankengänge Maimunis zu halten, um zu verstehen, wie fremd und befremdend, ja sogar gefährlich Maimunis Einfluß den Rabbinen des Ostens erscheinen mußte. Wo immer bei den Juden fanatisch-irrationaler Glaube oder weiche Legende und volkstümliche Mystik blühten,

da mußte eine solche Philosophie radikal abgelehnt werden. Bis in das letzte Jahrhundert hinein kam es sogar vor, daß Rabbis der Gegenrichtung Maimuni-Anhänger mit dem Bannfluch bedrohten.

Levy ibn Gerschons Erfindungen

Zu dem Zeitpunkt, da die Mauren in Andalusien anfingen, fanatisch zu werden und sowohl die Juden wie auch ihre eigenen Gelehrten zu verfolgen, hatten auch die Juden der Iberischen Halbinsel ihren kulturellen Kulminationspunkt bereits überschritten.

Immerhin lebte von 1288 bis 1344 in Bagnols in Südfrankreich noch Levy ibn Gerschon, der in seiner Universalität, Rationalität und Begabung für strenge Wissenschaften an den großen Maimonides erinnert und zweifellos ein Abkomme jüdisch-spanischer Flüchtlinge ist. Er zeichnete sich in Trigonometrie, Geometrie und Astronomie aus. Er war der erste, der versuchte, die Gesetze der Mathematik mit denen der Astronomie in Einklang zu bringen. Er erfand auch die camera obscura und ein Instrument zum Messen der Sehwinkel.

Zugleich war er Schriftgelehrter und schrieb einen Kommentar zu den Hagiographen. Seine Philosophie weicht von der Maimunis ein wenig ab. Gott ist für ihn nicht das prädikatlose *Eine,* sondern, wie für Aristoteles, der Nous, das höchste Denken. Aus der Zielstrebigkeit alles realen Geschehens schließt auch er auf die Endlichkeit der Welt. Gott hat nach ihm nur die Form, nicht die Materie geschaffen.

Im ganzen aber ist seine Philosophie eine ähnliche Synthese aus aristotelischen und jüdischen Elementen wie die Maimunis.

Das Bildungsprimat der Spaniolen

Die Spaniolen waren, wie wir bereits wissen, traditionsbewußte Juden geblieben. Anderseits aber betrieben sie keineswegs – wie dann später die Juden Osteuropas – nur das Studium von Bibel und Talmud. Sondern sie hatten für ihre Knaben folgenden festen, allgemeinen Schulplan: Zuerst wurde die Bibel im hebräischen Urtext studiert. Dann kamen der Reihe nach Rhetorik, Medizin, Poetik und Mathematik. Zuallerletzt trat die Philosophie auf den Plan.

Eine solch solide und universale Bildung war durchaus nicht das Privileg einer bemittelten Schicht. Auch der Arme hatte ein moralisches Recht auf ein Studium. Jeder Student war berechtigt, sich Bücher, die er benötigte, vom nächsten besten Besitzer einer entsprechenden Bibliothek zu entleihen. Und weigerte sich jemand, ein Buch für Studienzwecke zur Verfügung zu stellen, dann hatte der Student das Recht, es zu entwenden, und der Besitzer wurde obendrein mit einer Geldbuße belegt. Mit andern Worten: Die Südjuden Andalusiens stellten das Recht auf Bildung höher als ein biblisches Gebot.

Es gibt übrigens aus dieser Zeit und Welt das Testament eines hochgebildeten Juden, Jehuda ibn Tibbons, in welchem er seinem Sohn auseinandersetzt, wie wertvoll es für ihn sein wird, die ganze Bibliothek des Vaters zu erben und sich nie ein Buch bei andern Leuten erbitten zu müssen. Zugleich befiehlt er ihm aber, jedem armen Studenten die Bücher auszuleihen. Auch gibt er ihm so genaue Anweisungen, wie man die Bibliothek in Ordnung hält und wie und wann man die verliehenen Bücher registriert und wieder einfordert, daß sich nach seinen Direktiven durchaus eine moderne Universitätsbibliothek aufbauen und leiten ließe.

Bei dieser fast kommunistisch anmutenden Bereitschaft, die Bibliothek mit jedem Bildungsbeflissenen zu teilen, muß man übrigens auch an den aristokratischen Kommunismus der Wüstenbeduinen denken, der zum harten Besitzgefühl der alten Bauernvölker in solch krassem Gegensatz steht und auch in der Mosaischen Bodengesetzgebung zum Ausdruck kommt.

Die kosmopolitischen Rahdaniten

Die andalusischen Juden zeichneten sich aber nicht nur in Philosophie, Wissenschaft, Poesie und Politik aus, sondern erfüllten in der moslimisch-christlich zweigeteilten Welt noch eine andere Funktion: Sie waren die einzigen, die den «Eisernen Vorhang» zwischen den beiden großen verfeindeten Glaubensblöcken passieren konnten. Sie hatten überall ihre eigenen Glaubensbrüder und beherrschten alle Sprachen der damaligen Kulturwelt. Sie konnten Arabisch, Persisch, Fränkisch, Spanisch. Sie kannten auch die Idiome der Turkstämme und der Slawen. Und sie sprachen außerdem noch Hebräisch und Aramäisch.
Man redet viel von der vermeintlichen Pionierleistung des venezianischen Kaufmanns Marco Polo, der im 13. Jahrhundert angeblich als erster Ostasien bereist haben soll. Aber schon vierhundert Jahre vorher gab es eine jüdische Handelsgesellschaft, die regelmäßig auf zwei See- und zwei Landwegen nach Indien und China reiste. Einer der Reisewege führte über Chasaria, den jüdischen Staat in Südrußland. Der Untergang Chasarias war dann auch einer der Gründe für den Zerfall dieser Handelsgesellschaft.
Wir wissen von ihr aus den Berichten eines Bagdader

Postministers. Die Mitglieder der Gesellschaft nannten sich die Rahdaniten (persisch rah-dan = der den Weg weiß). Sie importierten Gewürze, Spezereien, Teppiche, feine Textilien wie Samt, Seide und Mousseline. Sie brachten neue Früchte und Gemüse mit nach dem westlichen und sogar nördlichen Europa: Melonen, Feigen, Zitronen, Reis, Spargeln, Spinat. Orientalische Farbstoffe und Kosmetika kamen durch sie nach dem Westen. Sogar das Schach und entzückende Lieder und Märchen brachten sie aus Indien mit. Sie lernten von den Indern auch die sogenannten arabischen Zahlen und die Null als Stellenwert kennen. Es war ein andalusischer Jude des 9. Jahrhunderts, Josef von Spanien, der diese Neuerung aus Innerasien nach dem äußersten Südwesten Europas brachte. Die Spaniolen schufen neue Tabellen und Landkarten und erweiterten die astronomischen, geographischen und navigatorischen Kenntnisse des Abendlandes.

In allen größeren Handelsstädten Mittel- und Ostasiens gründeten sie Niederlassungen, jüdische Kolonien. Vermutlich fanden sie wenigstens in Indien bereits Glaubensgenossen vor. Denn der Talmud, der ja schon 500 n. Chr. abgeschlossen worden war, erwähnt häufig die Reiseverbindungen nach Indien (Hódu). Ausgeschlossen ist auch durchaus nicht, daß sich Juden, zusammen mit Phöniziern, sogar schon vor der Zeitenwende dort niedergelassen hatten. Möglich ist ferner, daß sie auch schon Japan gekannt hatten. Denn ein anderes Land im Talmud, Zipángu, ist mit Japan identisch.

Sicher ist jedenfalls, daß die Rahdaniten sich in Indien niederließen. Jesuitische Missionare, die viele Jahrhunderte später hierher kamen, fanden an manchen Orten alte jüdische Gemeinden vor.

Die kulinarische Ost-West-Symbiose

Die Rahdaniten importierten übrigens nicht nur bisher unbekannte Früchte und Gemüse nach dem Westen, sondern auch einige der reizvollsten Spezialitäten der chinesischen Speisekarte: die Makkaroni, Spaghetti, Vermicelli (Fadennudeln) und Ravioli (in Salzwasser gekochte, gefüllte Teigtäschchen).

All diese Speisen hält man meist für eine italienische Erfindung. Die kulinarisch hochbegabten Chinesen haben aber solche eleganten Teiggerichte schon zu einer Zeit gekannt, als die Einwohner Italiens sich noch mit grob gehackter Gerste und einfachen Teigfladen begnügten.

Manche glauben auch irrtümlich, Marco Polo habe diese neuen Küchenspezialitäten aus China nach Europa mitgebracht. Aber zu dieser Zeit aßen die Juden Südwesteuropas bereits seit Jahrhunderten nach der chinesischen Speisekarte.

Sie gaben die neuen Spezialitäten zuerst an ihre andalusischen Glaubensgenossen weiter, und von da aus wanderte die Chinaspeisekarte, zusammen mit den immer weiter vertriebenen Juden, nach Frankreich, Italien, Deutschland und zuletzt, im späten Mittelalter, ostwärts bis tief ins Baltikum und in die Ukraine hinein. Mit Ausnahme der Einwohner Böhmens ist die nichtjüdische Bevölkerung Osteuropas bis auf den heutigen Tag ausgesprochen nudelfeindlich geblieben. Man kennt dort, neben Brei und Brot, nur grobe Nocken (Spatzen, Nokkerln) und gefüllte Teigtaschen in Pastetengröße. Bis heute gibt es die Chinateigwaren in Osteuropa ausschließlich bei den Juden. Der ukrainische Volksmund hat dies in einem alten Spruch festgehalten:

> Wann hat Marussia Nudeln gegessen?
> Als sie beim Juden diente.

Dabei ist für «Nudeln» ein jiddisches Fremdwort in den Spruch eingesetzt: Lókschen. Man weiß nicht mit Bestimmtheit, wie das Wort abzuleiten ist. Es kommt vielleicht vom aramäischen Léchesch = Holzwolle. Möglicherweise ist es auch ein chasarisches Lehnwort.

Die hier genannten gekochten Teigspeisen hatten bei den Juden, auch denen des Ostens, immer französische, selten einmal deutsche Namen. Man weiß das nicht etwa aus zeitgenössischen Kochbüchern – es gab keine, oder es haben sich doch keine erhalten --, sondern aus rabbinischen Glossen zu den rituellen Speisegesetzen. Mitten im hebräischen Text tauchen da – immer in hebräischen Buchstaben geschrieben – Wörter wie Vrimsel (= Vermicelles) oder Paschtite (= Pastete) auf.

Die Marranen als Conquistadoren

Die jüdisch-maurische Gemeinschaft ging schließlich, wie alle jüdischen Exilgemeinden, in blutigen Verfolgungen unter. Aber den Keim zu ihrem kulturellen Niedergang trug sie schon vorher in sich. Die belebenden Impulse hatten sich bei Mauren wie Juden bereits weitgehend erschöpft, als die christlichen Spanier mit ihrer Reconquista, ihrer Rückeroberung des Landes, begannen. Im Jahre 1212 hatte Alfons VIII. von Kastilien den Sieg über die berberischen Almohaden davongetragen. Es waren die jüdischen Flüchtlinge aus Andalusien, die den christlichen Feldzug gegen die Berber weitgehend finanzierten, und sie kämpften auch in den Reihen der christlichen Armee. Aber auch auf maurischer Seite standen jüdische Kämpfer.

Hier stellte sich zum ersten Male in voller Schärfe das Problem, das dann später, in der Neuzeit, als die Natio-

nalstaaten entstanden und miteinander Krieg führten, für die Juden immer akuter werden sollte: Sie mußten gegen ihre eigenen Brüder zum Kampf antreten.
Dabei war hier, wie auch später fast immer, die Teilnahme der Juden an dem Massenschlachten auf beiden Seiten gleich fragwürdig. Von den Berbern wurden sie ungefähr im gleichen Stil verfolgt wie später in Osteuropa von der zaristischen Regierung, und im christlichen Spanien wehte zwar im Augenblick eine freie Luft. Dennoch stand schon dieser erste christliche Sieg unter einem verhängnisvollen Vorzeichen: Alfons siegte mit Hilfe der Albigensermörder, die er gegen die Mauren aufgeboten hatte.
Daß aber die Mauren unterlagen, war kein Zufall. Es kamen viele Faktoren zusammen: die kulturelle Ermüdung bei den Arabern von innen heraus, die fanatische und rohe Berberherrschaft und nun noch die Angriffe der wiedererstarkten Christen. Das alles zusammen gab der maurischen Welt Andalusiens den Todesstoß.
Dennoch konnten sich die Mauren noch bis zum Ende des 15. Jahrhunderts auf dem Boden Südspaniens halten. In Granada entstand sogar noch in diesen Jahrhunderten das zauberhafte Schloß Alhambra – reines maurisches Rokoko, Spätblüte, Endstadium einer Kultur, genau wie Jahrhunderte später das europäische Rokoko in Frankreich. –
Mit den Moslims zusammen ging schließlich auch das Judentum Andalusiens unter.
Doch auch im christlichen Spanien war es mit der Dichtung und Philosophie der Juden vorbei, noch ehe die Inquisition über die jüdische Gemeinschaft hereinbrach und sie zerstreute und vernichtete. Exakte Wissenschaft gab es aber nach wie vor bei ihnen. Es ist nicht sicher,

ob der Antrieb hierzu immer noch die gleiche Freude am geistigen Abenteuer war, die einst die Juden Andalusiens inspiriert hatte. Vielleicht gab nur die aktuelle Not den Anstoß zu wissenschaftlichen Erfindungen. Die idyllischen Zustände im christlichen Spanien, wo die Juden anfangs, fast wie unter den moslimischen Omajaden, Ruhe und Rechte genossen und sogar höchste Ämter innehatten, waren inzwischen einem immer schärferen kirchlichen Druck gewichen. Den Juden wurden interkonfessionelle Disputationen aufgedrängt, bei denen sie aber von ihrem geschliffenen Denken und ihrer überlegenen Bildung keinen Gebrauch machen durften.

1391 kam es zu einer Welle von Judenmetzeleien. Sie waren der Auftakt zur Entrechtung und zum Untergang der Juden Spaniens. Die Überlebenden wurden in Gettos zusammengedrängt, man verbot ihnen sowohl die Freizügigkeit wie die bisherigen Berufe. Sie starben in Elend und Hunger dahin. Neue Pogrome drohten jeden Augenblick auszubrechen. Viele Juden wichen in ihrer Verzweiflung in die Scheintaufe aus, die ihnen ja auch der große Maimuni für extreme Notsituationen empfohlen hatte.

Ähnlich hat man sehr viel später, in der Neuzeit, den Juden als Prämie für die Taufe die bürgerliche Gleichberechtigung in Deutschland versprochen. Manche der Christen, welche die Aufforderung hierzu aussprachen, mögen dabei gehofft haben, daß die Juden den Vorschlag ablehnen würden. Andere mögen den Rat ehrlich gemeint haben. Sie sahen aber beide nicht das voraus, was als notwendige Folge eintreten mußte: Die ehemaligen Juden konnten sich jetzt, nicht mehr behindert durch entrechtende Gesetze, wirtschaftlich und wissenschaftlich frei entfalten.

Die Folge war, wie nicht anders zu erwarten, daß die christliche Umwelt jetzt in doppelter Gereiztheit auf die Scheinchristen reagierte. In Spanien nannte man sie nicht mehr Neuchristen, sondern Marranen, Schweine, weil man annahm, daß sie im Herzen ja doch Juden geblieben waren – was hier, in Spanien, übrigens auch stimmte. Heimlich übten sie bei sich zu Hause die jüdischen Religionsbräuche. Von einem solchen Marranen – einem Manne in hoher Staatsposition – weiß man sogar, daß er das ganze Jahr hindurch unter irgendeinem Vorwand den Genuß gesäuerten Brotes ablehnte. Denn solches Brot ist den Juden an den Tagen ihres Passah-Festes untersagt. Und nur so konnte er das Religionsverbot unauffällig einhalten.

Die Kirche hatte schon lange darauf gedrängt, schärfer durchzugreifen. Der Haß des Volkes kam hinzu. Verloren waren die restlichen Juden und vor allem die Marranen in Spanien aber erst, als der König von Spanien im Jahre 1480 von der Kirche die Erlaubnis erlangte, das konfiszierte Vermögen der Ketzer teilweise für sich zu behalten, anstatt es der Kirche abzuliefern.

Von jetzt an brannten die Scheiterhaufen der Autodafés. Es kam sogar vor, daß man Gestorbene wieder exhumierte, um ihre Leichen verbrennen und ihre Erben enteignen zu können. 1492 mußten alle ungetauften Juden das Land verlassen.

Im Grunde war es eine kurzsichtige Politik der Krone. Die Präsenz einer geistig und wirtschaftlich begabten und initiativen Minorität im Lande zahlt sich auf die Dauer ganz anders aus als ein einmaliger Raubzug, der die Vernichtung der Geldquelle zur Folge hat. Die Verlockung war aber stärker als solche innenpolitischen weitblickenden Überlegungen.

Den Marranen brannte der Boden unter den Füßen. Ihr Besitz und ihre wissenschaftlichen Talente sollten ihnen – so hofften sie – die Erlösung aus dem Dauerschrecken bringen. Sie beschlossen, in fernste Gegenden zu fliehen. Aus Not und Mut wurden einige von ihnen Initianten der Weltumsegelung.

Marranische Gelehrte erfanden den Quadranten, zeichneten genaue Seekarten, schulten sich in Astronomie und Geographie.

Christobal Colón, den man lange für einen christlichen Genueser gehalten hat, war, wie man inzwischen mit ziemlicher Sicherheit eruiert hat, ein spanischer Marrane. Marranen waren es jedenfalls, welche die Reise finanzierten und die Schiffe ausrüsteten. Aus Marranen muß auch ein Teil der Reisegefährten Colóns bestanden haben. Denn ein Marrane namens Torres war es, der als erster den Fuß auf die Erde Kubas setzte.

Und marranische Astronomie war es, die es Colón einmal ermöglichte, den Indios eine Mondfinsternis so genau vorauszusagen, daß sie tief beeindruckt waren. Dabei darf man nicht vergessen, daß die Indios ihrerseits ebenfalls gewiegte Mathematiker und Astronomen waren.

Indes die Hoffnung der Marranen, in der Neuen Welt dem Zugriff der Inquisitoren entronnen zu sein, erwies sich als Irrtum. Das Unheil folgte ihnen nach. Bis 1826 brannten nicht nur auf der pyrenäischen Halbinsel selber, sondern in allen Kolonien Spaniens und Portugals die Scheiterhaufen. Von dieser Jahrhunderte währenden Finsternis haben sich weder Spaniens Juden noch Christen jemals erholt. Spaniens Niedergang war nicht aufzuhalten. Der kulturelle Schwerpunkt verlagerte sich zu andern Völkern, in andere Länder.

Der Schlußstein spaniolischer Philosophie: Spinoza

Weit im Norden aber, in Holland, wo spanische und portugiesische Juden Zuflucht vor der Inquisition gesucht und gefunden hatten, flammte noch einmal, bei einem einzelnen Denker, spanisch-jüdisches Philosophieren in höchster Reinheit und Intensität auf: bei Baruch de Spinoza (1632–1677).

Er hatte alle Schriften Maimunis, Gerschons und der arabischen Aristoteliker und Neuplatoniker studiert. Aber die aristotelische, biologisch inspirierte Konzeption von «Formen», die sich in ihren Substraten zielstrebig realisieren, war für ihn nicht mehr akzeptabel. Er kennt in der Natur überhaupt keine innere Zielstrebigkeit mehr, sondern nur noch mathematisch-logische Gesetze: Kausalität und Notwendigkeit.

Hatten schon die jüdischen Denker Andalusiens die Erkenntnis höher gewertet als den irrationalen Glauben, so geht Spinoza noch einen Schritt weiter: Erkenntnis allein genügt ihm noch nicht, es muß ausdrücklich wertfreie Erkenntnis sein.

Dennoch kennt auch Spinoza Wertgrade in der Erkenntnis. Diese Werte entstammen aber nicht der Ethik, sie betreffen nur den Wahrheitsgehalt einer Einsicht: je adäquater eine Erkenntnis ist, desto wertvoller ist sie. Und eine dem Objekt nicht angemessene Erkenntnis, also eine mit geringem oder fehlendem Wahrheitsgehalt, ist nicht moralisch wertlos, sondern nur Zeichen und Ausdruck einer (intellektuellen) Schwäche.

Leidenschaft, für Platon, in ihrer sublimen Form, eine Voraussetzung für Wesenserkenntnis, ist für Spinoza nur ein Hindernis auf dem Wege zur Einsicht. Und Freiheit – die es für ihn trotz seiner mechanistischen Welt-

konzeption gibt – ist nichts als Befreiung von Leidenschaft, amor fati also, dem ein gelassener amor intellectualis dei entspricht, eines unpersönlichen Gottes, eines deus sive natura; ein stilles, abgeklärtes, bejahendes Hinnehmen der Seinsgesetze, die mechanisch abrollen.
Für den Begriff einer göttlichen Vorsehung ist in einem solchen mechanistisch-kausalen Weltbild kein Raum. Und Kommentare zu jüdischen Schriften, wie sie Maimuni trotz seiner intellektuellen Einstellung noch verfassen konnte, kann es aus der Feder Spinozas nicht mehr geben.
Spinozas Philosophie ist, wie man sieht, im Grunde nur letzte, radikale Konsequenz des südjüdisch-rationalen Denkens. Dennoch stieß sie bei seinen jüdischen Zeitgenossen auch in Holland selber, wo viele Flüchtlinge aus der pyrenäischen Halbinsel lebten, auf heftige Ablehnung. Schon Maimunis Philosophie war nur von einem Teil der Juden akzeptiert, von einem andern Teil ihrer kalten Rationalität wegen als fremd empfunden worden. Außerhalb der spanisch-jüdischen Kulturgrenzen hatte Maimuni zwar bei den Christen, nicht aber bei den Juden viel Wirkung.
Aber auch die Spaniolen selber hatten sich inzwischen gewandelt. Sie waren durch die Inquisition hindurchgegangen. Sie waren nicht mehr die abgeklärten, neuzeitlichen Köpfe wie im frühen Mittelalter.
Man sollte denken: Wer selber unter der Inquisition leidet, wird in alle Zukunft solche Methoden verabscheuen. Oft ist es aber umgekehrt so, daß der Geist der Verfolgung den Verfolgten selber infiziert. So jedenfalls war es bei den Spaniolen. Spinoza wurde von den Rabbinen für sein eigenwilliges Philosophieren mit dem Bannfluch belegt.

Sein Werk ist gleichsam der geistige Schlußstein der spaniolischen Welt. Die Symptome des Absinkens hatten sich schon vorher gehäuft. Erstarrung und Abstieg waren offenkundig. Das deutlichste Zeichen dieses Zerfalls war das Schwenken von der rationalen und intellektuellen Diesseitigkeit zu einer Mystik, die jedoch – hierin behielt sie das Stigma ihres beduinischen Ursprungs – nicht minder rational aufgebaut war als die Philosophie der Spaniolen.

IX. DIE JÜDISCHE MYSTIK

Die unhäretischen Mystiker

Mystik bedeutet im allgemeinen das Nein zur Wirklichkeit, das Ja zu übernatürlichen Kräften und Wesenheiten, denen sich der Adept nicht durch Denken, sondern durch Entrückung, Ekstase nähert und mit denen er sich schließlich vereint.

Mit der jüdischen Mystik aber verhält es sich von allem Anfang an ein wenig anders. Weder inner- noch außerhalb der Mystik gab es bei den Juden je ein absolutes Nein zur Wirklichkeit. Daß der Pentateuch überhaupt keine andere Welt kennt als die diesseitige, haben wir wiederholt erwähnt. Aber auch später, bei den Propheten und Heiligen, als die Visionen des Jenseits und die Träume der Welterlösung aufkommen, wird das Diesseits nie ganz verneint wie bei der christlichen und heidnischen Gnosis der Antike. Die Erlösung, die der jüdische Mystiker in Visionen erlebt, bezieht sich immer auf die diesseitige, reale Welt. Ohne dieses beduinische Haften an der diesseitigen Realität hätten die Juden als Volk auch schwerlich bis heute überdauert.

Daher nähert sich der jüdische Adept in seiner Ekstase Gott, dem letzten Seinsgrund, aber er verschmilzt nicht mit ihm. Es bleibt beim Gegenüber, bei der Distanz. Der Begriff der unio mystica fehlt bei den Juden. Sie kennen auch als Mystiker nur die dwejkút (= das Anhaften). Und auch die Selbstkasteiung jüdischer Mystiker beruht nicht auf einer totalen Weltverneinung.

Die jüdischen Mystiker waren auch nie im eigentlichen

Sinne häretisch. Aus ihren Reihen erwuchsen den trockenen Gesetzeslehrern niemals Gegner. Sogar jene unter den jüdischen Mystikern, die sehr viele Elemente aus dem manichäischen Dualismus der Parsen übernahmen, faßten ihre Konzeptionen doch immer als eine Form gesetzestreuer Frömmigkeit auf.

Schon der Name, den die jüdische Mystik sich im Mittelalter gab, deutet in diese Richtung. Kabbala heißt nämlich Empfängnis, Überlieferung. Und die Adepten der Kabbala wollten damit ausdrücken, daß die mystischen Erkenntnisse genauso auf Offenbarung beruhten wie die Gesetze des Pentateuch.

Noch heute findet man bei frommen Juden die feste Überzeugung, daß die Geheimnisse der Kabbala im Grunde von Anfang an im Bibeltext mitenthalten waren. Auf dem Sinai – so lautet die These – sei zwar bloß die Thora, der Pentateuch, verkündet worden. Dieser Text sei aber nur eine Art von Stenogramm. Es habe daher der Anstrengung und Vertiefung vieler Generationen bedurft, um die Ergänzungen – die aber, wie gesagt, im Text bereits enthalten sind – zu formulieren. Die Talmudlehrer fügten zur Thora die «offenbare Kabbala» und die Mystiker die «geheime». Erst spät und willkürlich sei dann der Name «Kabbala» nur noch auf die «geheime Kabbala», die Mystik, angewendet worden.

Wie sehr in der jüdischen Welt – anders als bei den Christen – Mystik und Mystiker in der offiziellen Tradition drinstehen, mag man aus folgenden Stichproben erkennen: Der Prophet Ezechiel, der durch seine Visionen vom Feuerwagen und der leiblichen Auferstehung der Toten die Mystik der Juden auf Jahrhunderte hinaus inspiriert hat, schuf zugleich neue Religionsgesetze.

Von Rabbi Akiba, dem «Vater der Mischna», stammt

zugleich der früheste Versuch einer mystischen Deutung der hebräischen Buchstaben. Er war übrigens kein weltfremder Träumer, sondern Freiheitskämpfer gegen die römische Besatzung, und er starb als Märtyrer, von den Römern lebendig geschunden. Wie fast alle Mystiker bejahte er aber das Martyrium. Er sah – wir erwähnten es bereits – in den verlängerten Todesqualen eine dankenswerte Möglichkeit, seine bedingungslose Gottesliebe dadurch zu beweisen, daß er sich dem verhängten Schicksal ohne inneren Widerspruch unterwarf.

Auf einen Schüler Rabbi Akibas, Simon ben Jochai, wird nach einer alten Tradition das Hauptwerk der Kabbala, der Sohar (= Glanz), zurückgeführt. Der Spaniole Mosche de Leon, der das Buch im 13. Jahrhundert herausgab, will es nicht selber geschrieben, sondern nach einer uralten Vorlage aus der frühen Talmudzeit redigiert haben. Das Buch ist auch stil- und zeitgemäß nicht neuhebräisch – so nennt man das Hebräisch der spaniolischen Juden –, sondern aramäisch abgefaßt, in der Talmudsprache also.

Ohne Zweifel hat der Spaniole das Buch selber verfaßt. Anderseits geht es inhaltlich sicher auf die Spätantike zurück. Wichtig ist aber nicht so sehr, ob es wirklich von Simon ben Jochai stammt oder von Mosche de Leon, als vielmehr die Tatsache, daß ein Tannaite, das heißt ein Gesetzeslehrer der Mischna, als Verfasser eines mystischen Werkes überhaupt ins Auge gefaßt werden konnte. Ähnlich ist auch der Begründer der mittelalterlich-mystischen Bewegung Deutschlands, Jehuda he-Chassid, der im Jahre 1217 in Regensburg starb, zugleich der Verfasser einer volkstümlichen Morallehre, die auf der talmudischen Halacha basiert.

Das ändert sich auch später nicht. 1488 kommt in Toledo Josef Karo zur Welt, der nachher in Safed, im Lande Israel, lebt und das Talmudgesetz in einem Kompendium, betitelt Schulchán arúch (= der gedeckte Tisch), in einer bis heute maßgeblichen Form kodifiziert. Karo selber ist zwar kein Mystiker, aber er findet es doch notwendig und richtig, die Lehren der Kabbala in seinem Werk kurz darzustellen.

Gleichzeitig mit ihm lebt in Safed Jizchak ben Schlomo (1534–1572), genannt Luria nach der oberitalienischen Stadt Loria, aus der seine Familie, ein berühmtes Gelehrtengeschlecht, stammt. Luria seinerseits ist Kabbalist und Mystiker, nicht aber Gegner der talmudischen Halacha. Man weiß von ihm, daß er mitunter in Gesetzesfragen seinen Zeitgenossen Josef Karo konsultierte.

Zwar kam es später vor allem in Osteuropa häufig vor, daß die Rabbiner vor dem Studium der Kabbala warnten und es vor dem zurückgelegten vierzigsten Lebensjahr sogar untersagten. Sie fürchteten aber keineswegs Häresie, sondern hatten einfach auf Grund ihrer Erfahrung Bedenken, die komplizierte und exaltierte Welt der Kabbala könnte das seelische Gleichgewicht junger, unreifer Studenten stören.

Und außerdem fürchteten sie, die jungen Leute würden sich nicht nur mit der theoretischen Kabbala begnügen, der sogenannten «Kabbalá ijunít», sondern würden sich auch in das Gebiet der tätigen Kabbala, der «Kabbalá ma'assít, das heißt aber: Beschwörung und Zauberei, hineinwagen.

Klarer als jede historische Tatsache illustriert aber eine chassidische Legende das Verhältnis zwischen Mystik und Gesetz in der jüdischen Welt.

Vom Baal Schem Tow, dem Begründer der chassidischen Bewegung in Osteuropa, jener volkstümlich-demütigen, mystischen Sekte, die soviel Ähnlichkeit mit dem frühen Christentum aufweist, wird berichtet, es sei ihm einmal zu Ohren gekommen, Gott wolle den Juden zur Strafe für ihre Sünden den Talmud wegnehmen. Nur der Fürbitte Baal Schems war es zu danken, daß Gott sich erweichen ließ und den Juden ihren Talmud ließ.

Diese Anekdote ist deswegen so instruktiv, weil der Chassidismus die antiintellektuellste Bewegung ist, die die Juden je hervorgebracht haben. Und es herrscht eine verbreitete Auffassung – vermutlich ausgelöst durch die Interpretationen Martin Bubers –, der Chassidismus habe sich zum detaillierten Talmudgesetz eher negativ verhalten. In Wirklichkeit waren die Chassidim fanatisch gesetzestreu. Sie waren nur weniger gebildet als ihre rationalen Gegner. Auch von Jesus, der aber selber ein guter Kenner des Schrifttums war, wissen wir ja, daß er es ausdrücklich ablehnte, das Gesetz aufzulösen.

Die Anekdote vom Baal Schem ist in doppelter Hinsicht aufschlußreich. Sie zeigt erstens, wie diesseitsverhaftet auch der jüdische Mystiker ist. Denn das Talmudgesetz ist ja die praktische Regelung des Alltags. Und zweitens zeigt die Anekdote, wie sehr sich auch der Mystiker der Bedeutung des Talmuds für das Weiterleben der Juden im Exil bewußt war. Vielleicht darf man sogar sagen: Hätte es bei den Juden solche Verknüpftheit mit dem Diesseits selbst noch in der Mystik nicht gegeben, hätten sie sich diesen beduinischen Rest nicht noch in den vorderasiatischsten ihrer Sekten bewahrt, dann gäbe es heute vielleicht das jüdische Volk nicht mehr.

Und was die Gegner des Chassidismus, die sogenannten Mitnagdím (= Gegner), angeht, so waren sie durchaus nicht immer antimystisch eingestellt. Im Baltikum zum Beispiel gab es wenig Chassiden. Zum Teil vielleicht deshalb, weil die Pogrome Chmielnizkis, die in der Ukraine die chassidische Bewegung ausgelöst hatten, nicht bis in den Norden herauf reichten. Hier blühte trockene Rationalität. Von hier nahm die ostjüdische Aufklärung, die Haskalá (von Sséjchel = Verstand), ihren Ausgang, die aber nie, wie jene Spaniens, die Grenzen des Glaubens sprengte.

Und hier, in Litauen, lebte im 18. Jahrhundert der berühmte Rabbi Elia, genannt der «Gaon von Wilna». Er war ein großer Kenner des Talmudgesetzes, ein harter Gegner des Chassidismus, aber zugleich ein berühmter Kabbalist. Ihn störte nicht die mystische Haltung der Chassidim, sondern ihre Unbildung, ihre Naivität.

Die mystische Ekstase hat also bei den Juden immer mehr oder weniger die Verbindung zur trockenen Diesseitigkeit und Rationalität bewahrt. Sie blieb im Rahmen des Gesetzes, und sie schöpfte einen Teil ihrer Vorstellungen immer aus der traditionellen jüdischen Glaubenswelt.

Diese eine Tatsache gilt für die gesamte jüdische Mystik. Wer unter den Juden anders dachte und empfand, hatte im Laufe von zwei Jahrtausenden genügend Zeit, zum rein eschatologisch orientierten Christentum zu schwenken.

Von diesem einen allgemeinen Merkmal abgesehen, gibt es aber scharfe Unterschiede innerhalb der jüdischen Mystik. Und wieder sind es, wie in allen Bereichen der Historie und Geisteswelt der Juden, die zwei fundamental verschiedenen Strömungen, die sich auf die beiden wichtigsten Rassengruppen der Juden, die orientalische und die vorderasiatische, zurückführen lassen. Der rational unterkühlten Mystik der südjüdischen Kabbala steht der naiv-poetische Chassidismus gegenüber.

Die Kabbala und die Theodizee

Eine genaue Darstellung der Kabbala können wir uns hier ersparen. Seit dem Mittelalter hat sie ja immer wieder auch das tiefe Interesse christlicher Denker und Schwärmer erregt, sie ist daher auch Christen ein Begriff. Und wer eine umfassende, fundierte neue Darstellung sucht, findet sie in den Werken des Jerusalemer Professors Gerschom Scholem. Wir können uns hier damit begnügen, die wenigen Punkte aus dem kabbalistischen Gedankengut herauszugreifen, die in unserem Zusammenhang wichtig sind.

Die jüdische Mystik wurde nicht erst in Spanien, sondern lange vorher in Babylon geboren. Die Kabbala enthält daher auch viele babylonische und persische Vorstellungen. Wir finden hier den Glauben an die Seelenwanderung, den gilgúl (= Wälzung) der Seelen, zumindest der unvollkommenen unter ihnen. Es gibt hier ferner die Vorstellung von den zehn Sefirót (= Sphären) des göttlichen oder auch des gesamten Alls.

Hier taucht auch die später für den Chassidismus so bedeutsame Annahme auf, daß eine göttliche schechiná (= Einwohnung) die Juden oder auch alle Menschen im Exil begleite. Abwechselnd wird dabei – wir sagten es schon – der Begriff galút (= Exil) als Verbannung aus dem Heiligen Lande oder aus dem Paradies verstanden. Zoroasters Licht–Dunkel-Dualismus beherrscht das Weltbild der Kabbala, jedoch nicht mit persischer Konsequenz. Der Raum ist voll von Engeln und Dämonen, es gibt auch eine personifizierte Kraft des Bösen, den jézer hará, aber Gott ist dennoch allmächtig. Das Problem der Theodizee, undenkbar im Weltbild der Manichäer, bleibt also dennoch bestehen. Der jüdische Mystiker gibt auf die Frage zwei Antworten. Beide sind an philosophischer Tiefe und poetischer Eindrücklichkeit kaum zu übertreffen. Die eine lautet:

Während des Schöpfungsprozesses entstoben einzelne Funken, die sich nachträglich nicht mehr sinnvoll in das All einordnen ließen. So wurden sie zu frei vagierenden klipót (= Überbleibseln), und an ihnen entzündete sich das Böse.

Die zweite, weit philosophischere Antwort lautet: Als Gott die Welt geschaffen hatte, stellte er fest, daß es in der Schöpfung keinen Raum gab für die Willensfreiheit des Menschen. Darauf zog sich Gott aus einem Teil des Alls zurück, und dadurch entstand zwar Raum für die menschliche Freiheit, zugleich aber auch die Leere, das Nichts, und das Böse.

Von der kabbalá maassít, der tätigen Kabbala, führte übrigens – dies nur nebenbei – ein gerader Weg auch zur Magie, Zauberei, Beschwörung bei den Nichtjuden. Von hier aus speiste sich auch der Glaube an Amulette und Talismane bei den Juden. Auch die Alchimie, die magische Vorstufe der Chemie, nahm bei diesen ersten Zauberversuchen der Kabbalisten ihren Anfang. Uns aber interessiert hier weniger die faszinierende Dämonologie und Metaphysik der Kabbala als vielmehr die Form, in welcher der Kabbalist seine Geheimnisse zu erforschen sucht. Zwar gehen auch die Anfänge der kabbalistischen Methode – und nicht nur ihre Inhalte – auf die Spätantike und den aramäischen Raum zurück. Aber es ist kein Zufall, daß die Kabbala ihren Namen, ihre eindrücklichsten und ausführlichsten Formulierungen und ihren systematischen Ausbau erst im spanischen Raume erhielt.

Der erste Kabbalist des Mittelalters, Isaak der Blinde, lebte allerdings nicht in Spanien selber, sondern in der

Provence, deren jüdische Gemeinden ihren geistigen Aufschwung aber jetzt, im 12. Jahrhundert, doch vor allem den spanischen Zuzüglern verdankten.

Die mathematische Kabbala

Wir sagten schon: Die jüdische Mystik stellte sich dem gesetzlichen, talmudischen Judentum nicht feindlich entgegen, auch sie erwuchs auf halachischem Boden. Auch sie wollte nichts sein als eine Ergänzung zum Bibeltext, auch sie war nach der Meinung ihrer Adepten als «mündliche Lehre» am Sinai mit der schriftlichen, der Thora, zusammen geoffenbart worden. Nur, daß sich eine solche Behauptung für den Talmud etwas leichter beweisen ließ als für die Kabbala. Es leuchtete ja ein, daß bloß der Grundriß des Mosaischen Gesetzes am Sinai schriftlich übermittelt werden konnte und nicht alle Detailvorschriften, die sich aus diesen Richtlinien mehr oder minder zwangsläufig ergaben.

Wie aber sollte man überzeugend den Zusammenhang zwischen den komplizierten und abenteuerlichen Lehren der Kabbala und dem Bibeltext nachweisen? Man sollte denken: Es ist ausgeschlossen.

Dennoch fanden die Kabbalisten für ihre These eine Beweisform, die ihnen, den scharf und rational denkenden einstigen Wüstensöhnen, wahrlich Ehre macht. Wir sagten schon, daß bereits der Mischnalehrer Rabbi Akiba auf die mystische Bedeutung der einzelnen hebräischen Buchstaben hingewiesen hat. Die Kabbalisten bauten nun diese Buchstabeninterpretation auf eine gleichzeitig abenteuerliche, verspielte und dabei höchst rationale, scharfsinnige Weise aus. Sie stützten sich dabei auf die Tatsache, daß im Hebräischen die Zahlen mit Buchsta-

ben bezeichnet werden. Jeder Buchstabe hat also seinen festen Zahlenwert.
Da jedes Wort in der Bibel heilig ist, konnte auch – so schlossen sie – der Zahlenwert seiner Buchstaben kein Zufall sein. Man brauchte also nur den arithmetischen Wert wichtiger Bibelbegriffe oder -stellen zu errechnen, um Geheimnissen auf die Spur zu kommen.
Von diesem Grundprinzip ausgehend, konnte man verschiedene Wege einschlagen. Man setzte etwa neben ein Bibelwort ein zweites mit gleichem Zahlenwert. So hat zum Beispiel das Wort maschíach (= Messias) den gleichen arithmetischen Wert wie nachásch (= Schlange). Das gibt tiefe Einblicke in das Wesen der messianischen Erlösung: Die Schlange brachte die erste Sünde und den Tod in die Welt, der Messias wird also der Schlange den Kopf zertreten, um auf diese Weise die Welt zu entsühnen und den Tod zu besiegen.
Dies ist aber nur eine der vielen Deutungsformen der Kabbala. Solche tiefsinnige Buchstabenmathematik kann auf unzählige verschiedene Weisen betrieben werden. Und jede Methode hat ihren eigenen Namen. Wenn man ein Bibelwort mit einem Wortgebilde von gleichem Zahlenwert konfrontiert, wie wir es in unserm Beispiel getan haben, dann spricht der Kabbalist von einer «figurativen Gematria». Wird der Zahlenwert der Bibelstelle nicht wieder in Worte übersetzt, werden vielmehr direkt aus der Zahl selber Schlüsse gezogen, dann haben wir es mit der «arithmetischen Gematria» zu tun. So ergeben etwa die Buchstaben einer wichtigen Bibelstelle den Zahlenwert 613. Genau so viele Talmudgesetze gibt es. Der Kabbalist schließt daraus, daß offenbar keines der Talmudgesetze überflüssig sein kann. Wir unserseits ersehen aus dieser Spekulation über die Talmudgesetze, wie tief

noch die versponnenste Mystik der Juden nicht nur auf dem Boden des Bibelgesetzes, sondern sogar auf dem der detaillierten talmudischen Lebensregeln steht.

Eine andere kabbalistische Deutungsmethode läßt den Zahlenwert unbeachtet und versucht, direkt aus den Buchstaben Schlüsse zu ziehen. Auch hier gibt es wieder unzählige Konklusionsvarianten. Man kann zum Beispiel die Buchstaben eines ausgewählten Bibelbegriffes als Anagramm eines ganzen Satzes auffassen. Oder man kann versuchen, aus den Anfangs- und Endbuchstaben aller Worte eines Satzes neue Begriffe oder Sätze zu bilden. Solches Puzzlespiel mit Buchstaben nennt der Kabbalist «Notarikon». Es gibt unzählige Formen des Notarikon in der kabbalistischen Literatur; es steht aber jedem Adepten frei, noch neue Varianten hinzuzuerfinden.

Wenn man dagegen die Buchstaben nach irgendeiner Methode miteinander austauscht, etwa indem man für a z einsetzt, für b y usw., oder indem man, wie bei einem alten Reigentanz, ganze Buchstabengruppen miteinander auswechselt, dann hat man es nicht mehr mit dem Notarikon zu tun, sondern mit der temurá (= Tausch).

Bei aller herrschenden Freiheit werden aber nicht einfach beliebige Bibelstellen für dieses mathematisch-phantastische Spiel herangezogen, sondern nur solche, die von Geheimnis durchtränkt erscheinen, also etwa die Zeilen über die Weltschöpfung oder die Visionen Ezechiels.

Die bunte kulturelle Herkunft dieser phantastischen und zugleich rationalsten aller uns bekannten Formen der Mystik erkennt man auch daran, daß von diesen drei wichtigsten Methoden der Deutung die eine – die Gematria – einen griechischen Namen trägt, die zweite – das

Notarikon – einen lateinischen und die dritte – die Temura – einen hebräischen. Indes muß man wissen, daß die aramäische Sprache, in der das Hauptwerk der Kabbala, der Sohar, abgefaßt ist, voll ist von lateinischen, griechischen und auch andern Fremdwörtern.
Es ist überflüssig, hier ausführlich darzulegen, daß man mit einer solchen Methode buchstäblich alles erschließen und beweisen kann und daß folglich das Ergebnis wertlos ist. Das wußten übrigens auch schon die Zeitgenossen, soweit sie sich nicht selber der Kabbala verschrieben hatten.
Uns interessiert die Kabbala nur stilistisch. Wir stellen fest, daß die andalusischen Juden nach dem Zerfall ihrer hohen Kultur sich zwar nicht mehr der Philosophie, sondern der Erlösungsmystik widmeten, daß aber selbst in der Mystik ihr rationaler und intellektueller Wüstengeist unausrottbar blieb und daß diese Mystik vollkommen frei ist von den verträumten Legenden des östlichen Chassidismus.
Im 19. Jahrhundert, als die religiöse Bindung sich lokkerte, fanden die Juden Mittel- und Osteuropas allerdings noch einen andern geistigen Ausweg aus schwerster Seelennot: Sie replizierten mit scharfem, beißendem Witz, der die eigenen Fehler und den Ballast der eigenen talmudischen Tradition ebenso bitter verhöhnte wie den Feind von außen. Dieser Witz machte sich natürlich auch über die jüdische Mystik lustig, vor allem über die des Ostens, den Chassidismus.
Solange aber der Glaube intakt war, erlaubten sich die Juden weder eine witzige noch eine ernsthafte Kritik an der Weltsituation. Jedes Leid war gottgewollte Strafe für die Sünden des ganzen Volkes. Man konnte mit Elegien, mit Klageliedern, mit Bußgebeten darauf reagie-

ren, die über kurz oder lang Eingang in die Liturgie fanden. Oder man konnte eben in die Mystik ausweichen.
Aber es gab nicht nur die kühle, rechnerische Mystik der Südjuden.

Der Auftakt der Demutsmystik

Der babylonische Talmud ist voll von Hinweisen, daß Leid, Erniedrigung und Selbstopfer den Erlöser näherbringen werden. Die Vorstellung von dem Märtyrer, der durch seinen Tod die Welt erlösen wird, zieht sich seit den Visionen des Deuterojesaia durch das jüdische Schrifttum hindurch – oder doch durch einen Teil davon. Sie hat auch in die Mystik der Ostjuden Eingang gefunden. Und mit ihr zusammen ging auch eine zweite Vorstellung in diese Mystik ein: die Überzeugung, daß dem Kommen des Messias wirre und verruchte Zeiten, die sogenannten Wehen des Messias, chewléj-maschíach, vorangehen würden. Die Quellen der ostjüdischen Mystik reichen, wie man sieht, nicht minder tief in die jüdische Tradition zurück als die der Kabbala. Nur, daß wir hier am entgegengesetzten Pol der jüdischen Welt stehen.
Es ist der Weg, den schon der Nazarener beschritten hatte: Welterlösung durch bereitwillige, ja freudige Hinnahme des Leides und durch bewußtes Selbstopfer. Ein Weg, den die Juden nicht gekannt hatten, bevor sie sich in Kanaan ansiedelten, und den die Südjuden wieder vergessen hatten. Ihr ganzes Schrifttum beweist, daß er ihnen wieder so fremd war wie ihren Vorfahren in der Wüste.
Es ist klar, daß wir eine solche Demutsmystik desto rei-

ner verkörpert finden, je unvermischter vorderasiatisch eine jüdische Gruppe ist. Tatsächlich hat diese Mystik den Chassidismus der Ostjuden von Grund auf geprägt. Einen Vorläufer fand sie aber schon in Deutschland, im Mittelalter. Mystik keimte auch hier nach all dem Elend, das die Kreuzzüge hinterlassen hatten. Ihr Begründer wurde Jehuda he-Chassid genannt. Chassid: das heißt der «Fromme». Von den Mystikern Spaniens hatte sich keiner dieses Prädikat beigelegt. Aber es ist kein Zufall, daß auch die armen mystischen Sektierer in der Ukraine später, im 18. Jahrhundert, sich abermals als die Chassidim, die Frommen, bezeichnen.
Jehuda he-Chassid galt zwar als Kabbalist – was die ostjüdischen Chassidim dann nicht waren – und sogar als Begründer der deutschen Kabbala. Um seine Gestalt aber ranken sich Legenden und Märchen, genau wie um die der babylonischen Talmudlehrer und der späteren ostjüdischen Zaddikim, der Wunderrabbis.
Bevor wir uns aber der Mystik der Ostjuden zuwenden, müssen wir einen Blick auf ihre Abstammung und Geschichte werfen.

X. DIE ASCHKENASISCHEN JUDEN OSTEUROPAS

Herkunft und Rasse der Aschkenasen

Kulturell und der Abstammung nach sind die Ostjuden, die Aschkenasen, weniger einheitlich als die Südjuden, die fast alle aus dem arabischen Raume stammen.

Als aschkenasisch bezeichnete man zunächst alle deutschen und ursprünglich deutschen Juden, die, gleichgültig wohin sie vor den blutigen Verfolgungen in ihrer Heimat geflohen waren, nach wie vor ihr altes deutsches, mit hebräischen Elementen durchsetztes Idiom, das Judenteutsch, sprachen, das man dann später, im Osten, als Jiddisch bezeichnete.

Ähnlich haben auch die Südjuden aus dem südwestlichen Zipfel Europas bei ihrer Flucht aus der Heimat eine Anzahl indogermanischer, und zwar romanischer, Idiome mitgenommen und bis in die Gegenwart hinein beibehalten. Das bekannteste davon ist das sogenannte Dschudesmo, Ladino oder Spaniolisch. Daneben gibt es aber Varianten auf portugiesischer und provenzalischer Basis, die ähnlich aufgebaut sind. Bei allen Juden, die ein solches romanisch-semitisches Idiom sprechen, ist die Herkunft aus einem romanischen Lande sicher.

Bei den aschkenasischen Juden jedoch ist die Abstammung aus einem deutschsprachigen Gebiete nicht immer gewiß. Die sprachliche Zugehörigkeit zum jiddischen Idiom will wenig besagen. Denn als die deutschjüdischen Flüchtlinge im späten Mittelalter und in der frühen Neuzeit in Osteuropa einströmten, fanden sie hier bereits alteingesessene Juden vor.

Da waren die bereits früher erwähnten Chasaren, die vorläufig noch meist ihren alten Turkdialekt sprachen. Außerdem aber waren hier vom Süden her – aus Persien und Mesopotamien – viele Juden eingewandert, die sich jetzt der slawischen Sprache ihrer Umwelt bedienten. Sie waren zunächst nach Südrußland gekommen, später aber bis tief in die Ukraine vorgedrungen, und sie mischten sich mit den deutschen Juden.

Es scheint aber, daß diese alten ukrainischen und russischen Gemeinden von den Banden Chmielnizkis besonders empfindlich getroffen wurden. Die Überreste gingen jedenfalls in den einst deutschen Juden auf und übernahmen auch deren altdeutsches Idiom. Wenn man heute von Aschkenasen spricht, dann meint man nicht mehr die Abstammung aus Deutschland, sondern nur noch die Zugehörigkeit zum jiddischen Idiom.

Nachdem die Spaniolen in der Neuzeit ihre Bedeutung eingebüßt und bis auf den heutigen Tag nie zurückerlangt haben, waren es nun die Aschkenasen, die als Träger der jüdischen Kultur immer deutlicher in den Vordergrund traten.

Die deutschen Juden waren nicht als ungebetene Gäste in den Osten gekommen. Sie wurden von den polnischen Königen eigens eingeladen. Sie sollten hier den einstweilen noch fehlenden dritten Stand bilden. Sie waren Kaufleute, Gewerbetreibende, Handwerker.

Diese gleiche Rolle hatten sie zur Zeit der Karolinger auch in Deutschland gespielt. Inzwischen waren sie dort aus willkommenen Gästen und einem wichtigen Stimulans der gesamten Wirtschaft zu einer unbeliebten Konkurrenz geworden. Es lag nicht an ihnen, es lag an der zwangsläufigen Entwicklung, die sich aber hier im Osten viele hundert Jahre später vollzog als in Deutschland.

Die Zeiten des Elends und der Verfolgung blieben den Juden auch hier nicht erspart.
Zunächst aber bildeten sie – wenn man den ansässigen christlichen Adel ausnehmen will – hier eine finanzielle und kulturelle Oberschicht. Es kam nicht nur zu Mischehen mit ansässigen Juden, sondern auch mit christlichen Mädchen, die sich zum Judentum bekehrten und auch ihre Kinder jüdisch erzogen. Bewegte Klagen osteuropäischer Bischöfe haben sich erhalten, in welchen vom Abfall der Christinnen durch solche Mischehen die Rede ist.
So entstand in Osteuropa ein ganz neuer jüdischer Schlag. Das beduinische Ur-Element war und ist bei den Ostjuden nur noch in schwachen Spuren erhalten. Im wesentlichen waren und sind die Ostjuden bis heute eine Mischung aus Vorderasiaten, Ostbalten und Mongolen. Man findet bei ihnen ziemlich oft hellblonde Menschen mit hellen Augen, jedoch nicht mit nordisch hoher Gestalt und schmalem Schädel, sondern mit dem rundlichen Kopf und dem stämmigen Wuchs, der auch für den Ukrainer kennzeichnend ist. «Jüdische» Gesichtszüge sind hier weniger häufig anzutreffen als bei den bis heute fast rein beduinischen Südjuden und Spaniolen.
Die Ostjuden unterscheiden sich im Charakter nicht wesentlich von dem kanaanäischen Schlag im Lande Israel. Das demütige Dulderethos und die weichen Gefühlsnuancen sind durch die Vermischung mit den Ostbalten noch gesteigert worden. Die Grundzüge aber sind die gleichen geblieben, die wir aus der neutestamentlichen Welt und aus der talmudischen Agada bereits kennen und deren Spuren wir auch schon in jenen Teilen des Alten Testamentes gefunden haben, die von der Atmosphäre des Landes Kanaan und nicht von der Wüste her

geprägt sind. Hierher kann man vielleicht auch die gesamte Sozialgesetzgebung der Thora zählen, so etwa das Gebot, den Fremden im Lande gut zu behandeln oder die Sabbatruhe auch dem Knecht, der Magd und dem Haustier zu gönnen, oder das Gebot, den mittellosen Arbeiter jeden Tag auszuzahlen, bevor er nach Hause geht, und dem dreschenden Ochsen das Maul nicht zuzubinden.

Abermals entsteht hier im Osten, als die bittere Not eine neue Welle der Mystik aufkommen läßt, die zauberhafte Legendenwelt der vorderasiatischen Agada und des frühen Christentums. Wieder wird nicht die juristische oder gar philosophische Spekulation ins Zentrum gestellt, sondern die Nächstenliebe. Wieder wendet sie sich vor allem den Armen, Gequälten, Erniedrigten zu, deren das Himmelreich ist. Hier, bei den Chassidim des Ostens, kann keine Rede davon sein, daß man nur in den Himmel komme, wenn wenigstens ein Minimum an Erkenntniskraft und Intellekt vorhanden ist, wie die spaniolischen Philosophen meinten.

Talmudstudium wird hier – wenn auch nicht bei den Chassiden – eifrig betrieben. Philosophie und Wissenschaft aber liegen brach. Dabei hatte es auch im Osten nicht von allem Anfang an nur Talmudstudium einerseits und Märchenluft anderseits gegeben. Zu Beginn mühten sich die Juden um eine gute Allgemeinbildung für ihre Kinder. Bevor Chmielnizkis Horden über diese ganze blühende Welt hinwegfegten, hatte es hier als einzigem Ort auf der ganzen Welt sogar schon obligatorischen Schulunterricht für Mädchen gegeben.

Auch später fehlte es im Osten nicht an überraschenden intellektuellen Leistungen. Zunächst aber hatten die Chmielnizki-Pogrome nicht nur die Entstehung der chassidischen Sekte zur Folge, sondern eine Abkehr von den weltlichen Wissenschaften auch bei den andern, den intellektuellen Juden. Erst im 19. Jahrhundert gab es hier im Gefolge der Haskalá, der Aufklärung, wenigstens wieder einige Philosophen. Doch Weltbedeutung hat keiner von ihnen erreicht. Wenigstens keiner von denen, die im Osten blieben. Sie schrieben übrigens meist nicht Jiddisch, sondern Hebräisch, und ihre Werke sind bis heute in keine indogermanische Sprache übersetzt. Auch Moses Mendelssohn, der aus dem Osten nach Berlin einwanderte und Deutsch schrieb, hatte höchstens für die Juden Deutschlands und ihre Einstellung zum deutschen Geistesleben viel Bedeutung, nicht aber für die deutsche Philosophie selber: Er hat die Assimilation der neuzeitlichen Juden Deutschlands an die deutsche Umwelt eingeleitet, wobei er weder die Formen noch die Folgen dieser Assimilation klar voraussehen konnte.

Eine Ausnahme bildet Bergson, der ebenfalls ursprünglich dem aschkenasischen Judentum entstammt. Seine Philosophie trägt auch das Stigma seiner Herkunft: Er vergöttert nicht die Ratio, sondern führt alles Sein auf einen irrationalen «élan vital» zurück, sogar die tote Materie ist ihm nicht Voraussetzung, sondern Zerfallsprodukt dieses Vitalprozesses. Später, in seinen «Deux sources de la morale», kommt er auch inhaltlich dem jüdisch-christlichen Denken Kanaans wieder sehr nahe. Und trotz großartiger eigener Denkschärfe schätzt er Erkenntnis aus logischen Schlußfolgerungen sehr gering ein.

Dagegen entstammen dem Osten Europas die stärksten jüdischen Begabungen auf dem Gebiete der erzählenden Literatur. In Spanien hatte es, wie wir bereits wissen, Prosaerzählungen überhaupt nicht gegeben.

Die chassidische Demutsmystik

Im Osten erblühte also eine neue, antiintellektuelle und volkstümliche Mystik. Sie trägt wieder die gleichen Züge wie zur Zeit des Nazareners. Wieder ist da der Meister, kein strenger Gelehrter, sondern ein Heiliger, um den sich die Jünger scharen, auch sie keine gewitzten Studenten, sondern arme, einfache Menschen. Wieder wandert er mit ihnen über Land, teilt mit ihnen sein Brot beim Liebesmahl, betet mit ihnen, tröstet sie und vollbringt beglückende Wunder.

Sie lehnen das Gesetz nicht ab, aber sie vertiefen sich auch nicht in die Gesetzeslektüre. Sie finden sich nicht zum Studium zusammen, sondern zum Gebet, zum Gesang, zum ekstatischen Männertanz.

Sie trinken Wein und Schnaps, sie lieben den Tabak, der Rausch wird ihnen zum Gottesrausch. Den sexuellen Rausch aber kennen sie sowenig wie die Jünger Jesu: Ein solches restloses Abgleiten in die alten Religionsformen des heidnischen Vorderasiens blieb einigen wenigen verwilderten jüdischen Sekten im achtzehnten Jahrhundert vorbehalten, der des türkischen Juden Sabbatai Zwi und der des aus Polen stammenden Jakob Frank, die beide im Namen der messianischen Erlösung jede Ordnung sprengten. Damals kam es auch bei den Juden zu orgiastischen Kulten.

Die Chassiden aber begnügten sich mit etwas Tabak und Schnaps. Wie sehr die berauschenden Getränke zu dieser ostjüdischen Mystik stilistisch hinzugehören, erkennt man sofort, wenn man etwa versucht, sich die Chassiden mit ihrem Wunderrabbi nach Art eines Kreises beduinischer Scheichs beim schwarzen Kaffee vorzustellen.

Die Chassiden kennen auch wieder, genau wie die frühen

Christen, das Tauchbad, das nicht nur rituelle Reinigung, sondern volle innere Erneuerung erzeugen soll.

Und wieder spinnen sich Märchen und Legenden um die Heiligen, die Zaddikim, obwohl wir nun doch bereits mitten in der Neuzeit stehen und keiner der chassidischen Jünger Analphabet gewesen ist. Nichts hätte sie hindern können, die Lebensdaten ihrer Rabbis so getreu aufzunotieren, wie es Jahrtausende vorher die hebräischen Chronisten der jüdischen Richter- und Königszeit taten und im frühen Mittelalter die nüchternen Berichterstatter Andalusiens.

Nicht ohne Grund haben wir einige der Biographien großer jüdischer Dichter und Philosophen Spaniens etwas ausführlicher festgehalten, als es dem Umfang unserer Untersuchung entsprechen mag: Die Darstellungsweise, die Präzision, die Exaktheit aller Daten beweisen einmal mehr, daß Mythenbildung nicht eine Frage der größeren oder kleineren zeitlichen Entfernung von unserer nüchternen Gegenwart ist, sondern daß Mythen immer und überall neu keimen können, wenn die Voraussetzungen für sie erfüllt sind. Vom Zaddik Israel, dem Sohne Eliesers, dem Baal Schem Tow, dem Begründer der chassidischen Bewegung, wissen wir ja nicht einmal Jahr und Ort der Geburt.

Von allem Anfang an nahmen die gebildeten Rabbinen – soweit sie den Sturm Chmielnizkis überlebt hatten – das Aufkeimen einer so völlig bildungsfremden Mystik nicht schweigend hin. Wir haben schon vorher, im Zusammenhang mit den neutestamentlichen Vorgängen, von der Reaktion der ostjüdischen Bildungsschicht gegen die armen Träumer und Schwärmer erzählt.

Man muß aber auch gegen die Rabbinen gerecht sein: Nicht jeder Vorwurf, den sie gegen die chassidischen

Zaddikim erhoben, war aus der Luft gegriffen. Wir sagten schon, daß das Vererben des chassidischen Thrones fast unvermeidlich Mißstände nach sich ziehen mußte. Dennoch gab es bis in die allerletzten Jahre hinein im chassidischen Umkreis Gestalten, Aussprüche, Taten, die ans Herz greifen und sich für immer einprägen.

Die chassidische Legende

Da gibt es den Zaddik, der am Jom Kippur, dem Fast- und Versöhnungstag, in der Gebetsekstase bis vor Gottes Thron gelangt. Schon hat er Gott beinahe überredet, die ersehnte Welterlösung zu bringen – da sieht er, wie unten in der Synagoge ein alter, kranker Betteljude ohnmächtig zusammenbricht, weil er das verlängerte Fasten nicht aushalten kann. Sogleich opfert der Rabbi die Hoffnung auf rasche Erlösung, und seine Seele kehrt zur Erde zurück, um Gebet und Fasten rasch zu beenden.
Sein Verhalten ist das eines Heiligen. Es ist aber – vom messianischen Gedanken her gesehen – auch logisch. Denn es kann keine Welterlösung geben, die mit der fahrlässigen Tötung eines Unschuldigen erkauft ist.
Auf diese Legende spielt auch der russisch-jüdische Schriftsteller Ilja Ehrenburg in einer seiner Erzählungen an. Ehrenburgs Werk ist in Mitteleuropa viel zuwenig bekannt. Er hat neben einer Anzahl mittelmäßiger Romane und Novellen zwei Bücher geschrieben, die ihn bestimmt überleben werden. Hier nur die Episode aus einem von ihnen – es ist «Das bewegte Leben des Lazik Roitschwanz» –, in welchem Ehrenburg diese gleiche chassidische Legende zitiert. Es geht dort darum, daß man vor kurzem irrtümlich in den Wirren der Revolution anstelle eines berüchtigten gegnerischen Generals

einen beliebigen Schneider, der jenem zufällig ähnlich sah, erschossen hat. Jemand meint, so etwas könne in einer Revolution nun einmal passieren. Roitschwanz repliziert mit der chassidischen Legende von dem sterbenden Bettler, dessen Leben dem Rabbi wichtiger ist als die Welterlösung. Der Vergleich ist besonders sinnvoll, denn auch die Russische Revolution trat ja mit dem Anspruch auf, die Welt zu erlösen.

Für eine Reihe anderer Legenden, die ebenfalls um die Welterlösung kreisen, muß man wissen, daß nach dem Talmud dem Kommen des Messias die sogenannten Messiaswehen, unerträgliche Qualen für die Welt, vorangehen werden. Wir haben wiederholt darauf hingewiesen. Hierzu meint ein Zaddik, erfüllt von Mitleid zu den Menschen:

> «Wenn es so ist, dann soll der Messias lieber nicht kommen.»

Und ein anderer Zaddik meint:

> «Gott will den Messias schon lange schicken. Sooft er aber die Messiaswehen einleitet, schreien die gequälten Menschen zu ihm auf. Und jedesmal unterbricht Gott aus Mitleid mit den Klagenden die Wehen.» –

So wird in eins erklärt, weshalb die Menschen leiden und die Erlösung dennoch nicht kommt.

Wieder ein anderer Zaddik meint dagegen:

> «Der Messias wird in jedem Geschlecht neu geboren. Aber er kann erst wirksam auftreten, wenn die Menschen ihn erkennen. Sie können ihn jedoch nicht erkennen, solange sie sich nicht geändert und geläutert haben.»

Wie sehr sich, trotz der Nähe zum Christentum, die chassidische Vorstellung der messianischen Erlösung von der eschatologisch-christlichen unterscheidet, illustriert die bereits zitierte Legende von dem Zaddik, der nach Jerusalem gepilgert ist und trotz dem Posaunenschall vom Ölberg her erklärt, dies könne nicht die Ankunft des Messias bedeuten, weil sich in der Welt nichts verändert habe.

Anderseits führt von der Erlösungshoffnung der Chassiden, mag sie auch diesseitig verstanden sein, dennoch kein Weg zur sozialen Revolution. Ihr Weg war nie der des Aufstandes und des Kampfes, hierin gleichen sie den frühen Christen. Beider Sympathien gelten zwar den Armen und Gedrückten. Politisch war die Erlösung der Chassiden aber dennoch nie gedacht.

Trotzdem zürnen sie nicht, wenn einer im übergroßen Leid gegen Gott aufbegehrt. Aber sie schüren nicht die Revolte, sondern beschwichtigen sie. Immer wieder gibt es da die Legende von dem Zaddik, der unter den Betenden seiner Gemeinde einen erkennt, dem das Leid zu schwer geworden ist und der deshalb mit Gott hadert. Der Rabbi gibt ihm recht, tröstet ihn, sucht zu mildern, soweit es geht, und wartet mit dem Beginn des synagogalen Gebetes, bis der Unglückliche bereit ist, Gott zu vergeben.

Und immer wieder begegnen wir auch der Legende von dem armen, ungebildeten Juden – es kann einer sein, der zwanzig Jahre im zaristischen Heer diente, oder ein armer Gastwirt auf dem Lande draußen –, der entweder kein Gebetbuch besitzt oder verlernt hat, Hebräisch zu lesen. Aber das hebräische Alphabet kann er noch auswendig, und dieses sagt er immer wieder von vorne auf, in der Hoffnung, Gott werde selber die Buchstaben des Gebetes auswählen und zusammenfügen. Und der Zaddik wartet mit dem Beginn des Vorbetens, bis Gott alle Gebete fertig zusammengestellt hat.

Das Tiefste über die Gottesbeziehung im Chassidismus wird aber aus einem kurzen Kommentar eines Zaddiks zu einer Gebetsstelle klar:

«Warum», fragt der Chassid, «betet man ‹Gott Abrahams, Gott Isaaks, Gott Jakobs› und nicht einfach ‹Gott Abrahams, Isaaks, Jakobs›?» – «Weil», so gibt der Zaddik selber die Antwort, «ein jeder der drei seine Beziehung zu Gott aus sich selber heraus neu gewann und nicht bloß als Erbe übernahm.» –

So gibt es auch für den Chassid kein mechanisches Nachplappern der Gebete. Er wartet, bis er die Gottesnähe spürt und erlebt.

Kritik am Demutsethos

Dennoch wurde der Chassidismus immer wieder bitter angefeindet. Von den rabbinischen Schriftgelehrten sowohl wie vom bissigen neuzeitlichen jüdischen Witz. Indes ist ja auch der jüdische Witz selber ein Sproß dieser gleichen ostjüdischen Welt – die Südjuden haben nie einen Volkswitz dieser Art erzeugt. Und dies wird wohl auch der Grund sein, warum sogar noch der impertinenteste antichassidische Witz in irgendeinem verborgenen Winkel mit den rührenden Schwärmern sympathisiert. Wie anders soll man es denn erklären, daß dieser Witz, sonst so treffsicher, wenn es um das Aufdecken der eigenen, der jüdischen Fehler und Schwächen geht, hier sein Ziel so völlig verfehlt?

Denn was greift er schon an? Den Zaddik, der bei Wundertaten versagt, und die armen, enttäuschten wundergläubigen Adepten. Beides gab es sicher. So, wie sich neben das Echte immer die Fälschung stellt. Im allgemeinen aber darf man annehmen, daß sogar ein Zaddik mit fehlender Berufung Wunderheilungen und andere Wundertaten vollbringen konnte. Die Erklärung hierfür gibt uns abermals der Ausspruch eines chassidischen Zaddiks:

> «Sogar ein Stein wird Wunder vollbringen, wenn so viele an ihn glauben.»

In einem ganz andern Punkte aber ist der Chassidismus, wie jede volkstümliche Demutsmystik, weit problematischer. Dort nämlich, wo die Selbstpreisgabe und die passive Hinnahme des Bösen ganz von selber in aktive Förderung des Unrechts umschlägt. Nicht ganz ohne Grund hat sich Nietzsche gegen das Demutsethos aufgebäumt. Und nicht minder treffend sind manche modernen, scheinbar leichtfertigen Angriffe auf eine solche Haltung, etwa die Parodien von Mark Twain auf die frommen Kalendergeschichten. Eine davon erzählt von einem Tierarzt, der einen herrenlosen Köter ausheilt. Am andern Tage bringt der Köter einen kranken Kameraden zum Tierarzt mit, der darob Tränen der Rührung vergießt.

Soweit die Originalfassung. Mark Twain spinnt die Geschichte aber weiter: Die beiden Köter bringen am nächsten Tage vier, diese acht und so fort, in geometrischer, blitzrascher Steigerung, bis die gesamte Praxis des Arztes sich in der Gratisbehandlung der heulenden Straßenhunde erschöpft. Zuletzt beißt ihn der vor Begeisterung toll gewordene erste Hund, und der Arzt stirbt an dem Biß.

Dabei unterscheidet sich diese Groteske gar nicht so sehr von manchen ganz ernst gemeinten Anekdoten aus der talmudischen Agada, von der wir schon sagten, daß sie mit dem Chassidismus viele Berührungspunkte hat.

Von Rabbi Chanina zum Beispiel, dem großen Talmudlehrer, um den sich viele Legenden und sogar Märchen ranken, wird überliefert, ihm sei eines Tages ein Huhn zugelaufen. Da er den Besitzer nicht ermitteln konnte, nahm er das Huhn in Pension, rührte auch die Eier nicht an, bis sie schließlich, ausgebrütet, einen großen Hühnerhof ergaben. Als die Hühner auf dem bescheidenen Hof des Rabbi keinen Platz mehr fanden, tauschte er sie gegen Ziegen ein. Schließlich meldet sich der Besitzer, Rabbi Chanina übergibt ihm die Ziegenherde und lehnt großmütig jede Verrechnung der Spesen ab.

Nicht viel anders geht es in der Talmudanekdote von dem Rabbi zu, welcher feststellt, daß einer seiner Almosenempfänger einen besseren Wein trinkt als er selber.

> «In diesem Falle», meint der Rabbi, «muß ich ihm sein Wochengeld erhöhen. Ich wußte nicht, daß er so anspruchsvoll ist.»

Wörtlich genau wird die Legende auch von einem chassidischen Rabbi erzählt, nur geht es diesmal nicht um Wein, sondern um Fische oder Geflügel.

Noch fragwürdiger sind die Anekdoten, in denen Rabbi Chanina oder ein chassidischer Zaddik den letzten Besitz seiner an sich schon darbenden Familie für Almosen verwendet und die verzweifelte Frau, der beim Anblick der hungernden Kinder das Herz bricht, auf die Belohnung im Himmel vertröstet.

Hier spürt man deutlich, daß durch das agadische und mit ihm identische chassidische Ethos ein Bruch hindurchgeht: Solche letzte Opferbereitschaft verträgt sich nur mit dem Zölibat und nicht mit der Verantwortung für eine Familie. Der Rest beduinischer Denkweise, die den Juden die Ehe zur heiligen Pflicht macht und Zölibat und Kinderlosigkeit negativ wertet, kommt hier mit der Haltung des vorderasiatischen Heiligen in Konflikt.

Profund bedenklich sind aber vor allem jene Anekdoten, in welchen der Zaddik das ganze Almosengeld, das ihm von seinen Adepten übergeben worden ist, dem nächstbesten Bösewicht zusteckt, denn wenn Gott jenen leben lasse, dann habe er, der Rabbi, kein Recht, ihn nicht zu lieben. –

Aber gibt es denn eine geistige Haltung, die in ihren Randerscheinungen nicht fragwürdig wäre? In seinen Anfängen und auch später hat der Chassidismus immer wieder Gestalten von himmelreinem Glanz erzeugt. Und in den Stunden des Martyriums wurde er vielen zur Kraftquelle, die nicht einmal vor den Toren der Gaskammern Hitlers versagte.

Wir wollen hier sowenig eine Geschichte des Chassidismus geben, wie wir zuvor eine exakte und chronologische Darstellung des kabbalistischen Schrifttums gegeben haben. Es gibt über Chassidismus auch in deutscher Sprache Literatur in Fülle. Es ging hier nur darum, den stilistischen Unterschied zwischen dem sefardischen und dem aschkenasischen Judentum auch in der Mystik der beiden Gruppen aufzuzeigen.

Zwei kleine Vorgänge aus meinem privaten Umkreis mögen aber dafür zeugen, wie sehr auch heute noch die Beurteilung des Chassidismus sogar bei Juden, die religiösen Fragen eher gleichgültig gegenüberstehen, davon abhängt, ob der Betreffende aschkenasischen oder sefardischen Ursprunges ist:

Ich habe eine Sammlung chassidischer Erzählungen eingeleitet und dabei, genau wie hier im Buche, auch auf die negativen Seiten des Chassidismus hingewiesen. Daraufhin erhielt ich von zwei jüdischen Juristen Briefe.

Der eine der Herren, in Mitteleuropa geboren, protestierte zornig dagegen, daß ich diese negativen Seiten überhaupt erwähnt hatte. Mir fehle die «ahawát Jissraéjl», die Liebe zu Israel, meinte er, die gerade bei den chassidischen Zaddikim in so rührender Form zu finden sei.

Er hatte einerseits unrecht: Die harte Selbstkritik ist ebenso Bestandteil der jüdischen Tradition wie die überbordende Herzensgüte der chassidischen Heiligen. Anderseits ist tatsächlich im chassidischen Kreise diese Selbstkritik, trotz tiefem Sündenbewußtsein, nicht geübt worden. Als Beispiel hierfür möge eine Legende von einem der liebenswertesten der Zaddikim angeführt sein:

Jizchak von Berditschew – so hieß er – sah am Sabbat einen rauchenden Juden. Rauchen am Sabbat ist eine Sünde, und Jizchak fragte den jungen Mann, ob er am Ende vergessen habe, daß heute Sabbat sei. – «Nein», sagte der Jüngling. – Dann habe er vielleicht vergessen, daß man heute nicht rauchen dürfe? – Nein, er wisse es genau, sagte der Bursche. –

Darauf hin wandte sich Jizchak zu seinen Jüngern und sprach:

> «Welch ein wundervolles Volk sind doch die Juden! Selbst der ärgste Ketzer unter ihnen scheut noch davor zurück, die Sünde der Lüge auf sich zu nehmen.» –

Der Briefschreiber trug einen ukrainischen Familiennamen, aus dessen Wortbedeutung sich auf die Sangesfreudigkeit seiner Vorfahren schließen ließ. Ich fragte ihn also, ob er von gefühlvollen Chassidim aus der Ukraine abstamme, und er bestätigte es, bestätigte damit in eins seine aschkenasische Herkunft.

Dann kam ein zweiter Brief – von einem sefardischen Juristen, der in Holland aufgewachsen ist. Ich zitiere daraus ein paar Zeilen:

«... Ich bin viel zu rational-mitnagdisch (Mitnaged = Gegner des Chassidismus), um irgendwelche Verbindung zwischen diesen Bobe-Maisses (etwa: Ammenmärchen) und Judentum zu erblicken. Der Goj (= Nichtjude) kennt uns als diejenigen, die die Welt mit Monotheismus, Propheten, Moral und vernünftigen und gerechten Gesetzen beschenkt haben. Ich würde mich schämen, wenn diese primitiven Narreteien für Judentum gehalten würden. Dann ist es doch wohl noch besser, direkt an den stockberührten Stein (gemeint ist das Wunder, das Moses in der Wüste vollbringt, als er aus einem Fels Wasser quellen läßt) zu glauben. In meinen Augen ist der Chassidismus eine mißratene Mengung von Pantheismus und Gnosis, eine richtiggehende epikorssut (= Ketzerei), allerdings bikkeduscha u-wetohara (in Heiligkeit und Reinheit) ... Übrigens: stammt das Wort ‹Zettelwirtschaft› etwa aus chassidischen Kreisen? (Es war üblich, dem Wunderrabbi einen Zettel mit den Wünschen zuzustecken.) ... Ich bin eben westlich der Elbe geboren. Das ist kein Verdienst, sondern Schicksal. Ich bin den Chassidim ja auch nicht böse, kann nur ihr Gehabe nicht leiden, und das wird wohl reziprok sein.

Wahrscheinlich zweifeln die Chassidim ernstlich an meinem Anteil an der künftigen Welt, weil ich weder Pejeß (Schläfenlocken der orthodoxen Juden) trage noch zur mikwe (rituelles Tauchbad) gehe und vergnüglich Maschinenmazzes (streng Orthodoxe essen nur Mazzes, Osterbrot, das nach exaktesten Ritualvorschriften von Hand bereitet ist) esse ...»

In diesen letzten Zeilen findet sich übrigens ein Hinweis

auf die formale Hyperorthodoxie der Chassidim, die ungenaue Kenner der chassidischen Welt irrtümlich eher bei deren Gegnern vermuten. –

Das ostjüdische Stigma in der Literatur

Solche rassebedingten Unterschiede finden wir natürlich nicht nur in der Einstellung der ukrainischen Aschkenasen und der Sefarden zum Chassidismus, sondern in jeder Geistesäußerung aus den so entgegengesetzten beiden Welten. Von dieser Unterscheidung her gewinnen auch andere scheinbar allgemein jüdische Phänomene ihre genauere Zuordnung. Wir haben bei den Sefarden neben Philosophie und stenger Wissenschaft auch eine herrliche Lyrik gefunden. Hier, bei den Aschkenasen, ist es die ungebundene Prosa, die die Literatur beherrscht. Nur hier gibt es Romane und Novellen, und diese verraten ihre Zugehörigkeit zum vorderasiatischen Bereich schon dadurch, daß sie nachlässig strukturiert sind. Man hat oft dem ersten ostjiddischen Klassiker, Mendele Moicher Sfurim, der in der zweiten Hälfte des 19. Jahrhunderts schrieb, vorgeworfen, seinen Romanen fehle jeder Aufbau. Man übersah, daß zu dieser Art von Erzählungen ein straffer Aufbau gar nicht gepaßt hätte. Es sind im Grunde auch keine Romane im westlichen Sinne, sondern zauberhafte, zugleich wehmütige und heitere Bilderbücher des ganzen ostjüdischen Lebens, in denen man fast nach Belieben vorwärts und rückwärts blättern, die man an jeder beliebigen Stelle anlesen kann.
Und auch der besondere Humor, der fast alle großen ostjiddischen Schriftsteller kennzeichnet, ist nur hier, bei den Ostjuden, nicht bei den Spaniolen beheimatet. Denn er entspringt einer Gemütsweichheit, die der Se-

farde niemals hatte. Mit diesem Humor, einem Humor, der unter Tränen lächelt, übergolden die ostjiddischen Dichter eine Wirklichkeit, deren Schwere kaum tragbar ist. Denn diese ganze Literatur entstand ja nicht in der frühen Neuzeit, der Blüteperiode des Ostjudentums, sondern erst im 19. Jahrhundert, zu einer Zeit also, da die Juden im Osten bereits bitter verfolgt und zum Teil entrechtet waren. –

Vor allem aber sind es drei Phänomene, die man meist einfach als jüdisch bezeichnet, die aber ausschließlich dem aschkenasischen Bereich zugehören: die jiddische Sprache, die jüdischen Elemente im Rotwelsch und der jüdische Witz.

Sprachliche Merkmale der Aschkenasen und Sefarden

Wenn wir die jiddische Sprache den Aschkenasen zuordnen, so meinen wir hier nicht nur die Tatsache, daß sie auf einem deutschen – also aschkenasischen – Grundstock aufgebaut ist und nicht auf einem romanischen, sondern wir meinen ihre rein dem Ostjudentum zugehörigen Stilmerkmale.

Werfen wir einen kurzen Blick auf die Geschichte der jiddischen Sprache. Im frühen Mittelalter sprachen die Juden Deutschlands das gleiche Deutsch wie ihre christliche Umwelt. Allerdings durchflochten sie es von allem Anfang an mit hebräischen Ausdrücken aus ihrem kultischen Leben, denn die Gebetssprache war und blieb ja auch im Exil das Hebräische.

Allmählich aber erzwangen die verschiedenen Laterankonzile, vor allem jenes von 1215, die scharfe Trennung der Juden von den Christen. Die Juden wurden immer mehr in ihr enges, geschlossenes Getto zurückgedrängt. Hier begann die deutsche Sprache der nunmehr Abgesonderten ihr Eigenleben zu führen. Es drangen nicht nur immer weitere semitische Elemente in das Deutsch der Juden ein, sondern es wandelte sich auch die Aussprache, vor allem die der Vokale, auf eine ganz sonderbare Weise. Wann diese klangliche Veränderung eintrat, weiß man nicht genau. Vermutlich geschah es bereits im Mittelalter, als die Juden Lothringens, verfolgt und vertrieben, zu denen Deutschlands stießen.

Als die deutschen Juden dann gezwungen waren, ostwärts zu fliehen, behielten sie auch in der slawischen und baltischen Umwelt ihr hebraisiertes Deutsch nach wie vor bei, durchsetzten es aber mit immer weiteren Hebraismen und nunmehr auch mit slawischen Elementen.

Bis hierher deckt sich der Sprachprozeß bei den Aschkenasen mit dem der vertriebenen Spaniolen. Auch diese behielten ihr altes Spanisch bei und durchmischten es mit Hebraismen.

Nun aber kommt der Unterschied: Die Spaniolen haben bei den hebräischen Elementen in ihrem neu erstehenden Dschudesmo, wie man ihre Sprache auch nennt, die alte, harte orientalische Aussprache voll beibehalten. Anders die deutschen Juden und jene Osteuropas. Sie waren nicht nur blutsmäßig keine Orientalen und zum Teil Europäer, sie brachten diese Zugehörigkeit zu einer europäisch durchmischten Rassengruppe auch in ihrer Aussprache zum Ausdruck. Sie entorientalisierten schon früh ihr Hebräisch. Wir wissen es von christlichen Gelehrten der Reformationszeit, welche zum Zwecke der Judenmission eigens Hebräisch erlernt hatten. Nun klagen sie, daß ihnen ihr bei Spaniolen in Italien erlerntes reines und echtes Hebräisch im Umgang mit den deutschen Juden nichts nütze. Die Aussprache differierte also bereits um diese Zeit so erheblich, daß man sich mündlich nur noch schwer verständigen konnte. Einem schriftlichen Verkehr stand allerdings nach wie vor nichts im Wege.

Um diese Zeit sprachen die deutschen Juden also bereits die hebräischen Vokale und einzelne Konsonanten anders aus als die Spaniolen, die nach wie vor an der semitischen Urform festhielten. Sie betonten außerdem die Wörter nicht mehr, wie die Semiten, auf der Endsilbe, sondern zogen den Akzent auf die zweit- oder sogar drittletzte Silbe zurück. Die Folge war, daß der Vokal der Endsilbe, genau wie im Deutschen, verblaßte, entfärbt, geschwächt und verschluckt wurde.

Die andern Vokale aber, die der nunmehr betonten Silben, wurden liebevoll zu Diphthongen zerdehnt. Und die harten Gutturallaute, dieses Charakteristikum aller semitischen Idiome, wurden weicher und schwanden fast völlig aus dem hebräischen Sprachbild der Aschkenasen. Der hebräische Ausruf ribonó-schel-olám (Herr der Welt) lautet bei den Aschkenasen Osteuropas: riboíne-schel-oílem.

Dennoch waren die Juden Osteuropas keine reinen Europäer. Während ihr Hebräisch sich zusehends europäisierte, enteuropäisierte sich ihr Deutsch. Aus dem anfänglich hilflosen Mischidiom entstand hier allmählich eine schlechthin bezaubernde Synthese, eine neue Einheit, aufgebaut auf einem deutschen Grundstock, durchflochten von hebräischen, aramäischen und slawischen Sprachelementen, wobei sowohl die semitischen wie die indogermanischen Bestandteile gegenseitig aufeinander abgefärbt und sich verwandelt hatten.

Das Idiom der Ostjuden barg in sich die Schärfe, Prägnanz, Kürze und Raschheit der talmudischen Gesetzesdebatte – denn auch hier studierten ja alle Knaben Bibel und Talmud im Originaltext –, und zugleich war es voll von slawischer Melodik und vorderasiatischer Weichheit und Demut. Eine Sprache, wie geschaffen, die Legenden der Chassiden zu erzählen, so, wie schon das Aramäische zur Zeit des Nazareners das vollendete Sprachinstrument für seine Bergpredigt war.

Als die Juden zu Beginn unseres Jahrhunderts wieder in größerer Zahl nach Palästina zurückwanderten, stellte sich ihnen die Frage, für welche Landessprache man sich entscheiden sollte. Neben Hebräisch – damals ausschließlich die Sprache der gebildeten Ostjuden und der Religionsgelehrten – wurde auch Jiddisch vorgeschlagen. Man verwarf es schließlich als reine Exilsprache, die nicht der israelischen Heimat entstammte. Man hätte es aber gut auch aus dem Grunde ablehnen können, weil es ja nur die Sprache eines Teiles der Exiljuden war. Zwar rekrutierte sich damals die Einwanderung nach Palästina fast ausschließlich aus der russisch-jüdischen Intelligenz, deren Muttersprache Russisch oder Jiddisch war, und man konnte damals noch nicht voraussehen, daß schon in wenigen Jahrzehnten auch die Juden der arabischen Länder gezwungen sein würden, hierher zu flüchten. Für sie aber wäre Jiddisch immer ein fremdes Idiom geblieben.

Diesen gleichen arabischen Juden ist es anderseits zu danken, wenn der junge Israeli heute das Hebräisch seiner Urväter wieder mit jenen harten, gutturalen semitischen Lauten spricht, die das Arabische bis zur Gegenwart beibehalten hat.

Soviel zum Jiddisch.

Die «aschkenasischen» Elemente im Rotwelsch

Wir sprachen auch vom Rotwelsch, der deutschen Vaganten- und Gaunersprache seit dem Mittelalter, deren reiche hebräische Einschüsse wir ebenfalls als nicht einfach jüdisch, sondern als aschkenasisch bezeichnet haben. Auch diesmal ist damit nicht nur die Tatsache gemeint, daß dieser Hebraisierungsprozeß des Gaunerjargons sich auf deutschem Boden abspielte, sondern der besondere, eben aschkenasische Stil dieser Hebraisierung.

Zunächst eine kurze Erklärung, wie es zu dieser Hebraisierung überhaupt kommen konnte. Selbstverständlich ist sie keineswegs, denn es geht ja hier nicht um eine Gaunersprache der Juden, sondern um einen Geheimjargon der deutschen, also «arischen» Gaunerwelt. Man hat sich daher oft – und mit Recht – die Frage gestellt, wie deutsche Gauner dazu kommen, sich in ihrer Geheimsprache jüdischer Kultausdrücke zu bedienen. Man hat daraus besonders zur Nazizeit gern geschlossen, daß das deutsche Gaunertum sich vom frühen Mittelalter an hauptsächlich aus den Reihen der Juden rekrutiert habe. Der Schluß liegt nahe. In Wirklichkeit sind die Dinge aber etwas komplizierter.

Im Mittelalter waren die Straßen unsicher. Im allgemeinen reiste man nicht ohne Not. Dauernd unterwegs waren nur Gaukler, Gauner, Bettler und Vaganten. Gezwungenermaßen waren auch die Juden in Deutschland seit dem Hochmittelalter dauernd unterwegs, denn ihnen stand kein Gewerbe mehr offen als das des Pfandleihers, Trödlers und kleinen Geldverleihers. So kam es auf der Landstraße eben zum Kontakt zwischen den Juden und den Outsidern der deutschen Gesellschaft. Und hier übernahmen die Gauner und Bettler aus dem hebraisierten Judendeutsch etliche Begriffe für ihren Geheimjargon.

Soweit also sind die Juden unschuldig an den jüdischen Einschüssen in der Gaunersprache.

Die hebräischen Ausdrücke, die auf diese Weise ins Rotwelsch gelangten, erfuhren zwar im Munde der Gauner oft eine gewisse Entstellung, sie behielten aber im allgemeinen ihre ursprüngliche Bedeutung bei.

Es gibt aber seit der frühen Neuzeit im Rotwelsch noch eine andere Gruppe von Hebraismen, die ohne aktives Dazutun der Juden nicht in das Gauneridiom hineingeraten sein können. Begriffe nämlich, die eine sehr genaue Kenntnis des jüdischen Kultus und Ritus voraussetzen und deren Sinn obendrein boshaft-blasphemisch umgedeutet und dem Gaunermilieu angepaßt worden ist. – Begriffe der erstgenannten, «harmlosen» Art sind etwa Penne (von hebräisch piná = Winkel) für Herberge oder Heimesganew (aus hebräisch behejmá = Vieh und ganáw = Dieb) für Viehdieb.

Ein Begriff der zweiten Art dagegen ist etwa Mesúse für Straßendirne. Hierzu muß man wissen, daß das hebräische Wort m'susá, ursprünglich Türpfosten, im Jiddischen längst nur noch für die kleine schmale Kapsel gebraucht wird, die eine bestimmte Bibelstelle enthält und von frommen Juden am Türpfosten befestigt wird. Eine alte fromme Sitte verlangt, daß man beim Betreten und Verlassen der Wohnung diese Kapsel mit dem Finger berührt und den Finger ehrfürchtig an die Lippen führt. Die Kapsel befindet sich also an der Türe, und jeder darf und soll sie küssen. Die Allusion an die Straßendirne ist nur allzu deutlich und blasphemisch.

Noch ein zweites Beispiel eines blasphemisch umgedeuteten hebräischen Kultausdruckes: Unter «dúchenen», einem semitisch-indogermanischen Mischwort, versteht man: den Priestersegen in der Synagoge erteilen. Bei dieser Zeremonie, die wir hier nicht weiter zu erläutern brauchen, pflegt die gesegnete Gemeinde die Augen zu senken oder zu verdecken. Im Gaunerjargon bedeutet nun «duchenen»: jemandem unter den Augen etwas wegstehlen. Auch hier ist die Anspielung klar: Wenn jemand die Augen schließt oder verdeckt, ist es besonders leicht, ihn zu bestehlen.

Es ist evident, daß solche Ausdrücke nicht von christlichen Gaunern geschaffen sein können. Anderseits ist es aber auch klar, daß kein frommer, armer Hausierer auf diese Weise mit den heiligen Begriffen seiner Religion Spott getrieben hätte. Die Schöpfer solcher Begriffe müssen also Juden gewesen sein, die selber dem Gaunermilieu angehörten.

Tatsächlich kam es nach besonders schlimmen Verfolgungswellen vor, daß kleinere jüdische Gruppen anstelle des Martyriums das unstete Leben in den Wäldern wählten, daß sie im Räubermaquis untertauchten. Schon dadurch allein bewiesen sie zur Genüge, was sie vom Martyrium dachten und wie wenig sie vom Glauben ihrer Väter hielten.

Diese jüdischen Banditen gaben dann auch ihrem Abscheu vor dem Dulderethos ihrer Glaubensgenossen dadurch Ausdruck, daß sie gerade die heiligsten Begriffe der Religion ihrer Väter blasphemisch und gaunerisch umdeuteten. Die jüdischen Gauner, die solche Worte schufen, waren offenkundig nicht einfach arme, stumpfe Kreaturen, wie die meisten ihrer nichtjüdischen Gefährten, sie waren vielmehr die ersten Renegaten und Freidenker unter den aschkenasischen Juden, Philosophen, Existentialisten der Landstraße, Vorläufer jener vielen andern Glaubensgenossen im 19. Jahrhundert, die nicht in die deutschen Wälder flohen, sondern sich durch zweck-

dienliche Taufe von ihrem Judentum befreiten und es dann als einstige Störung beim Aufstieg verbargen, verachteten, negierten und sogar verleumdeten.
Es ist schade, wenn auch verständlich, daß die jüdischen Banditen ihrer wilden neuen Weltanschauung nur durch Rotwelschkreationen und nicht durch eine ausführliche theoretische Darlegung Ausdruck gaben. Anderseits ist es klar, daß ihr trauriges und gefährliches Gewerbe ihnen keine Muße ließ, Essays zu schreiben. Sie schufen auch schwerlich Lieder, in denen ihr blasphemisches Ethos zum Ausdruck kam. Ihre Gefährten, analphabetische Nichtjuden, hätten solche Lieder ja doch nicht begriffen und folglich auch nicht angenommen. Diese Gefährten begriffen zwar auch nicht den verborgenen, blasphemischen Witz in den gaunerisch umgedeuteten jüdischen Kultbegriffen. Aber einzelne Wortgebilde konnte man sich leichter merken als ganze Liedtexte.
Beachtlich bleibt aber, daß diese jüdischen Splittergruppen trotz allem lieber in eine Räuberexistenz auswichen als in die Taufe, die ihnen doch eine weit ungefährlichere Existenz ermöglicht hätte. Einen Rest religiösen Empfindens scheinen sie sich doch bewahrt zu haben.
Die Spaniolen hatten da anders reagiert. Sie hatten zunächst in Massen die Scheintaufe gewählt, und als diese vor dem Zugriff der Inquisitoren nicht rettete, wichen sie nicht gleichsam nach unten aus, in Rotwelschwitze und Räuberei, sondern sie suchten den Ausweg in das legale große Abenteuer auf der See, sie eroberten sich eine neue Welt.
Hier jedoch, in Mitteleuropa, fehlte die Meeresküste. Außerdem befiel das Unglück hier eine ganz andersgeartete jüdische Gruppe. Die Aschkenasen Deutschlands waren zu Beginn der Neuzeit nicht, wie ihre spanioli-

schen Brüder, eine hochgebildete aristokratische Oberschicht, sondern seit Jahrhunderten tief zu Boden gedrückte Kleinbürger. Ihnen fehlte die kühle Rationalität und auch die hoch ausgebildete Wissenschaft ihrer Glaubensgenossen in Spanien. Ihnen mangelte auch meist der kühne kolonisatorische Geist. Initiative entwickelten sie auch später immer nur dann, wenn messianische Ziele – und sei es in säkularisierter Abwandlung – ihre Seele ergriffen. Einstweilen nahmen sie das Leid in demütiger Ergebung auf sich, oder sie bäumten sich in wilder Verzweiflung auf und landeten in den Wäldern und an Rad und Galgen.

Der Witz als Ausdruck der Aschkenasen

Daß solche Umdeutung jüdisch-kultischer Begriffe ins Gaunerische blasphemisch ist, haben wir bereits gesehen. Sie ist aber darüber hinaus auch eminent witzig. Wir kommen damit zu dem dritten der rein aschkenasischen Phänomene, zum jüdischen Volkswitz.

Das, was man gemeiniglich unter jüdischem Witz versteht, gibt es erst seit etwa hundertfünfzig Jahren. Er setzt neuzeitliche Aufklärung und Lockerung der religiösen Bindungen voraus.

Manche seiner Elemente hatte es bei den Juden allerdings schon seit Jahrtausenden gegeben. So vor allem die bittere Selbstkritik, die keineswegs, wie manche glauben, ein Ausdruck der Selbstverachtung ist, sondern einem tiefen Wissen um die allgemein-menschliche – und folglich auch eigene – Unvollkommenheit und Schwäche entspringt. Den klaren Blick für die eigenen Fehler brachten die nüchternen Beduinen schon aus der Steppe mit, in Kanaan gesellte sich das aufwühlende Sündengefühl dazu. Bei den biblischen Propheten hatte diese Form der Selbstkritik ihre großartigste und tiefste Form angenommen.

Solche Selbstkritik, gemischt aus kühler Selbstbeobachtung, dauerndem Messen an der göttlichen Forderung und tiefem Wissen um die Unzulänglichkeit und besonders auch Sündhaftigkeit, blieb bei den Juden, vor allem jenen des vorderasiatischen Umkreises, auch später immer wach.

Soweit also der jüdische Witz – sei es der in den Rotwelschbegriffen, sei es der spätere, «bürgerliche» in der aufgeklärten Luft der neueren Zeit – nur die Fehler und Sünden der Juden selber ankreidet, kann er auf uralte Tradition zurückgreifen. Für solche Selbstkritik bedurfte es, wie gesagt, bei den Juden nicht erst der witzigen Umkleidung. Denn solche Selbstkritik durchzieht das gesamte jüdische Schrifttum und alle jüdischen Gebete. Dennoch ist es verständlich, daß diese erbarmungslose Selbstkritik auch in den jüdischen Witz einging.

Vom neunzehnten Jahrhundert an reicherte sie sich aber mit immer weiteren Dimensionen an. Aufs Korn genommen wurden jetzt nicht mehr bloß die Verfehlungen gegen das Mosaische Gesetz, sondern dieses Gesetz selber. Mit Erbitterung zerlegt und buchstäblich zerfetzt wurde vor allem die talmudische Ergänzung zu den Bibelgesetzen. Denn mochte sie auch sinnvoll und für den Fortbestand des Volkes notwendig sein, so war das Einhalten so vieler Vorschriften ja dennoch mühsam und lästig.

Und verspottet wurde jetzt – zum ersten Male – auch die nichtjüdische Umwelt, deren Taten man nicht mehr als Gottesstrafe für das jüdische Volk und als Auftakt der messianischen Erlösung begriff und die man folglich auch nicht mehr protestlos hinnehmen konnte und wollte. Indes war diese fremde Umwelt nach wie vor so übermächtig, daß man sie nicht mit der Waffe und nicht einmal mit politischen Aufrufen bekämpfen konnte, sondern höchstens mit dem Witz. Denn Witz ist, wie Freud am schärfsten gesehen hat, die Waffe des Wehrlosen, der sich nicht mehr fügen will, der aber anderseits nicht mächtig oder mutig genug ist, zur wirklichen Waffe zu greifen, und der nicht einmal wagen kann oder darf, auch nur die geistige Waffe mit offenem Visier zu gebrauchen.

Daß dieser jüdische Witz, der sich jetzt so gesittet und bürgerlich benahm und nur selten ins Blasphemische vordrang, seinen wilden Vorläufer in manchen Rotwelschausdrücken hatte, sahen wir schon. Einen weit früheren Vorläufer hatte er im 9. Jahrhundert, im «Schwarzen Humor» des Karäers Chawi el Balchi, gegen den Saadia polemisierte. Es ist sicher kein Zufall, daß auch Chawi vom Ostrand der jüdischen Welt herkam, genau wie der jüdische Witz der Neuzeit, und nicht aus der südjüdischen Gemeinschaft, auf die seine Argumente so aufreizend und befruchtend wirkten.

Wieder einmal stehen wir, genau wie bei der vorderasiatischen Demutsmystik der Juden, vor der eigenartigen und im Grunde doch selbstverständlichen Tatsache, daß bei ihnen über die Jahrtausende hinweg aus den gleichen Voraussetzungen dieselben geistigen Phänomene heraufbrechen.

Es bleibt uns also die Frage, wann und wo im Bereich der spaniolischen Juden die Not, gepaart mit einer gewissen Lockerung der Glaubensbande – die es ja im frühen Mittelalter in der philosophisch-wissenschaftlichen Atmosphäre Andalusiens ebenfalls gegeben hatte –, einen ähnlichen Witz erzeugt hat. Und wir stellen fest:

Es gab ihn nicht. Wohl gab es einzelne Spaniolen, die ihr privates Mißgeschick in witziger Form beklagten, so zum Beispiel Mosche ibn Esra, der zeit seines Lebens trotz hohen Geistesgaben bitter darben mußte. Ein allgemeiner Volkswitz aber hat sich hier trotz jahrzehntelanger Verbindung von Aufklärung mit bitterem Leid nie entwickelt.

Die Ursache wird auch hier wieder, wie in so vielen anderen Punkten, unter anderm oder sogar vor allem bei der rassischen Verschiedenheit der beiden jüdischen Gruppen liegen. Die orientalischen Juden Spaniens mit ihrer aristokratischen Verhaltenheit, Strenge und Gemessenheit haben weder damals noch jemals später in ihrer Not den Ausweg in den lockeren, lockernden, lösenden, leichtfertigen Witz gesucht. Er gedieh immer nur bei den Aschkenasen, spiegelt dementsprechend nur ihre Sitten, Nöte und Situationen.

Im vorderasiatischen Bereich ist der Witz ja in der Tat seit jeher beheimatet. Aristokraten kämpfen oder sterben. Es liegt ihnen nicht, sich zu beugen und im Umweg über den Witz ein wenig Erleichterung zu schaffen. Der Witz setzt ja, bei aller Revoltestimmung, die Bereitschaft voraus, sich letztlich doch zu fügen, unter den gegebenen Umständen trotz allem eine Lebensmöglichkeit zu suchen und zu finden. Wer in Spanien nicht in den mystischen Spekulationen der Kabbala seinen Trost fand, der entschloß sich zur Taufe, die ihm das Behalten seiner hohen gesellschaftlichen Stellung ermöglichte, oder er zog in ein anderes Land, rüstete auch Schiffe aus, um neue Welten zu erobern. Wer dagegen im Osten nicht in der Demutsmystik der Chassidim seinen Trost fand, der bewaffnete sich mit dem Witz, der Waffe jener Wehrlosen, deren Revoltestimmung sich mit Ergebung paart.

Der Witz der nichtjüdischen Vorderasiaten

Wie sehr übrigens der Witz zur vorderasiatischen Welt gehört, können wir an seinem Auftreten bei andern Völkern dieser Rasse verfolgen. Als wasserreinste Vorderasiaten gelten bekanntlich die Armenier. Man spricht ja manchmal sogar von der armenoiden anstatt der vorderasiatischen Rasse.

Bei diesen Armeniern gibt es nun den Witz, auch abgesehen von seiner Funktion in solchen Notsituationen, in sozusagen nackter Form als eine Art von harmlosem Volksvergnügen. Einige Männer pflegen sich zueinander zu setzen und mit improvisierten, unauflösbaren Scherzfragen zu unterhalten, die sie zuletzt selber beantworten. Zum Beispiel:

«Was ist das? Außen hat es Wolle und innen Watte.» – Und die Antwort: «Das ist ein Pudel, der vor einer Apotheke sitzt, in welcher Watte verkauft wird.» –

Ähnlich surrealistisch-alberne Scherzrätsel kennt man übrigens auch aus Griechenland, das heute ebenfalls weitgehend vorderasiatisch besiedelt ist.

Dieses gleiche geschmeidige und witzige Denken, das in der Scherzunterhaltung solch bizarre Blüten treibt, macht übrigens den Vorderasiaten, sobald er seinen bäuerlichen Beruf aus irgendeinem Grunde aufgibt und sich dem Handel zuwendet, zu einem ungewöhnlich geschickten Kaufmann. Hierfür zeugt die sehr alte Anekdote von dem Juden, der auf seinem Fluchtweg aus Spanien zur Zeit der Inquisition nach Skutari kommt, wo die Bevölkerung fast rein vorderasiatisch ist. Er fragt den nächstbesten Jungen, wie man hier etwas verdienen könne, und der Junge rät ihm:

«Kauf eine Melone, iß sie auf – dann wirst du zunächst satt. Hernach verziere die beiden Melonenhälften ein wenig und verkaufe sie als Eßschalen. Dann hast du Geld für ein paar weitere Melonen.»

Der Spaniole besteigt darauf das nächste einlaufende Schiff, um weiterzusegeln, denn an einem Ort, wo selbst die Gassenjungen ihm an Geschäftssinn überlegen sind, will er sein Glück nicht versuchen. Dabei darf man nicht vergessen, daß die Spaniolen ihrerseits auch durchaus kaufmännisch nicht unbegabt sind. Aber ihre Talente gleichen eher jenen der Fugger: Es ist mehr nur das großzügige Disponieren und Wagen, das sie auszeichnet.

Und ein alter nichtjüdischer Spruch deutet ebenfalls in diese Richtung. Im Balkan und an der Levante behauptet man: Ein Grieche ist so schlau wie sieben Juden, und ein Armenier wie sieben Griechen. Je unvermischter also die vorderasiatische Komponente, desto größer die geschäftliche Geschmeidigkeit, die bei den ostbaltisch vermischten Juden Osteuropas in der Tat oft genug eher schwach ist oder auch gänzlich fehlt.

XI. PROBLEME DER GEGENWART UND ZUKUNFT

Die Rassen im Staate Israel

Wir kommen allmählich der Gegenwart und damit dem Ende zu. Der Chassidismus war die letzte große geistige Bewegung der Juden. Er war im achtzehnten Jahrhundert entstanden und befand sich, als die Hitler-Truppen in Polen einmarschierten, schon lange im Zerfall.

Man kann natürlich auch den modernen Zionismus, der zur Gründung des Staates Israel geführt hat, als eine neue jüdische Bewegung werten. In unserm Zusammenhange geht uns der Zionismus auf alle Fälle etwas an, denn er teilt insofern die Ansichten der Rassisten aller Schattierungen, als auch er von einer Besonderheit des jüdischen Volkes ausgeht, die durch keine noch so eifrige Bereitschaft zur Assimilation an die jeweiligen Wirtsvölker ganz ausgelöscht werden kann oder soll.

Dennoch wäre es nicht ganz richtig, den Zionismus als eine neue Bewegung zu bezeichnen. Denn wenn der Staat Israel auch erst heute wieder erstehen konnte, so gab es doch in den letzten zwei Jahrtausenden immer wieder Versuche, ihn zu errichten, die weder geistig noch moralisch dadurch bedeutungsloser werden, daß sie zum Scheitern verurteilt waren.

Der Staat verdankt seine Existenz zum Teil der Opferbereitschaft jener, die bereit sind, ihn in Krieg und Frieden zu verteidigen und aufzubauen, zum andern Teil aber der jahrtausendealten Hoffnung der Juden, eines Tages wieder hierher zurückzukehren. Aus dieser Hoffnung erwuchs die Kraft zur Tat.

Uns interessiert in unserm Zusammenhang die israelische Bevölkerung unter dem Aspekt der neuen oder genauer: altneuen Rassenmischung, die sich dort heranbildet. Juden aus buchstäblich sämtlichen Enden der Welt sind in Israel zusammengeströmt, auch gelbhäutige aus Ostasien, braune aus Indien, fast schwarze aus manchen afrikanischen Gegenden. Vor allem aber stoßen jetzt wieder die östliche und die südwestliche Gruppe aufeinander, die Vorderasiaten und die Orientalen.

Noch bestehen Schranken zwischen den europäischen Juden und solchen aus arabischen Staaten mit stark retardierten Sozialzuständen. Wir sagten schon, daß aus dem südjüdischen Umkreis seit Jahrhunderten keine neuen Impulse mehr kamen. Die aus der Re-Arabisierung stammende Belebung ist längst nicht mehr wirksam, und eine neue Blutauffrischung und damit neue geistige Kraft wurde in den letzten Jahrhunderten nur der aschkenasischen Gruppe in Osteuropa zuteil. Lehrer und Erzieher in Israel klagen allgemein über die zum Teil schwache Begabung und den geringen Lerneifer der Kinder von Einwanderern aus arabischen Ländern.

Über kurz oder lang werden aber vermutlich Mischehen dennoch häufiger werden und einen gewissen Ausgleich schaffen.

Das Aussehen dieser neuen israelischen Juden kann man sich, da man die Komponenten kennt, einigermaßen vorstellen. Welches werden aber die kulturellen Folgen einer solchen Rückmischung aller Elemente sein? Wird sie eine neue Explosion von Genialität bringen und damit eine neue jüdische Kulturperiode einleiten? Wird hier, wie manche Zionisten einst träumten und vielleicht auch heute noch träumen, ein neues jüdisches Geisteszentrum entstehen?

Diasporaprobleme der Gegenwart

Eines scheint wohl sicher zu sein: daß neue kollektive jüdische Kulturimpulse aus der Diaspora nicht mehr zu erwarten sind. Denn die religiöse Bindung zerfällt zunehmend, und mit ihr zusammen, trotz rassischer Besonderheit, auch das jüdische Volk im Exil. In Israel selber mag dieser gleiche Zerfall des Glaubens dadurch ausgeglichen sein, daß man auf die alte hebräische Sprache zurückgegriffen hat und bewußt aus der Bibel heraus lebt, wenn man sie meist auch nicht mehr als Offenbarung und Glaubensquelle, sondern nur als historisches Dokument des eigenen Volkes und Landes wertet. Und außerdem leben die Juden Israels in einer geschlossenen jüdischen Gemeinschaft.

Im Exil aber bedeutet, wie gesagt, die Preisgabe der eigenen Tradition die Auflösung des Volkes. In Berlin gab es vor Ausbruch der Judenverfolgungen im Jahre 1933 bereits mehr als 40 Prozent Mischehen. Und diese bedeuteten jetzt nicht mehr, wie noch im Mittelalter, Zuzug bester Elemente aus der Umwelt und folglich Blutauffrischung der Juden, sondern Abwanderung in die geistige Welt der Nichtjuden. Aber auch bei weniger hohem Prozentsatz von Mischehen hätte die Preisgabe der Eigentradition allmählich zum Erlöschen der jüdischen Exilgemeinschaft geführt.

Geblieben war in dieser erlöschenden Gemeinschaft das Problem, wie man als Jude – getauft oder ungetauft – inmitten anderer Völker existieren kann. Denn geblieben war, solange nicht eine Kette von aufeinanderfolgenden Mischehen alle Merkmale verwischte, das zum Teil rassisch bedingte Anderssein der Juden, auch wenn sie es nicht wollten, nicht wußten, nicht ahnten.

Zwar war es Unsinn, wenn die antisemitischen Rassisten meinten, der Jude «lüge», wenn er deutsch schreibe, spreche, dichte und philosophiere. Weder die subjektive Ehrlichkeit noch der objektive Wert und Wahrheitsgehalt einer geistigen Leistung wird oder wurde dadurch je zweifelhaft, daß der Verfasser jüdischer Abstammung war. Aber diese Leistungen bleiben – hierin sind sich antisemitische Rassisten und jüdische Zionisten einig – in wesentlichen Punkten jüdisch.

Jüdisches Stigma bei Assimilanten: Freud, Ehrenburg, Kafka, Marx

Wenige Stichproben mögen hierfür genügen. Sigmund Freuds Vater war noch in der sehr armen jüdischen Gemeinde von Buczacz in Ostgalizien aufgewachsen. Die Armut trieb ihn westwärts über Mähren nach Wien. Religiöse Bildung hatte er nur in beschränktem Maße genossen. Sigmund Freud selber hat zwar aus seiner jüdischen Herkunft nie ein Hehl gemacht, aber er konnte kein Hebräisch, kannte die Bibel auch kaum in einer Übersetzung – es geht aus einer Anzahl von Irrtümern in seinem Werk eindeutig hervor –, und er war sein ganzes Leben hindurch Agnostiker, der sich offen zu seinem Unglauben bekannte. Seine jüdische Herkunft behinderte im antisemitischen Wien zwar seine Karriere, schien aber für den Inhalt seiner Forschung ohne Bedeutung.
Es ist aber kein Zufall, daß der aschkenasische Jude Freud, und nur er, es vermocht hat, das Phänomen des Witzes ganz zu durchleuchten. Die Funktion des Witzes als Waffe des sonst Waffenlosen und Unterdrückten hat nur er erkannt. Er analysierte eben in diesem Witz ein Element seiner eigenen, der aschkenasisch-jüdischen Existenz. Und es ist bestimmt auch kein Zufall,

daß er in seinem Buch über den Witz als Beispiele fast ausschließlich jüdische Witze wählt.
Noch aufschlußreicher ist Freuds Konzeption des Unter- und Unbewußten. Daß es unbewußte Seelenvorgänge gibt und daß sie nicht ein sinnloses Chaos sind, sondern ihren eigenen Bedeutungszusammenhang haben, hatte die positivistisch orientierte Naturwissenschaft – und somit auch Medizin – zur Zeit Freuds vergessen. Die Romantik aber hatte es immer gewußt. Sie sah in der Sphäre des Unbewußten den Quell künstlerischer Schöpferkraft.
Diese These wurde vom Freud-Schüler und späteren -Gegner C. G. Jung in wenig origineller Form aufgegriffen und gegen Freud ausgespielt. Freud nämlich sah das Unterbewußte anders. Obwohl er scheinbar als Mann der trockenen Wissenschaft ganz ohne Wertung und Voreingenommenheit an seinen Gegenstand herangeht, liest er dennoch aus dem Unbewußten nur jene Elemente heraus, die schon das Alte Testament darin erblickt hatte. Für Freud ist diese prärationale Tiefenschicht eine Sphäre der Unordnung, der Amoralität, der Primitivität, der Sünde, der Regression ins Unmenschliche.
Im Gegensatz zu der flach an der Oberfläche dahinlebenden bürgerlichen Welt seiner Zeit wußte er genau, wie unheimlich und gefährlich eine solche aus dem taghellen Bewußtsein verbannte seelische Unterwelt ist und was es bedeuten kann und wird, wenn sie gewaltsam an die Oberfläche heraufbricht. Wenn er empfahl, die Zügel ein wenig zu lockern, so tat er es nicht, weil er mit dieser brodelnden Unordnung sympathisierte. Ihm lag nur daran, durch leichte Druckminderung die Gefahr einer regelrechten Explosion zu mindern.
Das aber heißt: Sein Mißtrauen gegen solche wilde, ara-

tionale Leidenschaft war nicht geringer als das der altjüdischen Propheten gegen die orgiastischen Kulte der kanaanitischen Umwelt.
Hier wurde er von seinen popularisierenden Interpreten übrigens radikal mißverstanden. Es ist durchaus kein Zufall, daß sein eigenes Leben streng und fast asketisch war. Solche partielle Askese stand nicht im Gegensatz zu seiner Lehre. Er lebte, intensiver als mancher religiöse Prediger und Neuerer, aus einem klaren und untrübbaren Wissen um die Sünde heraus. Es ist das gleiche Gefühl für Sünde, von dem die deutschen Rassentheoretiker der Nazizeit wissen wollten, daß es nie bei Reinrassigen, sondern immer nur bei Mischlingen keimt und daß es darüber hinaus vor allem bei den Vorderasiaten beheimatet ist. –
Nehmen wir als zweites Beispiel aus dem Kreis der sogenannten assimilierten, das heißt: in Europa ihrer semitischen Eigentradition entfremdeten Juden den Russisch schreibenden Romancier Ilja Ehrenburg. Wir sagten schon, daß nur zwei seiner Bücher ihn überleben werden: «Das bewegte Leben des Lazik Roitschwanz» und «Julio Jurenito». Beide Bücher kreisen um Probleme, die im vorderasiatischen Judentum beheimatet sind: Es geht um die diesseitige Welterlösung.
Lazik Roitschwanz ist ein armer jüdischer Schneider aus der Ukraine, der talmudische Bildung mit chassidischer Gefühlsinbrunst verbindet und an dessen abenteuerlichen Schicksalen Ehrenburg die Unerlöstheit und Unerlösbarkeit der Welt in tragikomischer Form nachweist. Bemerkenswert ist hierbei, daß die Handlung bereits nach der Russischen Revolution spielt, die gerade für viele russisch-jüdischen Schwärmer einen messianischen Akzent trug. Ehrenburg zeigt nun, wie sich die

kommunistische, kapitalistische und zionistische Welt zusammentun, um den armen Schneider zu vernichten. Und sooft Lazik sich in tödlicher Gefahr befindet, erzählt er chassidische Legenden, aus welchen die gleiche sublime Menschenliebe spricht wie aus den Worten und Taten des Nazareners und in welchen klar bewiesen wird, daß sich mit den Mitteln einer mordenden Revolution die Welt nicht erlösen läßt.

Auch Julio Jurenito, ein mexikanischer Anarchist, erhofft zunächst von der Russischen Revolution eine Weltwandlung und -erlösung. Als er seinen Irrtum einsieht, provoziert er seine eigene Ermordung, indem er sich in einem verkommenen Quartier Moskaus inmitten der ärgsten Notzeit nach der Revolution mit leuchtendgelben, neuen Stiefeln auf einer Straßenbank schlafen legt. Dieses gleiche Buch enthält übrigens auch eine Anzahl brillanter Rassenporträts. Die Jünger Jurenitos sind nämlich aus den verschiedensten Nationen zusammengewürfelt. Einer von ihnen ist sogar schwarz. Ein anderer ist Ehrenburg selber, also ein Jude. Und einmal äußert Jurenito, daß sie alle, so verschieden sie sind, dem Juden gegenüber doch eine verhältnismäßige Einheit bilden.

In diesem gleichen Roman, der unmittelbar nach dem Ersten Weltkrieg erschienen ist, nimmt Ehrenburg – dies nur nebenbei – die planmäßige Vernichtung der Juden Europas prophetisch und exakt bis in die Einzelheiten vorweg.

Der agnostische russische Kommunist Ilja Ehrenburg lebt und schreibt also in Wirklichkeit aus jüdisch-prophetischem Messianismus und aus chassidischem Fühlen heraus. Unter den Darstellern chassidischer Legenden, auch unter jenen darunter, die sich selber zur chassidi-

schen Welt bekennen, gibt es nicht einen einzigen, der es wie Ehrenburg verstanden hätte, den ganzen Märchenglanz und poetischen Zauber dieser Welt einzufangen.
Ein drittes Beispiel: Franz Kafka. Wie stark seine Romane und Fragmente sich inhaltlich und atmosphärisch mit dem Alten Testament berühren, ist schon so oft dargelegt worden, daß es wenig Sinn hätte, es hier zu wiederholen. Das starke Sündengefühl, das alle seine Werke, vor allem «Das Schloß», durchzieht, gehört eindeutig der vorderasiatischen Welt an.
Andere Züge teilt er mit den beduinischen Juden: die knappe, trocken-juristische, wortarme Sprache und die merkwürdige Tatsache, daß er in seinem gesamten Werk nie eine Farbe nennt. Es ist die gleiche unoptische Einstellung, die sich bei Freud zum Beispiel darin bemerkbar macht, daß er bei der analytischen Behandlung das Gesicht vom Patienten wegwendet und nur zuhört. Franz Kafka war der jüdischen Tradition übrigens nicht weniger entfremdet als Freud und Ehrenburg.
Nun noch ein letztes Beispiel, das vielleicht am treffendsten ist, weil es hierbei nicht nur um einen traditionsentfremdeten, sondern sogar um einen getauften Juden geht: Karl Marx. Wir sagten schon, daß die aus dem Kleinbürgertum aufgestiegenen Täuflinge Deutschlands, die einiger rechtlicher Vorteile wegen die jüdische Welt, der sie schon vorher entfremdet waren, so eilfertig verließen, zu ihrem einstigen Judentum anders standen als die aristokratischen spaniolischen Marranen: Sie haßten und verachteten alles, was mit ihrer jüdischen Vergangenheit zusammenhing.
Marx bildet hierin keine Ausnahme. Das Alte Testament hat er offenkundig nie gelesen, und vom biblischen Prophetismus und Messianismus weiß er überhaupt nichts.

Judentum identifiziert er kurzerhand mit Wucher und Schacher. Mit andern Worten: Er übernimmt die Vorurteile und Schlagworte der antisemitischen Umwelt.
So befremdlich eine solche Haltung ist, so ist sie doch nicht verwunderlich. Denn hier, in Deutschland, war die geistige Elite der Juden im Mittelalter weitgehend ausgerottet worden, und die Lebensumstände waren so entwürdigend, daß von den Überlebenden dieser Schicht nur wenige im Lande blieben. Die Juden Deutschlands waren in der frühen Neuzeit geistig so dekapitiert, daß christliche Gelehrte, die sich gern mit dem talmudischen und späteren rabbinischen Schrifttum befaßt hätten, klagen, es gäbe in Deutschland keine geeigneten Lehrer. Judentum bedeutete demnach für den Großteil der Juden Deutschlands schon lange nicht mehr eine eigene, jahrtausendealte, der Umwelt in vielem überlegene Tradition, sondern nur Entrechtung und Bedrückung.
Ziel und Ideal konnten die Juden unter solchen Umständen nicht aus ihren eigenen, jüdischen Traditionswerten schöpfen. Alles Erstrebenswerte schien nur von der nichtjüdischen Umwelt repräsentiert, in die es aufzusteigen, in der es aufzugehen galt. Es ist kein Zufall, sondern eher ein tragikomischer Witz, daß sogar das Wort «Antisemitismus» im Jahre 1879 von einem deutschen «Halbjuden», Wilhelm Marr, erfunden worden ist, dem die Eltern seine jüdische Herkunft schamvoll verheimlicht hatten.
Aus dieser geistigen Zerrsituation kam also Karl Marx, kamen auch viele andere prominente Juden Deutschlands. So zum Beispiel Walter Rathenau, der beim Anblick jüdischer Spaziergänger in der Umgebung von Berlin von «asiatischen Horden auf märkischem Sande» sprach und immer wieder sein eigenes Deutschtum

betonte. Es mutet wie ein makabrer Witz an, daß er selber dann eben seiner jüdischen Herkunft wegen von deutschen Nationalisten umgebracht wurde.
Karl Marx aber, der getaufte Jude, der antisemitische Schmähschriften herausgab, in welchen er alle Cliché-Vorurteile der Judenhasser getreulich nachplapperte, vor allem jenes von der rein materiellen, ungeistigen Einstellung der Juden, schuf gleichzeitig ein utopisches Sozialprogramm, das nach seiner eigenen Meinung zwar auf «dialektischem Materialismus» beruht, das sich aber in Wirklichkeit aus lauter altjüdischen Träumen und Idealen speist. Hier finden wir das uralte kommunistische Beduinenethos und daneben den prophetischen Traum der vollkommenen Gerechtigkeit auf Erden.

Grenzen und Aporien der Assimilation

Es ließen sich noch viele Hunderte von Beispielen für jüdische Elemente und Züge im Werk traditionsentfremdeter und auch getaufter Juden finden und aufzählen. Diese wenigen Stichproben mögen hier genügen. Sie beweisen zur Genüge, daß weder die Preisgabe der eigenen Tradition noch die gewaltsame Anpassung an die Umwelt die Besonderheit des jüdischen Denkens und Fühlens auszulöschen vermag. Die Unterschiede sitzen tiefer als jede Erziehung. Sie sind konstitutionell bedingt.
Solche Unterschiede schließen ein friedliches und geistig fruchtbares Zusammenleben mit andern Völkern nicht aus. Die Berührung verschiedengearteter Völker und Gruppen kann durchaus sinnvoll sein.
Aber geben wir solche grundlegenden, weil eben rassisch bedingten Unterschiede einmal zu, dann wird jeder

Versuch einer Assimilation an fremde Geistesformen und Lebensgewohnheiten doch in einem neuen Licht erscheinen.

Nehmen wir als ein fast beliebiges Beispiel hierfür den Kreis um Stefan George. Zahlreiche Freunde und ergebene Anhänger Georges waren Juden, was nach dem, was wir über die Juden Deutschlands wissen, nicht zu verwundern braucht. Zwar schlug Georges Ideenwelt der des gesamten jüdischen Schrifttums buchstäblich ins Gesicht. Sie war gemischt aus Elementen der Antike, des deutschen Mittelalters, des Jugendstils und der antihumanen, antiintellektuellen Neoromantik des zwanzigsten Jahrhunderts. Aber er war charismatischer Führer, genau wie die chassidischen Zaddikim, und seine jüdischen Anhänger – deutsche Juden, die die eigene Traditionswelt schon lange ganz oder weitgehend eingebüßt hatten – hingen an ihm mit der gleichen absoluten und religiösen Inbrunst wie die östlichen Chassidim an ihrem Zaddik.

George selber jedoch äußerte in Gesprächen, er empfinde die Juden dennoch als anders, als letztlich fremd, und vor allem vermisse er an ihnen die Tiefe der Deutschen.

Was die mangelnde Tiefe angeht, so irrte George. Ein Blick auf das ihm fremde, jahrtausendealte Schrifttum der Juden hätte ihn leicht vom Gegenteil überzeugen können. Aber er irrte nur prinzipiell und nicht im Hinblick auf seine jüdischen Freunde. Sie bewegten sich in einer ihrer gesamten Tradition und Anlage kontradiktorisch entgegengesetzten Welt. Was Wunder, wenn sie hier, auf fremdem Gelände, die letzten Tiefen nicht so auszuloten vermochten wie der Einheimische?

George erkannte klar die Fehler und Grenzen seiner «eingedeutschten» jüdischen Umgebung. Sowohl ihm selber wie seinen Adepten – den jüdischen wie nichtjüdischen – entging aber, daß George selber sich den gleichen Fehler zuschulden kommen ließ wie die von ihm kritisierten Juden: Er trat mit prophetischer Geste und Haltung auf, übernahm also ebenfalls, genau wie seine jüdischen Freunde, ein fremdes, nämlich vorderasiatisches Ethos. Keinem in seiner näheren Umgebung fiel es auf, daß er in seinen Versen zwar zauberhafte Landschaftsstimmungen einzufangen vermochte, daß seine Aussage aber brüchig, unklar und zum Teil sogar fragwürdig wurde, sobald sie sich der Prophetie annäherte.

Nehmen wir ein anderes, fast beliebiges Beispiel her: Die Beziehung der deutschen schlagenden Verbindungen zu den jüdischen Kommilitonen. Man wirft diesen Verbindungen heute nachträglich vor, sie hätten schon Jahrzehnte vor dem Nationalsozialismus eine Art Arierparagraphen gehabt oder doch praktiziert und zum Teil sogar getaufte Juden ausgeschlossen.

Was aber ist Sinn und Ursprung einer solchen schlagenden Verbindung? Sie will uraltes germanisches Brauchtum pflegen, selbst wenn es längst antiquiert und sinnlos geworden ist. Sie bejaht die Tradition um ihrer selbst willen. Sie hält am heidnischen, kultisch-formalisierten Suff der alten Germanen fest und am ritualisierten Zweikampf der mittelalterlichen Ritter, dem vielleicht ebenfalls noch die heidnische Vorstellung vom Ordal, vom Gottesurteil im Zweikampf, zugrunde lag.

Kultisch geordneten Suff haben die Juden aber auch in Kanaan und in den chassidischen Kreisen – bei aller Bejahung des Weingenusses im religiösen Zusammenhang – nie gekannt. Und ein ritueller Zweikampf hat sich bei ihnen nie auch nur ansatzweise entwickelt.

Nehmen wir nun an, daß es nicht Zufall ist, welche Traditionen sich bei der einen oder andern Volks- und Rassengruppe herausbilden, dann müssen wir uns die Frage stellen: Was hatten jüdische Studenten in solchen Verbindungen zu suchen? Wenn diese Urenkel der Propheten, der makkabäischen Freiheitshelden, der spaniolischen Philosophen und chassidischen Heiligen in ihrer Freizeit nicht über dem Talmud und den Schriften eines Ibn Gewirol brüten wollten, wenn sie das Bedürfnis empfanden, sich zu berauschen, so stand es ihnen frei, in der nächsten besten Kneipe ganz ohne kultischen Formalismus zu trinken. Und hatten sie triftige Gründe, sich trotz der vorwiegend geistigen Tradition ihrer Väter in den letzten zweitausend Jahren zu tüchtigen Fechtern heranzubilden, so standen ihnen hierfür Sportklubs und Sportlehrer zur Verfügung.
Wie aber sollte eine deutsche Verbindung, die ihren zentralen Sinn in der Heiligung altdeutscher, für Außenstehende völlig sinnloser Traditionen sah, in ihre Reihen junge Juden aufnehmen, die ihrerseits ihre spezielle jüdische, so einzigartige geistige und historische Tradition im Stiche ließen und sogar negierten? Wenn es wirklich bei manchen schlagenden Verbindungen so etwas wie einen Arierparagraphen gab, so ist nicht ihnen der Vorwurf zu machen, sondern jenen, welche die Schaffung eines solchen Paragraphen provozierten, indem sie hier unbefugt Zutritt suchten.
Die exzessive und exklusive Loyalität und Solidarität mancher deutsch-jüdischer Gruppen dem deutschen Wirtsvolk gegenüber und ihre bewußte Preisgabe der jüdischen Tradition ändert eben nichts daran, daß diese Juden anders waren als ihre deutsche Umwelt.
Die Frage der schlagenden Verbindungen ging nur eine

geringe Anzahl Juden etwas an. Es gibt aber Exilprobleme, die sozusagen alle Juden angehen, gleichgültig, wie sie selber zu ihrer Tradition stehen und wie die nichtjüdische Umwelt sich zu ihnen verhält.

Wir haben gesehen, daß die Verfolgungen, für jeden einzelnen Juden ein unausmalbares Unglück, für das Volk als Ganzes doch die positive Folge hatte, daß die Juden sich auf immer weitere Gebiete verteilten und an immer neuen Siedlungsorten biologisch und kulturell erneuern konnten. Wenn es heute überhaupt noch Juden gibt und wenn sie nicht, wie ihre ursprünglich nicht minder begabten Vettern, die Araber, Begabung und Schöpferkraft längst eingebüßt haben, dann einzig auf Grund dieses Elends, der Diaspora, die den Arabern erspart blieb.

Diese weltweite Diaspora hat aber auch ihre negativen Aspekte: Seit der napoleonischen Zeit sind die meisten Länder dazu übergegangen, ihre Kriege nicht mehr mit Söldnern, sondern mit Volksarmeen zu führen, die zwangsweise rekrutiert werden. Die Folge ist, daß die Juden jetzt in fast jedem Kriege ihren Glaubens- und Volksgenossen gegenüberstehen.

Die Juden selber haben dies unterschiedlich empfunden. Wir sagten schon, daß sie, vor allem in Deutschland, versucht haben, es zu vergessen und sich ausschließlich mit ihrem Wirtsvolk zu identifizieren. Sie brachten dies übrigens bis in ihre Gebetsordnung hinein zum Ausdruck, indem sie alle Stellen strichen, welche die Hoffnung auf eine Rückkehr nach Jerusalem aussprechen. Ihrer Loyalität zum Trotz wurden sie aber auch in den Ländern ihrer radikalsten Assimilation an die Wirtsvölker von diesen als Fremde empfunden. Vielleicht machte gerade dieser krampfhafte Versuch der totalen Anpassung die Fremdheit doppelt sichtbar, die man zuvor irrtümlich nur auf religiöse und soziale Unterschiede zurückgeführt hatte.

Alfred Dreyfus

Dies war nicht nur in Deutschland so. Wir können zur Abwechslung ein Beispiel aus Frankreich wählen: den Dreyfus-Prozeß, der um die Jahrhundertwende Frankreich an den Rand des Krieges und Bürgerkrieges führte und außerdem bei einem bisher assimilierten jüdischen Publizisten aus Wien, Theodor Herzl, zur Folge hatte, daß er zum Schöpfer des politischen Zionismus wurde.
Wir brauchen hier den Prozeß nicht ganz zu referieren. Es genügt, wenn wir an folgende Punkte erinnern: Der jüdische Hauptmann Alfred Dreyfus war angeklagt, französische Kriegsgeheimnisse an Deutschland verkauft zu haben. Er war unschuldig, und die ihn anklagten, wußten es. Es gab auch keine tragbaren Indizien oder gar Beweise für seine Schuld. Dennoch wurde er verurteilt. Adel und Kirche waren sich weitgehend einig in der Überzeugung, daß nur der Jude Frankreich verraten haben konnte. Und das Prinzip der Kollektivhaftung, das andere Völker mit Entrüstung für sich ablehnen, das sie jedoch immer – auch bei fiktiver Schuld – auf die Juden anwenden (und das die Juden selber übrigens ausdrücklich im Talmud für sich akzeptieren), gab dem Pöbel Frankreichs die Parole. Die Massen brüllten nicht etwa «à bas Dreyfus», sondern «à bas les juifs». Und als der sozialkritische Schriftsteller Emile Zola sich für den unglücklichen Hauptmann einsetzte, wurde er gerichtlich bestraft und vom Pöbel so gehetzt, daß er vorübergehend Frankreich verlassen mußte.

Fragen wir uns nun, wie es dazu kommen konnte, daß nicht nur der Pöbel, sondern ein Großteil der Prominenz Frankreichs die Hetze gegen den Unschuldigen mitmachte, so wird man uns die Antwort geben: Antisemitismus, jahrtausendealte Gewohnheit, alle Schuld bei den Juden zu suchen. Es steckte aber in diesem Falle noch etwas anderes dahinter:

Die Familie des Hauptmanns stammte aus dem deutschsprachigen Grenzgebiet Frankreichs, dem Elsaß. Die meisten elsässischen Juden waren mit jenen Südwestdeutschlands vielfach versippt. Was also hatte diesen Juden veranlaßt, französischer Offizier zu werden? Warum wollte und sollte er sein Blut für Frankreich im Krieg gegen seinen eigenen Klan vergießen?

Natürlich konnte es auch einem Nichtjuden aus den Grenzgebieten passieren, daß er zum Kampf gegen seine Freunde und Blutsverwandten jenseits der Grenze antreten mußte. Bei allen andern Völkern – außer bei den Juden in der Diaspora – ist dies aber das Sonderschicksal einer kleinen Gruppe von Grenzanwohnern. Bei den Juden dagegen ist es die Norm, die allgemeine Situation, ganz gleichgültig, in welcher Armee sie dienen.

Was also konnte den Hauptmann Dreyfus veranlaßt haben, die Karriere eines Berufsoffiziers zu ergreifen? Offenbar war – so schloß man – der künftige Verrat bei diesem Projekt bereits mit eingeplant . . .

Man tat dem Hauptmann bitter unrecht. Er war loyaler Franzose, war übrigens auch intellektuell gar nicht in der Lage, sich solche Probleme klarzumachen. Sonst hätte er als Elsässer wohl schwerlich gerade diesen Beruf ergriffen. Seine Feinde dagegen erkannten, hellsichtig aus Haß, deutlich, wie problematisch jüdischer Kriegsdienst in modernen Nationalstaaten ist.

Dreyfus selber hatte nicht nur vorher nichts von diesen Problemen erfaßt, er begriff auch später nicht das geringste davon. Weder in den Jahren seiner Deportation noch nach seiner Rehabilitierung. Er war von schlichter Geistesart. Bis zu seinem Lebensende begriff er nichts von den Hintergründen seines Prozesses. Er starb 1935, und kurz zuvor besuchte ihn ein Verwandter aus dem Elsaß. Um diese Zeit gab es jenseits des Rheins bereits Judenverfolgungen, und Dreyfus entrüstete sich darüber. Seine eigene Verurteilung habe – so erklärte er ausdrücklich – mit der Judenfrage nichts zu tun gehabt.

Was aber im Schicksal und in dieser unglaubhaften, aber verbürgten Anekdote vom alten Dreyfus besonders skurril in Erscheinung tritt, das gab es in Deutschland auf Schritt und Tritt. Eine andere, ebenfalls verbürgte Anekdote aus dem Ersten Weltkrieg mag dies illustrieren:

Ein russisch-jüdischer Soldat war in deutsche Gefangenschaft geraten. Einmal erkannte er in einem vorbeigehenden deutschen Offizier den Juden und sprach ihn an, zuerst hebräisch, in der irrigen Annahme, jeder Jude müsse die Kultsprache einigermaßen verstehen. Als er keine Antwort bekam, versuchte er es mit einem jiddisch angefärbten Deutsch. «Auch ich bin Jude», gab er zu verstehen. Der andere drehte ihm den Rücken zu mit der Erklärung: «Ich bin Deutscher.» –

Ausklänge der aschkenasischen Welt, Rundblick und Ausblick

Die Juden Deutschlands gibt es nicht mehr. Auch die Juden Frankreichs, aus deren Reihen Hauptmann Dreyfus stammte, sind in den Hitler-Jahren weitgehend vernichtet worden. In Frankreich gibt es zwar wieder Hunderttausende von Juden, aber sie sind orientalischer Herkunft, Flüchtlinge aus Nordafrika, die einstweilen ihrer Eigentradition noch tief verhaftet sind und nach der blutigen Lektion der Hitler-Jahre schwerlich so rasch der Illusion verfallen werden, sie könnten sich in ihrer neuen Heimat restlos integrieren.

Welches wird nun die Zukunft der neuzeitlichen Juden im Exil sein, nachdem sie einerseits die eigene Tradition zunehmend einbüßen, anderseits aber heute um ihr Anderssein inmitten ihrer zugleich ihnen vertrauten und doch fremden Umwelt wissen?

Die Antwort ist nicht leicht zu geben. Die Krise, in der das nichtreligiöse Judentum Deutschlands seit fast zweihundert Jahren lebte, hat mittlerweile auf fast alle jüdischen Diasporagemeinden in der ganzen Welt übergegriffen.

Es gab in der Neuzeit nur noch eine einzige große Judengruppe mit einer starken, gemeinsamen kulturellen Prägung und mit unverbrauchter Schöpferkraft. Es waren jene aus Osteuropa. Bei den Spaniolen und den Südjuden, die bis vor kurzem in arabischen Ländern lebten, waren die schöpferischen Impulse schon lange erloschen. Gerade dieses Ostjudentum ist aber in den Hitler-Jahren am radikalsten dezimiert worden. Und zwar wurde die Elite systematisch als erste erfaßt und mit den Familien zusammen ermordet.

Ein Teil dieser Ostjuden war allerdings schon vor Jahrzehnten nach Amerika abgewandert. Von dort jedoch ist keine Erneuerung zu erhoffen. Die Dinge lagen hier anders als bei den jüdischen Wanderungen früherer Jahrhunderte. Als die Babylonier vor 2500 Jahren einen Teil der Juden nach Mesopotamien verschleppten, wählten

sie dafür vor allem die geistige und wirtschaftliche Oberschicht aus. Und ähnlich waren es die zugleich vitalsten, stolzesten und talentiertesten Juden, die im spätern Mittelalter aus Deutschland nach dem wirtschaftlich unerschlossenen Osten Europas abwanderten.
Nach Amerika aber emigrierte nicht die begabte Oberschicht der Juden, die trotz allem im Osten Lebensmöglichkeiten fand, sondern im wesentlichen nur das Elendsproletariat. Die Zugehörigkeit zu diesen Elendsschichten bedeutet aber bei den Juden nicht dasselbe wie bei europäischen Völkern, vor allem solchen mit retardierten politischen und sozialen Verhältnissen, wo es noch unerfaßte geistige Reserven auch unter den Allerärmsten geben kann. Wir sprachen ja schon von der bewußten Heiratspolitik der Juden, die schon seit Jahrtausenden alle Begabungen aus dem Volke systematisch aussiebt und in die geistige Führerschicht einbaut.
Gewiß, es fehlt auch unter den jüdischen Emigranten Amerikas nicht an Begabungen. Das jüdische Volk weist ja als Ganzes eine verblüffende Begabungsdichte auf. Und außerdem haben Pogrome und politische Umwälzungen zeitweise auch andere jüdische Elemente als die des Elendsproletariates hinübergeschwemmt.
Aber sogar auf dem ureigenen Begabungsgebiet der Juden, dem der Literatur, haben die Juden Amerikas bis jetzt nur zweitrangige Talente hervorgebracht. Dies war in Europa doch anders gewesen. Wenn die amerikanisch-jüdischen Autoren im Augenblick eher überschätzt werden, so nur, weil sie, ein ziemlich geschlossener Kreis von Schreibenden, Kritikern und Lesern, Maßstab und Beurteilung der Leistung gegenseitig selber mitbestimmen und weil bei den nichtjüdischen Lesern und Kritikern außerhalb Amerikas, vor allem im deutschen

Sprachgebiet, die Scham über die Vorgänge der Hitler-Zeit das kritische Urteil lähmt. Die Zeit wird die Maße zurechtrücken.

Diese neue amerikanisch-jüdische Literatur bildet übrigens ein Genre für sich. Meist ist sie stark autobiographisch angefärbt. Und ihre Aussage läßt sich fast immer auf einen Nenner bringen: Es geht um Ostjuden, die dem amerikanischen way of life nicht gewachsen sind. Sie versagen auf die verschiedenste Weise. Sind sie reich aufgewachsen, dann fängt es schon in der Kindheit an: Der Autor und der mit ihm identische Romanheld halten die Roheit des amerikanischen Internatslebens nicht aus. Später zerrt ihnen der grobe und primitive Antisemitismus Amerikas an den Nerven. Zuletzt erhalten sie beide, Autor und Romanheld, den endgültigen Tiefschlag durch eine oder mehrere Frauen. Denn von der Pionierzeit her hat die amerikanische Frau eine groteske Machtposition inne, die jetzt, bei veränderten Verhältnissen, sich gerade im jüdisch-bürgerlichen Milieu für den Mann tödlich auswirkt. Die Folge ist, daß Autor wie Romanheld dauernd gezwungen sind, sich psychoanalytisch zu purgieren. In diesem Zusammenhang ist es nicht uninteressant, zu erfahren, daß man in den Vereinigten Staaten die Psychoanalyse ironisch als «Jewish Science» bezeichnet.

Dies alles gilt aber nur für jene jüdischen Autoren, die bereits in Amerika aufwuchsen und Englisch schreiben. Anders verhält es sich mit den wenigen jiddischen Schriftstellern in Amerika, die erst als Erwachsene hinüberkamen und noch vollständig der ostjüdischen Bildungswelt entstammen. Schon vor dem Einmarsch der Hitler-Armeen in Osteuropa hatten sich nämlich die innenpolitischen und wirtschaftlichen Verhältnisse vieler

Oststaaten so zugespitzt, daß auch die jüdische Intelligenz langsam abzuwandern begann.
Unter diesen jiddischen Schriftstellern, die in den letzten Jahrzehnten nach Amerika mehr geflohen als eingewandert sind, befinden sich einige der stärksten Begabungen der jiddischen Literatur überhaupt. Da sind – um nur einige wenige zu nennen – die beiden Brüder I. J. und I. B. Singer, Abkömmlinge einer polnischen Rabbinerfamilie, deren Werk vom Untergang und der Auflösung der ostjüdischen Gemeinschaft geprägt ist. Es zeichnet unheimliche Randsituationen.
Auch ist da vor allem Itzik Manger. Er schrieb Balladen. Vor allem aber ist seine Erzählung «Das Buch vom Paradies» wohl die reinste und zauberhafteste Inkarnation des vorderasiatischen Geistes. Es ist ein Spiegel des ostjüdischen Lebens in seiner Armut, Härte, Enge. Es ist durchwoben von uralten Sagen und Legenden aus dem Talmud und Midrasch, aber auch voll von herzzerreißender unglücklicher Liebe, von Mitleid mit den Armen und Gedrückten, von messianischen Träumen, von überbordendem Humor, von Phantasie und Poesie und vom Duft der osteuropäischen Landschaft. Vielleicht ist es das schönste Buch der ostjüdischen Literatur überhaupt. Manger schrieb es zu Beginn der Nazizeit, in den Jahren seines Exils in Paris. Seit der Vernichtung der ostjüdischen Gemeinschaft ist der Autor, mit ihr zusammen, vollkommen verstummt.
Es ist kein Zufall, daß das «Buch vom Paradies» zwar aus dem Jiddischen ins Hebräische, Holländische und Deutsche übertragen ist und das Entzücken der europäischen Leser bildet, daß sich aber bis heute in all dem Bestseller-Rummel New Yorks kein Verleger für eine englische Ausgabe des Werkes gefunden hat.

Im übrigen aber finden wir heute in Amerika dieselben Zerfallserscheinungen wie seinerzeit in Deutschland. Mischehen häufen sich, und sie bedeuten, wie überall in der jüngeren Neuzeit, nicht Anreicherung mit besten vitalen Elementen einer fremden Welt, sondern eilfertiges Verlassen des jüdischen Bodens. Auch hier war diese Entwicklung dadurch vorbereitet, daß die strenge judaistische Bildung, die in allen traditionsgebundenen jüdischen Kreisen Europas selbstverständlich war, fehlte, ja fehlen mußte, weil es diese Bildung beim jüdischen Proletariat immer nur sehr fragmentarisch gab. –

In Rußland hat nur ein kleiner Teil der Juden die Massaker der Nazizeit überstanden. Denn die meisten jüdischen Gemeinden befanden sich in der deutschbesetzten Ukraine.

Wir wissen wenig von den heutigen russischen Juden. Sicher ist nur, daß ihnen das Wahren ihrer alten Tradition und Bildung staatlich verboten ist. Sie dürfen sich mit ihrem eigenen Schrifttum nicht beschäftigen.

Anderseits ist dafür gesorgt, daß sie dennoch ihre jüdische Herkunft nicht vergessen, denn in ihren Ausweispapieren sind sie ausdrücklich als Juden bezeichnet. Und ein drückender Antisemitismus erschwert ihnen, nicht viel anders als in der zaristischen Zeit, das Studium an den Universitäten und den sozialen Aufstieg. Die Auswanderung aber ist ihnen verboten.

Es ist schwer, vorauszusagen, was unter solchen Umständen aus ihnen werden wird. Man müßte hierfür auch wissen, wie sich die gesamte politische Lage Rußlands und der ganzen Welt entwickeln wird. Einstweilen aber ist die Prognose eher düster. –

Die kleinen Splittergruppen in West- und Mitteleuropa, die das Unwetter der Hitler-Zeit überstanden oder sich hier neu gebildet haben, zählen kaum. Und die orientalischen Juden, Flüchtlinge und Auswanderer aus arabischen Ländern, die jetzt in Israel und in Frankreich einsickern, haben sich kulturell seit Jahrhunderten erschöpft.

So bleibt nur Israel übrig, mit dem großen Fragezeichen: Wird die Rückmischung aller jüdischen Gruppen aus Nord, Ost, Süd und West neue kulturelle Impulse erzeugen?

Einstweilen bleibt die Frage offen. Sicher ist vorläufig nur, daß sie, im Gegensatz zu ihren kulturell erschöpften arabischen Nachbarn, nicht nur den ökonomischen und landwirtschaftlichen Aufbau des Landes glänzend meistern, sondern noch heute mit der alten beduinischen Wildheit ihrer Vorfahren kämpfen und als Strategen glasklare Dispositionen zu treffen wissen. Ob sich in Israel auch eine kulturelle Renaissance anbahnen wird, bleibt abzuwarten.

GLOSSAR

Dieses Glossar wurde beigefügt auf Wunsch zahlreicher vor allem jüngerer Leser der Erstausgabe der «Juden als Rasse», die sehr viele, in meiner Generation jedem Absolventen eines Gymnasiums geläufige Begriffe und Wortbildungen nicht mehr kennen. Ich habe in das Glossar deshalb außer spezifisch Judaistischem auch vieles andere aufgenommen, wofür ich gebildete ältere Leser um Entschuldigung bitte.
Das Glossar ist im übrigen nur als kleine Lesehilfe gedacht und erhebt keinen Anspruch auf Vollständigkeit in irgend einer Hinsicht.

Abkürzungen des Glossars:
m. = männlich, w. = weiblich, s. = sächlich, aram. = aramäisch, hebr. = hebräisch, lat. = lateinisch, gr. = griechisch

abstrus (lat.): verworren, schwer verständlich.

adäquat (lat.): angemessen, entsprechend.

Adept (lat.), m.: Jünger (vor allem eines mystischen Meisters).

Agada (hebr. = Gesprochenes), w.: Sammelbegriff für den nicht religionsgesetzlichen Teil des → Talmud.

ägäisch (gr.): zur frühgriechischen Kultur gehörend.

Agnostiker (gr.), m.: Verfechter der Annahme, daß Übersinnliches unerkennbar sei, auch Ungläubiger.

Akiba, Rabbi: ca. 50 — 135 n. Chr. Legendenumsponnener Märtyrer und früher Talmudlehrer.

Akkulturation (lat.), w.: Kulturelle Angleichung.

Albigenser: Südfranzösische christliche Sekte des 12./13. Jahrh., von der Kirche grausam verfolgt.

allegorisch (gr.): sinnbildlich, gleichnishaft.

amor fati (lat. = Liebe zum Schicksal), m.: fester Begriff bei → Spinoza. Gemeint: Bejahung und freiwillige Unterwerfung unter das Schicksal.

amor intellectualis dei (lat. = [rein] intellektuelle Liebe zu Gott), m.: philosophischer Begriff, auch bei → Spinoza.

Anagramm (gr.), s.: eigentlich Buchstaben-Versetzrätsel. Heute und auch in diesem Buch meist gleichbedeutend mit Akronym (gr.), m.: aus Anfangsbuchstaben mehrerer Wörter gebildetes neues Wort.

Anan: Mitte 8. nachchristliches Jahrhunderts in Babylon: Stifter der Sekte der → Karaiten oder Karäer, die anfangs **Ananiten** genannt wurden.

Anomalie (gr.), w.: Regelwidrigkeit.

anthropomorph (gr.): von menschlicher Gestalt.

antifeministisch (lat.): frauenfeindlich.

Antisemitismus (lat.), m.: als Ausdruck von Wilhelm Marr 1879 zum ersten Mal gebraucht. Irreführende Wortbildung, da es nicht um Haß gegen die Semiten (zu denen z. B. auch die Araber gehören), sondern nur gegen die Juden geht.

Aporie (gr.), w.: Ausweglosigkeit, Unmöglichkeit, eine philosophische Frage zu lösen.

a priori (lat.): «von vorneherein» im Sinne von: prinzipiell, nicht erst von der Erfahrung her begründet. Philosophischer Begriff.

aramäisch: Schwestersprache des Hebräischen, Verkehrssprache des ganzen Nahen Ostens, von den Juden in nachbiblischer Zeit übernommen, auch für den → Talmud.

arational (lat.): mit der Vernunft nicht faßbar.

Arier (Sanskrit, = edelgeboren), m.: Bezeichnung der indoiranischen Stämme der indogermanischen Sprachfamilie. Bei Rassetheoretikern seit dem 19. Jahrh.: germanisch-nordische Rasse; später Sammelbezeichnung für praktisch alle Weißhäutigen, ausgenommen die Juden.

Aristoteles: 384 — 322 v. Chr. griechischer Philosoph, der die jüdisch/arabische und später die christliche Philosophie des Mittelalters stark beeinflußte.

armenoid/vorderasiatisch: Begriff der modernen Rassenlehre, deckt sich etwa mit «jüdischem Typus».

Aschkenas (hebr.): unbekanntes Bibelland, das in der rabbinischen Literatur mit Deutschland gleichgesetzt wurde. Aschkenasisch: Bezeichnung der deutschen und (großteils aus Deutschland stammenden) osteuropäischen Juden.

Assimilant (lat.), m.: Assimilation = Angleichung. Speziell bei den Juden: Angleichung der jüdischen Minorität an das jeweilige Wirtsvolk, unter Preisgabe der Eigentradition.

assyroid: gleichbedeutend mit → armenoid/vorderasiatisch.

Astheniker (gr.), m.: von schmalem und schmächtigem Körperbau. Begriff der Kretschmerschen Konstitutionslehre.

Athletiker (gr.), m.: von kraftvollem, muskulösem Körperbau. Begriff der Kretschmerschen Konstitutionslehre.

Aufklärung: Geistige Bewegung des 18. Jahrhunderts, welche sich nicht auf Religion, sondern auf Verstand und Wissenschaft stützt.

autochthon (gr.): alteingesessen, eingeboren.

Autodafé (lat.-portug.: Glaubensakt), m.: Ketzerverbrennung in Spanien und Portugal zur Zeit der Inquisition.

autonom (gr.): selbständig, aus eigenem Gesetz heraus lebend. Autonome → Ethik: Eine Ethik, die sich nur auf ihre Eigengesetzlichkeit und nicht auf Gott beruft.

Averroes: vgl. → Ibn Roschd.

Avicebron oder **Avencebron:** vgl. → Ibn Gwirol (Gewirol, Gabirol).

Baal (sprich Ba'al) (hebr. Herr, Meister), m.: 1. vorderasiatischer Naturgott, gegen dessen Kult der Prophet Elia eiferte. 2. in Zusammensetzungen bis heute im Hebräischen und im Jiddischen gebräuchlich im Sinne von Meister, einer, der ein gewisses (auch handwerkliches) Können beherrscht.

Baal-Schem (hebr. = Meister

des [göttlichen] Namens), m.: Beiname für Wundertäter, speziell auch für den Begründer des → Chassidismus: Israel ben Elieser.

Babylon: heute Irak. In der biblischen und talmudischen Periode Hauptland der jüdischen Geschichte außerhalb Israels.

Bacchus, auch **Dionysos:** griechisch-römischer Gott des Weines, der in rauschhaften, orgiastischen Festen gefeiert wurde.

Bar Kochba (aram. «Sternensohn»): Beiname des Anführers des letzten großen jüdischen Aufstandes gegen die Römer (132—135 n. Chr.), den unter andern auch Rabbi → Akiba für den Messias hielt.

Beduine (arab.), m.: arabischer Nomade des Vordern Orients.

Bibelexegese: vgl. → Exegese.

Bildverbot, mosaisches: mosaisches Verbot, Gott bildhaft darzustellen, das von den orthodoxen Juden auf jede Abbildung einer menschlichen Gestalt ausgedehnt wird.

bipolar (lat.): zweipolig, doppelpolig.

blasphemisch (gr.): gotteslästerlich.

Bundeslade, w.: der Schrein im Tempel von Jerusalem, der die Bundestafeln mit den 10 Geboten enthielt. Heiligster Kultgegenstand der Juden.

Byzanz: alter Name für Konstantinopel, Hauptstadt Ostroms, Zentrum des griechisch-orthodoxen Christentums.

Camera obscura (lat. Dunkelkammer): Begriff aus der Optik und Photographie.

Chacham (hebr. = der Kluge, der Weise), m.: Titel des Religionsgelehrten bei den → Karäern.

charismatisch (von gr. charisma = Anmut, Anziehungskraft): Ausdruck vor allem für religiöse und politische Führergestalten gebräuchlich.

Chasaren: nichtsemitisches, südrussisches Volk, das im 8. Jahrh. n. Chr. zum Judentum übertrat und sich zur → karäischen, antitalmudischen Sekte bekannte.

Chasdai ibn Schaprut: um 915—970 n. Chr. Spanisch-jüdischer Arzt, Gelehrter, Staatsmann und Diplomat am Hofe des Kalifen von Cordoba.

Chassid (hebr. = fromm). Chassidismus: Volkstümlich/mystische ostjüdische Sekte, die im 18. Jahrhundert entstand.

Chmjelnizki, Bogdan: Kosakenhetman, Anführer einer Bauernerhebung gegen den polnischen Adel (1648). Urheber besonders grausamer Judenpogrome, die auch einen kulturellen Niedergang des Ostjudentums auslösten.

contradictio in adjecto (lat.

«Widerspruch im beigefügten Eigenschaftswort»), w.: fester Begriff der formalen Logik für in sich widersprüchliche Aussagen.
Creatio ex nihilo (lat. «Schöpfung aus dem Nichts»): Begriff der Religionsphilosophie.

Déformation professionelle (franz.), w.: durch den Beruf (Profession) ausgelöste psychische und geistige Mißbildung, Entstellung.
dekapitieren (lat.): enthaupten, bildl.: der Oberschicht berauben.
demotisch (von gr. demos, s., Volk): volkstümliche altägyptische Schrift, die nicht mehr ausschließlich auf → Hieroglyphen beruht.
Derwisch (pers.-türkisch = Bettler): Mitglied eines bestimmten islamischen Ordens.
deus sive natura (lat. «Gott oder [im Sinne von ‹gleichbedeutend›, ‹identisch› mit der] Natur»): Grundbegriff der philosophischen Lehre → Spinozas.
Deuterojesaja (gr. deuteros = der zweite): «Zweiter Jesaja». Die moderne Bibelwissenschaft geht davon aus, daß die in der Bibel unter «Jesaja» zusammengefaßten Schriften mindestens auf zwei, wenn nicht sogar auf drei Autoren zurückgehen, von denen der erste noch im Lande Israel lebte und wirkte. Die messianischen Prophezeiungen, auf denen der Erlösungsglaube sowohl der Juden wie der Christen beruht, werden dem im Babylonischen Exil lebenden «Deutero-Jesaja» zugeschrieben.
dialektisch (gr.): philosophische Methode, die Wahrheit durch Überwindung von Widersprüchen zu erreichen.
Diaspora (gr.), w.: Zerstreuung. In der jüdischen Geschichte immer gleichbedeutend mit hebr. Galut = Verbannung: Exil des jüdischen Volkes.
dinarisch/skipetarisch: Begriff der modernen Rasselehre. Deckt sich — lokal — mit den Balkanvölkern.
Disraeli, Benjamin: 1804—1881. Englischer Staatsmann und Schriftsteller jüdischer Herkunft, seit 1876 Earl of Beaconsfield. Trat für jüdische Ideen ein, betonte die Bedeutung der Rassekomponente für die Weltgeschichte.
Dogma (gr.), m.: festgelegter, unabdingbarer Lehr- und Glaubenssatz.
Don Quichote: Titel und Hauptfigur des berühmten Romans von Cervantes (1547—1616), zum Sinnbild geworden für realitätsfremden Idealisten und Kämpfer.
Dualismus (lat. «Lehre von der Zweiheit»), m.: philosophisch-religiöse Lehre, wonach das ge-

samte Weltgeschehen auf zwei voneinander getrennten Prinzipien beruht: Leib/Seele; Gott/Welt; Geist/Stoff.

Ekstase (gr. = das Aussichheraustreten), w.: religiöse Verzückung.

Elegie (gr.), w.: wehmütiges Gedicht.

eliminieren (lat.): ausscheiden, ausschalten, entfernen.

Emanation (lat.), w.: Ausfluß, Ausströmen. In der Philosophie das Hervorgehen aller Dinge aus einer unveränderlichen göttlichen Grundsubstanz.

eminent (lat.): herausragend, hervorragend.

endogen (gr.): im Innern entstanden, von innen her kommend.

Entelechie (gr.), w.: Die sich in der Materie aus eigener Kraft herausentwickelnde Form. Begriff der → Aristotelischen Philosophie.

eo ipso (lat.): eben dadurch; von selbst.

Epos (gr.), s.: größere erzählende Versdichtung.

Erratischer Block (von lat. errare = herumirren): Gesteinsblock (Findling), der beim Rückzug eines Gletschers liegen blieb. Übertragen: etwas Isoliertes, nicht hierher Gehörendes.

eruieren (lat.): herausbringen, ermitteln.

eschatologisch (sprich es'chatologisch, von gr. es'chatos = letzter, äußerster, höchster): die letzten Dinge (im Sinne der geweissagten endzeitlichen Welterlösung) betreffend.

Ester: Bibelgestalt. Jüdische Gattin des Perserkönigs Ahasveros (= Xerxes), die durch ihre Intervention beim König die Juden vor der geplanten Vernichtung errettete.

ethisch, Ethik, Ethos (gr.): Ethik, w. = Sittenlehre; ethisch = moralisch, sittlich; Ethos, s. = moralische Gesamthaltung.

ethnisch (gr.): das Volk betreffend.

Etymologie (gr.), w.: Wissenschaft vom Ursprung und der wahren Bedeutung der Wörter.

Eucharistie (gr. = Danksagung), w.: das Abendmahl als Sakrament.

Ewioniten (von hebr. ewion = arm): die ersten, besitzlos in Kommunen lebenden Judenchristen im Lande Israel.

Exegese (gr.), w.: Erklärung, Auslegung (meist: der Bibel).

Exil (lat.), s.: Verbannung, Verbannungsort.

Exilarch (lat.-gr.), m.: «Exil-Herrscher», Titel des weltlichen Oberhauptes der Babylonischen Juden.

Existentialismus (lat.), m.: eine moderne Philosophie, die von der konkreten menschlichen Existenz und Situation ausgeht.

exkulpieren (lat.): entschuldigen, rechtfertigen.

Exodus (gr.), m.: Auszug. Titel des 2. Buches Mosis, das vom Auszug der Kinder Israel aus Ägypten berichtet.

Exorzismus (gr.), m.: Austreibung böser Geister aus einem Besessenen durch festgelegte Formeln und Prozeduren.

Explikation (lat.): Erklärung.

Expropriation (lat.), w.: Enteignung.

Fellache (arab.): Bauer. «Fellachisierung»: Fester Begriff bei modernen Kulturhistorikern zur Bezeichnung von Zerfall und Verlust der kulturschöpferischen Kraft am Bild der arabischen Welt und ihrer untergegangenen Hochkultur des Frühmittelalters.

flektieren, Flexion (lat.), w.: ein Wort «beugen» (deklinieren oder konjugieren). Flexion ist ein gemeinsames Merkmal der semitischen und indogermanischen Sprachen.

Fons vitae (lat.), m.: Lebensquell. Titel des philosophischen Hauptwerks von→Ibn Gwirol.

Freidenker: der nicht an religiöse Dogmen Glaubende.

Fronde (franz.), w.: Oppositionspartei des französischen Adels gegen das absolutistische Königtum.

Gaon (hebr. = Majestät), m.: Titel geistig-religiöser Führer der nachtalmudischen Zeit.

Gemara (hebr. Abschluß, Vollendung), w.: der zweite, umfassendere und eigentliche Teil des → Talmud im engern Sinne.

Genisa (hebr. = Aufbewahrungsort), w.: feste Bezeichnung des Magazins für unbrauchbar gewordene religiöse Schriften und Kultgegenstände.

Genozid (gr.), m.: Mord an einer ganzen nationalen, religiösen oder rassischen Gruppe. Neuerdings eher als Holocaust (gr.: total verbranntes «Ganzopfer») bezeichnet.

Getto, exakter **Ghetto** (ital.) s.: Zunächst Name des Judenviertels von Venedig, später jedes geschlossene Judenviertel.

Gnosis (gr.), w.: philosophisch-mystische Glaubensrichtung im hellenisierten Orient der Spätantike, sowohl bei Juden wie bei Christen. Von den kanonischen Instanzen beider Religionen erfolgreich bekämpft.

Goj, pl. Gojim (hebr. = Volk), m.: in der Bibel = Volk. Später: Nichtjüdisches Volk. Im Jiddischen auch nichtjüdisches Individuum.

Habitus (lat.), m.: Körperbau, Erscheinungsform.

Hagiographen (gr. = Heilige Schriften): Dritte und letzte Abteilung des Alten Testaments.

Halacha (hebr.), w.: Der die Gesetze umfassende Teil des → Talmud.

Hamiten: von Ham, einem der Söhne Noahs: Bezeichnung bestimmter nordafrikanischer Stämme und Sprachen, den Semiten sprachlich nahe verwandt.

Häresie (gr.), w.: → Ketzerei.

Haskala (hebr.), w.: Aufklärung.

Hebräer: ältester Name für die Juden.

Hellas, Hellenen, Hellenismus: Hellas = Griechenland; Hellenismus: griechisch-orientalische Mischkultur der römischen Kaiserzeit bis zum Sieg des Christentums.

Henotheismus (gr.), m.: Anerkennung eines einzigen Gottes, wobei aber die Existenz anderer Götter nicht bestritten wird.

Herder, Johann Gottfried: 1744—1803. Unter vielem anderm auch Kulturhistoriker und Übersetzer des Hohen Liedes.

Hettiter: in der Bibel genanntes vorderasiatisches Kulturvolk, das dann den Assyrern erlag.

Hierarchie (gr.), w.: Priesterherrschaft mit fester Rangordnung.

Hierodule (gr.), w.: Tempelsklavin im Dienst der Liebesgöttin, also Tempelhure.

Hieroglyphe (gr.), w.: Wortzeichen der altägyptischen Bildschrift.

Holocaust vgl. → Genozid.

homiletisch (gr.): Predigt und erbauliche Auslegung der Bibel betreffend.

Hostie (lat. = Opfer), w.: ungesäuertes Abendmahlsbrot in Form einer runden Oblate.

Hyksos: unbekanntes Volk, das im 17./16. Jahrh. v. Chr. Ägypten beherrschte.

Hyperobjektivität (gr./lat.), w.: Überobjektivität.

Ibn Gwirol (Gewirol, Gabirol): 1020 — 1058. Arabisch und hebräisch schreibender spanisch-jüdischer Dichter und Philosoph.

Ibn Roschd: 1126 — 1198. Arabischer Philosoph, Aristoteliker. Seine (christlichen) Anhänger wurden von der Kirche als Ketzer betrachtet.

Ibn Schaprut → vgl. Chasdai.

Ideologie (gr.), w.: Weltanschauung, Weltsicht. Von Marx und seinen Anhängern nur Bezeichnung «unwahrer», «unechter» Weltanschauung.

Idiom (gr.), s.: Sprache oder eigentümliche, besondere Sprechweise einer Einzelgruppe.

immanent (lat.): innewohnend.

indogermanisch: vgl. → arisch.

indoiranisch: vgl. → arisch.

Indoktrination (lat.), w.: systematische, ideologische Beeinflussung.

initiieren (lat.): den Anstoß geben.

in maiorem dei gloriam (lat.): «zur größern Ehre Gottes», häufiges Zitat im Zusammenhang mit spanischen Ketzerverbrennungen. Auch Wahlspruch der Jesuiten.

Inquisition (lat. = Befragung, Untersuchung), w.: Instrument der Verfolgung vermeintlich oder wirklich abtrünniger «Neuchristen» durch die Kirche. Die spanische Inquisition richtete sich in erster Linie gegen getaufte Juden.

Introversion (lat.), w.: Konzentration nach Innen, Kontaktscheu. Begriff der Jungschen Psychologie.

irrational (lat.): mit Vernunft und Logik nicht erfaßbar.

Israel, Israelit, Israeli. Israel (hebr. «Gottesstreiter», Ehrenname des Patriarchen Jakob): Name des jüdischen Volkes und Staates. Israelit: Zugehöriger der jüdischen Glaubensgemeinschaft. Israeli: Bürger des modernen Staates Israel.

Jeschiwa (hebr. = Sitz), w.: Bezeichnung für Talmudhochschule.

Jezer hara (hebr. = Böser Trieb), m.: Im nachbiblischen Schrifttum der Juden unter Einfluß des persischen Gut/Böse-Dualismus auch personifiziert als Dämon oder Teufel.

Jezira (hebr. Schöpfung), w.: älteste kabbalistische Schrift, vielleicht noch aus talmudischer Zeit.

Jiddisch: Volkssprache der Ostjuden, im wesentlichen mittelalterliches Deutsch mit hebräischen und slawischen Elementen.

Jom Kippur (hebr. = Tag der Sühne): strengster Fast- und Bußtag der Juden im Herbst.

Judaea: Bezeichnung des Judenstaates zur Römerzeit.

Judenteutsch: Frühstufe des → Jiddischen.

Kabbala (hebr. = Empfängnis, Überlieferung), w.: Sammelname der jüdischen Mystik seit dem 13. Jahrh.

Kaddi (arab.), m.: Richter.

Kaghan, m.: Titel des → chasarischen Herrschers.

Kanaan: Biblische Bezeichnung des Landes Israel und seiner Ureinwohner, die ebenfalls ein semitisches Idiom sprachen, jedoch mit den Arabern (die erst im 8. nachchristl. Jahrh. hier einbrachen) nicht identisch sind.

kanonisch von **Kanon** (gr./babyl. = Richtschnur), m.: Unabdingbare und unabänderliche Grundnormen und Dogmen einer Religion.

Karäer oder **Karaiten** (von hebr. mikra = Schrift, gemeint: Heilige Schrift): Talmudfeindliche Bibelsekte der Juden von Babylon, zu der sich auch die → Chasaren bekannten.

kaschejr (im deutschen Sprachgebrauch **koscher**) (hebr. = tauglich, rein): nach mosaischem Gesetz erlaubt. Davon Hauptwort: **Kaschrut.**

kausal (lat.): ursächlich.

Kebse (ahd.): Nebenfrau.

Ketzer, m.: von Katharer: eine mittelalterliche, von der Kirche streng verfolgte christliche Sekte, zu der auch die→Albigenser gehörten. Gemeint: Wer sich nicht zur kanonischen Richtung einer Religion bekennt.

Kibbuz (hebr. = Ansammlung), m.: landwirtschaftliche Kommunen in Israel.

kodifizieren von **Kodex** (lat.), m.: **Kodifikation** (w.): systematische Erfassung und Niederlegung eines Sachgebietes.

Kollegium (lat.), s.: Gesamtheit von Personen des gleichen Amtes oder Berufes, auch Lehrkörper (an Schulen).

Konjektur (lat.), w.: Vermutung; nur in wissenschaftlichem Zusammenhang gebräuchlich.

Konklusion (lat.), w.: logische Schlußfolgerung.

Konsonant (lat.), m.: Mitlaut (Begriff der Sprachlehre).

kontradiktorisch (lat.): (in sich) widersprüchlich.

Konversion (lat.), w.: Bekehrung, Glaubenswechsel, insbesondere Übertritt zur katholischen Kirche.

Konzeption (lat.), w.: Entwurf, geistiger Einfall, auch Struktur (eines Werkes).

konziliant (lat.): versöhnlich.

Koran (arab.), m.: Heilige Schrift der Moslims.

kosmogon (gr.): von **Kosmogonie** = (mythische Lehre von der) Entstehung der Welt.

kosmopolitisch (gr.): weltbürgerlich. Heute in der UdSSR inhaltlich vage Bezeichnung angeblich nicht parteikonformer Personen und Gruppen, insbesondere wirklicher oder vermeintlicher Zionisten.

Kultus (lat.), m.: öffentlicher, formal festgelegter Gottesdienst.

Kumran, auch **Qumran** geschrieben: Ort über dem Toten Meer, wo die ältesten bisher bekannten hebräischen Schriftstükke gefunden wurden.

laizistisch (von gr. laos = Volk): gemeint: «gewöhnliches», also theologisch nicht geschultes Volk im Gegensatz zum Klerus.

Laterankonzil (Konzil, lat. = Versammlung), s.: Versammlung kirchlicher Würdenträger zur Behandlung wichtiger kirchlicher Anliegen). Laterankonzil: Päpstliches Konzil 1179 in Rom, das strenge Bestimmungen gegen die Juden festlegte.

Lehnwort: Fremdwort, das sich der entlehnenden Sprache stark angeglichen hat und praktisch in sie eingegangen ist.

Leviten (hebr.), m.: Angehörige des Stammes Levi, Diensttuende im Tempel von Jerusalem, den Kohanim (Priestern) unterstellt.

linguistisch (lat.): die Sprachforschung betreffend.

Logos (gr.), m.: soviel wie «Wort». In der Philosophie: Weltvernunft.

Maimonides, Maimuni, Mosche ben Maimon: 1135—1204. Spanisch-jüdischer Philosoph und Talmudkommentator. Beeinflußt von Aristoteles. Glaubt an Identität von Philosophie und Religion.

Makkabäer (von hebr. makkabi = der Hammerschwingende): Beiname des Freiheitskämpfers Jehuda aus der Familie der Hasmonäer, der im 2. vorchristl. Jahrh. Israel von der → Seleukidischen Besatzung freikämpfte.

Makrokosmos (gr.), m.: Das Weltall im Gegensatz zum → Mikrokosmos.

Mani, Manichäismus: Mani war der Stifter einer dualistischen, persisch/hellenistisch/christlichen Mischreligion im 3. Jahrh. n. Chr.

Manna (hebr.), s. oder w.: das himmlische Wüstenbrot im Alten Testament.

Maquis (franz. = Gestrüpp, Unterholz), s.: Bezeichnung von Widerstandsorganisationen (vor allem im 2. Weltkrieg), die aus dem Verborgenen heraus operieren.

Marranen (span. = Schweine), m.: Schimpfname für die jüdischen Zwangstäuflinge der Inquisitionszeit.

Massora (hebr. = Überlieferung), w.: der traditionell festgelegte (massoretische) Bibeltext.

Mauren: nordafrikanisches Mischvolk aus arabischen und andern Elementen, das im Früh- und Hochmittelalter die arabische Hochkultur in Andalusien schuf.

Mazze (hebr./aram.), w.: das österliche ungesäuerte Flachbrot der Juden. Es ist dasselbe nahöstliche Wort, das ins Griechische als Massa eingegangen ist und im Deutschen «Masse» heißt.

medioker (lat.): mittelmäßig.

Mekor Chajim (hebr.): «Quell des Lebens». Titel des philosophischen Hauptwerks von → Ibn Gwirol.

Mesopotamien (gr. = Zwischenstromland): heute Irak.

Messias (hebr. maschiach = der Gesalbte): Heiland, Erlöser. Davon **Messianismus:** Religiöse Bewegung, die eine religiöse und manchmal zugleich politische Endzeiterlösung durch einen Messias erhofft.

Metaphysik (gr.), w.: philosophische Lehre von den letzten Gründen und Zusammenhängen des Seins.

Midrasch (hebr. = Forschung, Schriftauslegung), m.: Sammelbezeichnung für den nicht gesetzgebenden Teil des nachbiblischen religiösen Schrifttums.

Mikrokosmos (gr. = kleine Welt), m.: die «kleine Welt» des Menschen als Abbild des Weltalls.

Mischna (hebr. = Wiederholung), w.: die frühesten Teile des → Talmud.

Mitnagdim (hebr. = Gegner), m.: gemeint sind immer die Gegner des → Chassidismus.

Monotheismus (gr.), m.: Glaube an einen einzigen Gott, neben welchem es keine andern Götter gibt (→ Henotheismus).

morphologisch (gr.): die Gestalt, den Körperbau betreffend.

Mutazilismus (arab.), m.: philosophische Richtung des Islam, die den Glauben verstandesmäßig unterbauen will.

Mysterien (gr.): Geheimkulte.

Mystik (gr.), w.: Wörtlich «Geheimlehre». Gemeint ist immer eine philosophisch-religiöse Lehre, die den Menschen durch Versenkung und Hingabe zur persönlichen Vereinigung mit Gott bringen will.

Nabatäer: arabisches Volk südlich Israels zur Zeit des 2. Tempels. Herodes war jüdisch/nabatäischer «Mischling».

Nazaraner, m.: Beiname Jesu.

Neoplatonismus (gr.), m.: Von der Ideenlehre des griechischen Lehrers und Philosophen → Platon beeinflußte mittelalterliche Philosophie (z. B. des → Ibn Gwirol).

Nomaden: Hirten- und Wandervölker.

Nous (gr. = Verstand, Intellekt), m.: in der Philosophie: weltordnender Geist.

obszön (lat.): unanständig, schlüpfrig.

Olam hatohu (hebr. = Wirrwelt), m.: jener Zwischenbereich, in welchem ruhelose Tote, Dämonen, Gespenster herumgeistern.

Omnipotenz (lat.), w.: Allmacht.

orgiastischer Kult, m.: ausschweifende, zügellose Feier der antiken Mysterien.

orientalisch/beduinisch: Begriff der modernen Rasselehre.

Orthodoxie (gr.), w.: Rechtgläubigkeit, Strenggläubigkeit. Gemeint ist immer die kanonische, also offizielle Form und Ausrichtung einer Religion.

ostbaltisch: Begriff der modernen Rasselehre (etwa «slawischer Typus»).

ostisch-alpin: Begriff der modernen Rasselehre.

Pantheismus (gr.), m.: Allgottlehre, Annahme, daß Gott und Weltall identisch seien.

Parasit (gr.), m.: Schmarotzer.

Patriarch (gr.), m.: (biblischer) Erzvater.

Pax Romana (lat. = Römischer Frieden), w.: In der römischen Kaiserzeit der befriedete Bereich der römisch-griechischen Kultur.

Pentateuch (gr.), m.: Fünfbuch, gemeint: die 5 Bücher Mosis.

Pessach (hebr. = überspringen. Weil der Todesengel beim Hinschlachten der Erstgeborenen in Ägypten jene der Juden «übersprang»), m.: Jüdisches Fest um die Osterzeit herum, zur Erinnerung an den Auszug der Kinder Israels aus Ägypten.

Phaenomen (gr.), s.: das sich den Sinnen Zeigende, das Erscheinungsbild.

Pharisäer (von hebr. peruschim = die Abgesonderten): die Schriftgelehrten und -interpreten der frühen nachbiblischen Periode.

Philister: nichtsemitisches Volk, das zur Bibelzeit im Ghasastreifen wohnte und mit den Hebräern Krieg führte. Nach ihnen haben später die siegreichen Römer das ehemalige Judäa in Philistäa (= Palästina) umbenannt.

philosemitisch (gr. wörtl. = die Semiten liebend): gemeint ist immer nur «die Juden liebend» und nicht allgemein die Semiten.

Piutim (gr./hebr.): synagogale Poesien.

Plädoyer (franz.), s.: Verteidigungsrede.

Platon: 428—348 v. Chr. Griechischer Philosoph, Schöpfer der «Ideenlehre».

Pogrom (russ. = Verwüstung), m. oder s.: Ausschreitung gegen abweichende nationale, religiöse, rassische Gruppe. Meist im Sinne einer Judenschlächterei gebraucht.

polyphon (gr.): vielstimmig, mehrstimmig.

Polytheismus (gr.), m.: Vielgötterei.

Postulat (lat.), s.: Forderung.

Prädikat (lat.), s.: Bewertung. In der formalen Logik: der die Aussage enthaltende Teil des Urteils.

Prämisse (lat.), w.: «das Vorausgeschickte»; in der formalen Logik: der Vordersatz eines Syllogismus (Schlußfolgerung).

prima causa (lat. = erste Ursache), w.: Urgrund des Seins (philosophischer Begriff).

Promiskuität (lat.), w.: regel-, wahl- und gesetzloser Geschlechtsverkehr.

Proselyt (gr.), m.: Neubekehrter.

Prototyp (gr.), m.: Urbild.

purgieren (lat.): reinigen.

Purist (lat.), m.: Kämpfer für Stilreinheit.

Pykniker (gr.), m.: Mensch mit untersetztem, dickem Körperbau. Begriff der Kretschmerschen Konstitutionslehre.

Rabban = Rabbiner.

Rabbaniten: Anhänger des offiziellen, kanonischen Judentums, die den → Talmud anerkennen.

Rabbi (von hebr. raw = großer Herr, Meister), m.: eigentlich «mein Meister». Im Jiddischen und Deutschen jedoch gleichbedeutend mit

Rabbiner, d. h. jüdischer, ordinierter Religionsgelehrter.

Rabbi Akiba vgl. → Akiba.

Rahdaniten (pers. = die den Weg wissen): Persisch-jüdische Handels- und Geschäftsreisen-Gesellschaft im Mittelalter.

Ratio (lat. = Vernunft), w. Hiervon Rationalist: Wer alles mit dem Verstand erklären will.

Reconquista (span.), w.: Wiedereroberung der arabischen Teile Spaniens durch die Christen.

Remedur (lat.), w.: Heilung, Heilmittel.

Renegaten (lat.), m.: Glaubensabtrünnige.

replizieren (lat.): antworten, entgegnen.

resistent (lat.): widerstandsfähig.

Rhetorik (gr.), w.: Kunst der Rede.

Ritualmord: Gegen die Juden erhobene Phantasie-Beschuldigung, sie pflegten Christenkinder → rituell zu schächten, um ihr Blut dem Osterbrot (→ Mazze) beizumengen.

Ritus (lat.): gottesdienstlicher oder allgemein religiöser Brauch. Davon abgeleitet

rituell: dem Ritus entsprechend.

Rotwelsch, s.: der reich mit hebräischen Elementen durchstreute Geheimjargon der deutschen Gauner und Vaganten seit dem Mittelalter.

Sabbat (von hebr. schabat = ruhen), m.: der heilige siebte Tag der Woche der Juden.

Sadduzäer (hebr. zaddokim), m.: Priesterpartei und führende aristokratische Gruppe der Juden zur Zeit Jesu.

Sanhedrin (gr./hebr.), m.: altjüdischer Gerichtshof der Juden in Jerusalem zur hellenistisch-römischen Zeit.

Satem-Urbevölkerung: Völker und Sprachen der östlichen Gruppe der Indogermanen.

schächten (hebr. schachot): nach mosaischem und talmudischem Gesetz ein für den Genuß bestimmtes Tier durch raschen Schnitt durch die Kehle töten und ausbluten lassen.

Schamane (Sanskrit), m.: Zauberpriester, vor allem der asiatischen Völker.

Scharia (arab.), m.: Zusammenfassung der im → Koran und in der → Sunna festgelegten Gesetze, die das gesamte moslimische Leben regelt.

Schechina (hebr. = «Einwohnung»), w.: Gegenwart Gottes unter den Menschen.

Schofar (hebr.), m.: rituelles Widderhorn, das beim Gottesdienst der Juden geblasen wird und dermaleinst auch das Kommen des Messias ankündigen soll.

Scholastik (lat.), w.: wörtlich «Schulwissen», meist gebraucht im Sinne von kommentierender Aufbereitung einer vorgegebenen Lehre. Auch Bezeichnung der christlichen Philosophie des Mittelalters.

Scholie (gr.), w.: erklärende Randbemerkung in Handschriften griechischer und römischer Schriftsteller.

Schulchan aruch (hebr. = gedeckter Tisch), m.: Kompendium des jüdischen Ritualgesetzes aus dem 16. Jahrhundert; für das orthodoxe Judentum maßgeblich.

Seleukiden, m.: Dynastie im vorderasiatischen Nachfolgereich Alexander des Großen, Besatzungsmacht Judäas, deren Unterdrückungspolitik der jüdischen Religion den Aufstand der → Makkabäer auslöste.

sic (lat.: so!): wird bei Zitaten in deutschen Texten oft beigefügt, um anzudeuten, daß das Zitat wörtlich, genau «so» im Originaltext stehe.

Sinai: Berg in der gleichnamigen Wüste, auf dem Moses die 10 Gebote offenbart wurden.

Sohar (hebr. = Glanz), m.: Hauptwerk der → Kabbala.

spaniolisch, Dschudesmo, Ladino: Benennungen der spanisch-hebräischen Mischsprache, die sich bei den ehemals spanischen Juden nach ihrer Flucht aus der spanischen Heimat herausbildete. Parallelerscheinung zum → Jiddisch.

Stigma (gr. = Stich), s.: Wundmal, Narbe, Prägung, Kennzeichen.

Stimulans (lat.), s.: Reiz- oder Antriebmittel.

Sufistaia (arab.), w.: mystisch-weltabgewandte Richtung des Islam.

Sukkurs (lat.), m.: Hilfe, Unterstützung.

Sunna (arab.), w.: Sammlung der Aussprüche und Lebensgewohnheiten Mohammeds.

Synagoge (gr. = Versammlung), w.: seit der hellenistisch-römischen Zeit Bezeichnung jüdischer Bethäuser.

synonym (griech./lat.): sinnverwandt; gleichbedeutend.

Synopse (gr.), w.: Zusammenschau, Überblick, Zusammenfassung.

Synthese (gr.), w.: Zusammenfügung der Teile zu einem Ganzen, Aufhebung der Teile in einem neuen Ganzen; philosophischer Begriff.

tabula rasa (lat. = abgeschabtes Blatt), w.: tabula rasa machen = rücksichtslos Ordnung machen und alles Überlieferte und Nebensächliche ausmerzen.

Talionsrecht (lat.): ein Recht, das Gleiches mit absolut Gleichem vergilt, für ein ausgeschlagenes Auge also dem Täter ebenfalls ein Auge ausreißt. Altbabylonischer Rechtsgrundsatz.

Talmud (hebr. = Lehre), m.: Neben der Bibel das Hauptwerk des Judentums, entstanden etwa 500 v. bis 500 n. Chr. Enthält Bibelkommentare, religiöses und weltliches Recht, Ritualgesetze, daneben auch Unterhaltendes. Setzt sich zusammen aus → Mischna und → Gemara.

Tannaite (aram. = Lehrer): Gestalter der frühen Talmudteile. Allgemein: großer Religionsgelehrter.

Targum (hebr. = Übersetzung), m.: Gemeint ist die aramäische Übersetzung der 5 Bücher Mosis, die seit dem 3. oder 2. vorchristl. Jahrh. dem hebräischen Bibeltext jeweils beigefügt war.

teleologisch (von gr. telos, s. = Ziel): Lehre von der immamenten Zielstrebigkeit alles Seins, vor allem alles Lebens.

Theodizee (gr.), w.: das Problem der Rechtfertigung Gottes hinsichtlich des von ihm in der Welt zugelassenen Übels und Unrechts.

Thora (hebr.), w.: wörtl. «Lehre». Meist gleichbedeutend mit den 5 Büchern Mosis.

transzendieren (lat.): überschreiten.

Trinität (lat.), w.: Dreifaltigkeit, Dreieinigkeit (christl.: Vater, Sohn, Heiliger Geist).

Unio mystica (lat.): Geheimnisvolle Vereinigung (der Seele mit Gott): Ziel mystischer Gotteserkenntnis.

Vae victis (lat.): Wehe den Besiegten!

Vokal (lat.): Selbstlaut (Begriff der Sprachlehre).

Voluntarismus (lat.), m.: philosophische Lehre, nach der der Wille die Grundfunktion des seelischen Lebens ist; auch Annahme, daß Gottes Wille den Naturgesetzen gegenüber das Primäre ist und sie folglich durchbrechen kann.

vorderasiatisch: Begriff der modernen Rasselehre. Vgl. → armenoid.

Zaddik (hebr.), m.: der Gerechte, der Heilige. Auch Titel des chassidischen Wunderrabbis.

zelebrieren (lat.): feiern, feierlich begehen.

Zionismus (von Zion, dem Hügel in Jerusalem, auf welchem Davids Burg und später der Tempel stand): Anschauung, wonach die Juden nicht nur eine Religionsgemeinschaft, sondern auch ein Volk sind, das am Ort seiner historischen Heimat — also Israel — wieder einen neuen weltlichen Staat errichten sollte.

Zölibat (lat.), s. und m.: Ehelosigkeit aus religiösen Gründen.

zyklothym (gr.): Menschentypus, der zwischen Heiterkeit und Traurigkeit hin und herschwankt. Begriff der Kretschmerschen Konstitutionslehre.